Orchideen
des Fürstentums Liechtenstein

Hans-Jörg Rheinberger
Barbara Rheinberger
Peter Rheinberger
Fotos: Kurt Walser

In der
Schriftenreihe der Regierung
2000

Orchideen
des Fürstentums Liechtenstein

Hans-Jörg Rheinberger
Barbara Rheinberger
Peter Rheinberger
Fotos: Kurt Walser

Naturkundliche Forschung
im Fürstentum Liechtenstein
Band 13
2. verbesserte und nachgeführte Auflage
Vaduz 2000

Herausgeber: Regierung des Fürstentums Liechtenstein
Redaktion: Mario F. Broggi, Vaduz
Titelblatt und Layout: Ateliers Louis Jäger und Silvia Ruppen, Vaduz
Fotos: Kurt Walser, Schaan (falls nicht bei Bildlegende anderer Bildautor erwähnt)
Druck: BVD Druck + Verlag AG, Schaan

Bezugsquelle:
Amt für Wald, Natur und Landschaft, FL-9490 Vaduz

Amtlicher Lehrmittelverlag, Vaduz 2000
ISBN 3-952 1855-0-7

Die Deutsche Bibliothek – CIP-Einheitsaufnahme

Rheinberger, Hans-Jörg:
Orchideen des Fürstentums Liechtenstein / Hans-Jörg Rheinberger; Barbara Rheinberger; Peter Rheinberger. - Vaduz : Amtlicher Lehrmittelverl., 2000
   (Naturkundliche Forschung im Fürstentum Liechtenstein ; Bd. 13)
   ISBN 3-952 1855-0-7

Geleitwort zur 2. Auflage

Der im Jahre 1991 veröffentlichte Band über die Orchideen des Fürstentums Liechtenstein war in kurzer Zeit vergriffen. Dies zeigt, wie beliebt Orchideen sind und welche Faszination sie auf uns Menschen ausüben können. Weiters belegt dies, mit welch hoher Qualität und ansprechender Form die Autoren das Buch gestaltet haben. Die Nachfrage blieb bis heute unvermindert hoch und eine Neuauflage drängte sich auf.

Fast in jedem Land Mitteleuropas haben sich Orchideenfreunde in Vereinigungen zur Erforschung und zum Schutz der Orchideenwelt zusammengefunden. Studien über Orchideen werden oft in der Freizeit erarbeitet und nicht durch Berufsbotaniker. In stiller Kleinarbeit und mit fundiertem Wissen sind in diesem Band die Kenntnisse über die heimische Orchideenwelt von Barbara, Hans-Jörg und Peter Rheinberger zusammengetragen und in hervorragender Weise dargestellt worden. Die faszinierenden Fotos von Kurt Walser, der leider nicht mehr unter uns weilt, sind ein bleibendes Andenken an ihn und bringen auch den weniger fortgeschrittenen Liebhabern von Orchideen diese Pflanzenfamilie näher.

Das Buch zeigt uns, dass in Liechtenstein auf Grund seiner landschaftlichen Vielfalt viele verschiedene Orchideenarten vorkommen. Die insgesamt 48 Arten, die in unserem Land bisher nachgewiesen wurden, stellen im Vergleich zur Bundesrepublik Deutschland mit 60 Arten und zur Schweiz mit 67 Arten eine ausserordentliche Vielfalt dar. Es muss alles Notwendige dafür getan werden, die Lebensgrundlagen der Orchideen zu erhalten. Denn wer die Lebensgrundlagen von so hoch entwickelten, anspruchsvollen und empfindlichen Pflanzen wie den Orchideen zu schützen weiss, bewahrt damit gleichzeitig den Lebensraum für eine Vielfalt weiterer Pflanzen- und Tierarten.

Das hier vorgestellte Resultat jahrzehntelanger Orchideenforschung wird hoffentlich viele weitere Naturfreunde ermutigen, sich an der Erforschung der einheimischen Flora zu beteiligen.

Norbert Marxer
Regierungsrat

Diese 2. Auflage ist dem Andenken an Kurt Walser gewidmet.

Vorwort zur 2. Auflage

Die 1991 im Rahmen der Naturkundlichen Forschung im Fürstentum Liechtenstein erschienene Monographie «Orchideen des Fürstentums Liechtenstein» hat eine erfreulich gute Aufnahme gefunden. Somit konnte an eine Neuauflage gedacht werden. In die vorliegende, korrigierte und erweiterte Fassung sind die in den Jahren 1991 bis 1996 neu hinzugekommenen Funddaten aufgenommen worden. Einige Fehler im Text wurden beseitigt, einige zusätzliche Informationen eingefügt und einige Bilder ausgetauscht. Der Charakter des Buches hat sich dadurch nicht verändert. Ausgewertet wurde auch das Archiv unseres 1995 verstorbenen Fotoautors Kurt Walser.

Auf eine fortlaufende Dokumentation der bereits zwischen 1985 und 1990 erhobenen Fundstellen wurde verzichtet. Erfreulicherweise kann jedoch festgestellt werden, dass zwischen 1991 und 1996 diese Fundorte weitgehend erhalten geblieben sind.

Um die Mitteilung weiterer Beobachtungen bitten wir die zukünftigen Benützer. Ebenfalls bitten wir Pflanzenliebhaber beim Aufsuchen um Schonung der meist kleinräumigen Fundstellen.

Dem Amt für Wald, Natur und Landschaft und seinem Leiter Felix Näscher sowie der BZG danken wir für die finanzielle Unterstützung, Silvia Ruppen für die Betreuung des Manuskriptes, Mario Broggi für sein nimmermüdes Interesse, Bettina Kramer (Salzburg) für die Erstellung der neuen Fundkarten und Yvonne Walser für die Mithilfe bei der Auswertung des von Kurt Walser gesammelten Materials. Gedankt sei auch Walter Schmid-Fisler von der Koordinationsstelle Kartierung der Schweizerischen Orchideen-Gesellschaft, der bei der Aktualisierung der Daten aus der Schweizer Nachbarschaft behilflich war.

Barbara Rheinberger
Hans-Jörg Rheinberger
Peter Rheinberger

Orchideen des Fürstentums Liechtenstein
VON HANS-JÖRG RHEINBERGER, BARBARA RHEINBERGER,
PETER RHEINBERGER, KURT WALSER (FOTOS)

Inhalt

1. Einleitung — 11

2. Historische Vorbemerkung — 15

3. Gefährdung — 21

4. Artenkatalog — 25

5. Ausgewählte Areale und Bereiche — 213

6. Verteilung der Arten auf Standorte (Vegetationstypen) — 239

7. Höhenverteilung — 241

8. Rote Liste: Seltene, gefährdete, bedrohte und erloschene Arten — 249

9. Verzeichnis der Gewährsleute — 253

10. Literaturverzeichnis — 260

11. Register — 267

1. Einleitung

Die Orchideen haben seit Beginn der Erforschung der Flora Liechtensteins im 19. Jahrhundert die Aufmerksamkeit der Botaniker auf sich gezogen. Dies veranschaulicht ein einleitender historischer Überblick (*Kapitel 2*).

Die vorliegende Arbeit ist eine Bestandsaufnahme von Fundstellen der in Liechtenstein vorkommenden Orchideenarten. Der Zeitraum der Bestandsaufnahme erstreckte sich über ein Jahrzehnt von 1985 bis 1996.

Die liechtensteinische Orchideenlandschaft ist vielfältig aufgrund dreier Faktoren: der (ehemaligen) Riedlandschaft des Rheintals, des warmen Föhnklimas besonders an den Hängen der Südhälfte des Landes, und der Alpentäler. In mancher Hinsicht ist sie sogar für die weitere Region einzigartig. Es sind bzw. es waren bei uns bis vor kurzem 48 der etwa 60 in Deutschland und etwa 200 in Europa gezählten Orchideenarten nachgewiesen. Jedoch sind aufgrund des erheblichen Landschaftswandels vor allem im Talraum (BROGGI 1986) etwa 50 % der bei uns beheimateten Arten selten geworden, gefährdet oder vom Aussterben bedroht bzw. bereits ausgestorben (*Kapitel 3*). Diesem Schwund kann nur durch gezielte Massnahmen zum Biotopschutz und mit einer naturnahen land- und forstwirtschaftlichen Nutzung Einhalt geboten werden.

Den Schwerpunkt der Bestandsaufnahme bildet die Fundorterhebung (*Kapitel 4*). Es wurden alle aus der Literatur, aus Herbaren und durch sonstige Informationen bekannt gewordenen Fundorte vom 19. Jahrhundert bis heute gesammelt und mit den zwischen 1985 und 1996 nachgewiesenen Vorkommen verglichen. Verbreitungskarten geben Aufschluss über das Bild, das sich für die einzelnen Arten ergibt.

In einem gesonderten Abschnitt (*Kapitel 5*) sind die orchideologisch besonders wertvollen Biotope ausgewiesen. Für den Talraum handelt es sich hierbei meistens um Restflächen, wo nur noch die strenge Einhaltung bestehender Schutzvorschriften und weitere Sofortmassnahmen den völligen Zusammenbruch seltener Orchideenpopulationen verhindern können.

Wie sich unsere Orchideen auf die einzelnen Standorte bzw. Vegetationstypen verteilen, ist im *Kapitel 6* dargestellt. Es zeigt, dass repräsentative Areale aller Vegetationstypen erhalten werden müssen, wenn die Artenvielfalt vor weiterem Schrumpfen bewahrt werden soll.

Die Bemerkungen über die Höhenverteilung der Arten (*Kapitel 7*) geben interessante Aufschlüsse pflanzengeographischer Natur und über allgemeine ökologisch-klimatische Bedingungen.

Aufgrund der Vorkommenscharakteristik, die sich aus dem Fundstellenkatalog, der Standort- und der Höhenverteilung ergibt, wurden Kriterien für eine Revision und Erweiterung der Roten Liste bezüglich der Orchideenarten entwickelt (*Kapitel 8*).

Eine Liste der Gewährsleute, die für Liechtenstein wertvolle Orchideenfunde machten, und eine Literaturliste, die die diesbezüglichen Schriften erfasst, ergänzen die Monographie.

Zum Schluss sei allen gedankt, die zum Zustandekommen dieser Arbeit durch Hinweise, Kommentare, Literaturbeschaffung und Kritik beigetragen haben, unter ihnen besonders Mario F. Broggi, Wilfried Kaufmann und Edith Waldburger. Rudolf Rheinberger hat uns bei der Ergänzung der historischen Informationen und der Beschaffung schwer zugänglicher Literatur geholfen. Die Fürstliche Regierung hat auch diese Neuauflage durch einen grosszügigen Kredit ermöglicht. Den weit zurückliegenden, um 1960 zu datierenden Anstoss zu dieser Arbeit, als einer von uns Schüler am Collegium Marianum war, gab der unvergessene Ingbert Ganss.

Mit über 500 Gefässpflanzenarten, davon ca. 20 Orchideenarten, ist der wasserseitige Rheindamm der bedeutendste regionale Rückzugsstandort für die Pflanzenwelt im allgemeinen und für Orchideen im speziellen.

2. Historische Vorbemerkung

Die Geschichte des Botanisierens in Liechtenstein nimmt erst im 19. Jahrhundert ihren Anfang. Obwohl die Erforschung der liechtensteinischen Orchideenflora nicht getrennt werden kann von der Erschliessung der gesamten Flora des Landes, beschränken sich die folgenden Bemerkungen auf die Familie der Orchidaceen.

Die botanische Erkundung Liechtensteins ging von zwei regionalen Zentren aus, Vorarlberg/Tirol (vor allem Feldkirch) und Graubünden, wobei Österreich bis nach dem 1. Weltkrieg, historisch verständlich, die führende Rolle spielte. Von hier aus waren es vor allem Feldkircher Gymnasialprofessoren und unter ihnen vornehmlich naturforschende Jesuitenpatres, die ihre botanischen Streifzüge von Vorarlberg auch auf Liechtenstein ausdehnten.

Um 1852 botanisierte im Ried bei Tisis und Bangs sowie im Saminatal der evangelische Pfarrer in Eichberg bei Altstätten, Johann Konrad Rehsteiner (1797-1858). Von ihm ist ein Fund von *Anacamptis pyramidalis* bei Tisis an der Grenze zu Schaanwald überliefert. Systematischer erforscht hat die Flora des Landes, ebenfalls vor allem des Unterländer Riedes und des Saminatals, Christian Boetzkes S.J. (1840-1930). Er wird von Murr als «Vater der eingehenderen botanischen Erforschung Liechtensteins» bezeichnet (MURR 1922). Boetzkes entfaltete seine botanische Tätigkeit von 1864-1868 als Professor am öffentlichen Gymnasium der Jesuiten in Feldkirch. Er fand *Orchis pallens* im Saminatal und *Herminium monorchis* am Schellenberg. Nachdem Boetzkes zu weiteren theologischen Studien Feldkirch verlassen hatte, führte Heinrich Kemp S.J. (1865-1909) als Professor für Naturgeschichte an der Stella matutina in den siebziger Jahren die Studien seines Vorgängers fort. Er veröffentlichte 1873 und 1874 in der Österreichischen Botanischen Zeitschrift «Nachträge zur Flora des Illgebietes von Vorarlberg» (KEMP 1873, 1874), in denen auch die Funde von Boetzkes mitgeteilt werden. Auf Kemp geht der Nachweis von *Dactylorhiza traunsteineri* um 1870 in den Rieden an der Grenze zu Feldkirch zurück.

Vor allem zwischen 1862 und 1868 sammelte in Liechtenstein auch der Feldkircher Realschuldiener Josef Häusle († 1889). Er besass ein umfangreiches Herbar, das jedoch bereits Richen nicht mehr auffinden konnte (RICHEN 1897). Mit Häusle in Kontakt stand der in Feldkirch geborene und früh dort als Abiturient des Staatsgymnasiums verstorbene Gebhard Hasler (1857-1877). Hasler war ein botanisch «ganz hervorragend begabter Liechtensteiner Abkömmling» (MURR 1922); sein Vater Bartholomäus Hasler stammte aus Eschen. Auch sein Herbar ist verschollen, sein Manuskript «Flora Vorarlbergs» stand Richen jedoch zur Verfügung, der urteilte, dass «die Arbeit Haslers alle übrigen, gedruckten und ungedruckten Zusammenstellungen (übertrifft)» (RICHEN 1897). Hasler fand *xGymnigritella suaveolens* auf den Dreischwestern sowie *Spiranthes spiralis* in Ruggell.

1889 kam Gottfried Richen S.J. (1863-1943) als Professor für Naturgeschichte an die Stella matutina. Er entwickelte alsbald eine rege botanische

Tätigkeit, in die er auch ganz Liechtenstein, «mit alleiniger Ausnahme des südöstlichen Zipfels um Lawena und den Falknis» (MURR 1922) einbezog. Er erfasste zudem systematisch die bisherige gedruckte und handschriftliche Literatur, musterte Herbarien, ergänzte das Herbarium der Stella matutina und veröffentlichte 1897 die erste botanische Arbeit, die sich explizit auf Liechtenstein bezieht: «Die botanische Durchforschung von Vorarlberg und Liechtenstein» (RICHEN 1897). Ihr folgten in den Jahren 1898-1906 vier Nachträge. In seiner Arbeit sind zwar nur vereinzelt genaue Fundortangaben für Liechtenstein zu finden, doch dürfte er als erster *xGymnigritella heufleri* für die Dreischwestern, *Ophrys insectifera* für Schaan und *Goodyera repens* zwischen Schaan und Gaflei nachgewiesen haben. Richens Gewährsleute waren, neben den bereits erwähnten Rehsteiner, Boetzkes, Kemp, Häusle und Hasler: Heinrich Löwenberg (1870-1894, ein Student des Feldkircher Staatsgymnasiums, der später Medizin in Wien studierte; Herbarium); Karl Loitlesberger (*1857, 1891-1894 Supplent an der Stella matutina in Feldkirch, der *Platanthera chlorantha* am Schellenberg fand); Gebhard Milz (1862-1926, ein Schreinermeister aus Bregenz, der zwischen 1895 und 1905 öfter in Liechtenstein sammelte und dessen reichhaltiges Herbar Richen auswertete); Theodor Ohnesorge (1876-1952, 1897 Abiturient des Staatsgymnasiums in Feldkirch, der ebenfalls ein schönes Herbarium besass und der 1897 *Cephalanthera damasonium* oberhalb Vaduz beschrieb); Ferdinand Wachter (1874-1931, zu Zeiten Richens ebenfalls Student am Staatsgymnasium Feldkirch, von dem *Gymnadenia conopsea var. ornithis* auf Gafadura, *Epipogium aphyllum* und *Corallorrhiza trifida* in den neunziger Jahren im Saminatal nachgewiesen wurden; Herbarium); Hugo Graf Walderdorff (1828-1918, der in den neunziger Jahren das Flussgebiet der Ill und der Bregenzer Ach einschliesslich Liechtenstein durchforschte und Richen sein Manuskript überliess; *Cypripedium calceolus* vor 1897 auf Gaflei); Eduard Freiherr v. Handel-Mazzetti (1885-1950, er fand *Corallorrhiza trifida* um 1900 am Schellenberg); ferner die Patres S.J. Matthäus Löhle (1863-1900), Johann Rick (1869-1946, 1895-1898 Professor an der Stella matutina) und Josef Rompel (1867-1941), die alle das Herbarium der Stella matutina mit Funden bereicherten, sowie Hugo Schönach (1847-1932, Professor am Staatsgymnasium Feldkirch, der *Cephalanthera damasonium* vor 1892 im Saminatal beobachtete). Zur Verfügung stand Richen zudem das Herbar des katholischen Lehrerseminars in Tisis.

An dieser Stelle sind auch drei Universitätsprofessoren zu erwähnen, deren botanische Tätigkeit sich bis nach Liechtenstein erstreckte. Anton Ritter Kerner von Marilaun (1831-1898) war Professor der Botanik in Innsbruck und Wien. Er befasste sich insbesondere mit ökologischen und pflanzengeographischen Fragen, die in seinem bekannten Werk «Pflanzenleben» (Bibliographisches Institut, Leipzig und Wien 1888 und 1891) ihren Niederschlag fanden. Kerner botanisierte auch in der Bodenseegegend und um Feldkirch, wo er *Spiranthes aestivalis* fand, wie Richen vermerkt hat. Günther Beck von Mannagetta (1856-1931) war Professor für Botanik an der deutschen Universität in Prag. Er erforschte 1896 und 1900 die liechtensteinische Flora mit Unterstützung des Fürsten, legte ein Herbar an und fasste seine Ergebnisse in einem Manuskript zusammen. Becks Herbar wird heute im Liechtensteinischen Gymnasium verwahrt. Es hält einige interessante Orchideenfundorte fest. Beck v. Mannagetta fand *Liparis loeselii* 1896 zwischen Schaan und Bendern. Schliesslich hat Karl W. v. Dalla Torre (1850-1928), später Professor der Zoologie an der Universität Innsbruck, zusammen mit dem Innsbrucker Bezirkskommissär Ludwig Graf v. Sarnthein nach vieljährigen Vorarbeiten eine «Flora der Gefürsteten Grafschaft Tirol, des Landes Vorarlberg und des Fürstenthumes Liechtenstein, nach eigenen und fremden Beobachtungen, Sammlungen und den Litteraturquellen» abgeschlossen, die ab 1900 im Verlag der Wagnerschen Universitätsbuchhandlung in Innsbruck erschien. Sie enthält kaum über Richen hinausgehende Informationen bezüglich Liechtensteins Orchideen. Eine frühere, ungedruckt gebliebene Arbeit v. Sarntheins («Flora von Vorarlberg und Liechtenstein», 1888 [RICHEN 1897]) hatte Richen jedoch bereits für seine Arbeit auswerten können.

Zweifellos der bedeutendste Botaniker für unser Gebiet im ersten Viertel des 20. Jahrhunderts war Josef Murr (1864-1932). Er hatte bereits im letzten Dezennium des 19. Jahrhunderts regen Kontakt mit Richen und kam 1906 als Gymnasialprofessor nach Feldkirch. In den folgenden Jahren wurde Liechtenstein zu einem seiner bevorzugten Untersuchungsgebiete, nicht nur in systematischer, sondern vor allem auch in geobotanischer, pflanzengeographischer und pflanzensoziologischer Hinsicht. Seine zahlreichen diesbezüglichen Veröffentlichungen in Zeitungen und Fachzeitschriften fasste er Anfang der zwanziger Jahre mit finanzieller Unterstützung des Fürsten Johann II in einer «Neuen Übersicht über die Farn- und Blütenpflanzen von Vorarlberg und Liechtenstein» (1923-1926) zusammen. Ein Angebot von Günther Beck v. Mannagetta vom 3.3.1914, gemeinsam eine Flora von Liechtenstein herauszugeben, war zuvor gescheitert. Murr bemerkt hierzu zweideutig: «Leider aber nahmen die gegenseitigen Vorschläge über die Art des gemeinsamen Arbeitens zunächst keine genügend feste Gestalt an, um bald darauf unter dem Wüten des Weltkrieges und dessen Nachwirkungen, die selbst die Anbahnung weiterer Korrespondenz vereitelten, vollends in Nichts zu zerfliessen» (MURR 1922). Dennoch stellte Beck v. Mannagetta seine Aufzeichnungen Murr während dessen Arbeiten zum zweiten Band der «Neuen Übersicht» zur Auswertung zur Verfügung.

Auf Murr geht eine ganze Reihe von Orchideenneufunden für Liechtenstein zurück: *Ophrys sphegodes* 1914 bei Vaduz, *Ophrys apifera* bei Triesen, *Nigritella rubra* ob Wang, *Orchis militaris var. albiflora* am Schellenberg, *Listera cordata* 1921 zwischen Sücka und Älple, *Epipactis purpurata* ob Vaduz, *Epipactis microphylla* im Schlosswald ob Vaduz. Auch trugen ihm eine Reihe weiterer Gewährsleute Informationen über Orchideen in Liechtenstein zu. Zu ihnen gehörten neben Richen und dessen auch Murr bekannten Kollegen Loitlesberger, Rick und Schönach: Hermann v. Handel-Mazzetti (1883-1963, *Epipogium aphyllum* um 1910 in Triesen-Lawena); Stanislaus Kaiser (*1870, Mechaniker aus Frastanz); ein nicht weiter erwähnter Kastner (er berichtete Murr einen Fund von *xGymnigritella heufleri* vom Ellhorn); Marzellin Keller (1865-1936, der als fürstlicher Kassenverwalter in Vaduz amtierte, der Murr «ein überaus eifriger Gehilfe» war [MURR 1922] und *Ophrys holoserica* 1895 bei Vaduz fand); Elisabeth Prinzessin von Liechtenstein (1878-1960, die

Murr «durch ein ganz ausserordentliches Interesse und Verständnis für unsere Pflanzenwelt beglückte» [MURR 1923]); Alfons Kranz (1893-1966, damals Lehrer in Ruggell und Murrs Botanik-Freund; er fand *Orchis mascula var. albiflora* in Ruggell); die Feldkircher Gymnasialprofessoren Josef Rompel S.J. (1867-1941) und Albert Rümmele (*1897); sowie Johann Schwimmer (1879-1959, Sekretär in Bregenz, der *Chamorchis alpina* 1908 in Lawena fand und bis in die fünfziger Jahre botanisch in Vorarlberg tätig war). Erwähnenswert ist auch, dass die Epipactis-Pflanze ob Vaduz, die Murr als *E. purpurata* einstufte, von Max Schulze begutachtet wurde, einem der prominentesten damaligen Orchideenkenner (vgl. «Die Orchidaceen Deutschlands, Deutsch-Österreichs und der Schweiz» 1894).

Mit Murr endet die Feldkircher Botanik-Traditionslinie, der vor allem die botanische Erschliessung des nördlichen Landesteils sowie des Saminatals zu verdanken ist. Naturgemäss waren es Botaniker aus der Schweizer Nachbarschaft, vor allem Graubündens, denen wertvolle Befunde und Beobachtungen aus dem Bereich Balzers-Lawena zu verdanken sind. Unter ihnen ist Gottfried Ludwig Theobald (1810-1869) wohl der früheste. Er war Lehrer für Naturgeschichte an der Kantonsschule in Chur und botanisierte in Graubünden, auf der Scesaplana und im südlichen Liechtenstein. Seinen Mitteilungen zufolge fand er vor 1865 *Dactylorhiza sambucina* bei Guscha am Falknis und gegen die Gyrenspitze. Diese Fundstelle ist später nie bestätigt worden. Zwischen 1904 und 1910 machte Dr. Josias Braun-Blanquet (1884-1980) vom Botanischen Institut in Zürich Exkursionen ins Falknisgebiet, nach Triesenberg und um Balzers. Er fand *Chamorchis alpina* an der Rotspitze in Lawena, und im Juni 1909 *Dactylorhiza incarnata ssp. ochroleuca* im ehemaligen Ried bei Mäls. Nach ihm war es dann der Churer Orchideenspezialist Rudolf Gsell (1892-1953), dem wir eine reichhaltige Literatur über Orchideen in Graubünden verdanken, der in der südlichen Landeshälfte öfters botanisierte und der für das Mälser Riet 1933 *Spiranthes aestivalis* nachwies. Gsell war (nebst Murr) der erste ausgesprochene Orchideenkenner, der im Lande unterwegs war.

Die Orchideen-Botanik wurde ab Anfang der vierziger Jahre unseres Jahrhunderts durch Ingbert Ganss (1914-1984) von Liechtenstein aus aufgegriffen und fortgesetzt. Er veröffentlichte 1954 eine erste Monographie über «Die Orchideen Liechtensteins», in der neu *Gymnadenia odoratissima var. albiflora* erwähnt wird, sowie *Limodorum abortivum*, das ihm 1952 von einem Schüler des Marianums namens Nipp aus Balzers gebracht wurde. 1957 ergänzte Ganss dann die Liste der in Liechtenstein vorkommenden Orchideen noch um *Orchis palustris* aus dem Schwabbrünner Riet. Da sowohl *Limodorum abortivum* als auch *Orchis palustris* im Naturschutzgesetz von 1933 aufgeführt werden, ist jedoch davon auszugehen, dass beide Arten schon damals für das Land bekannt waren. Die Fundstelle von *Limodorum abortivum* (Flütsch und Chr. Koch) ist jedenfalls bei Braun-Blanquet und Rübel in der Flora von Graubünden 1932 erwähnt. Ganss konnte vor allem auch auf Informationen zweier kompetenter Gewährsleute zurückgreifen: Leo Lienert (*1921, der 1950-1954 am Liechtensteinischen Landesforstamt war, bevor er Kantonsförster in Sarnen wurde. Lienert hat ein Herbarium angelegt, das einiges Orchideenmaterial enthält und heute am Liechtensteinischen Gymnasium aufbewahrt wird); und David Beck (1893-1966, Oberlehrer in Vaduz).

Zwanzig Jahre später, im Zuge der Neuerfassung der Flora Liechtensteins Anfang der siebziger Jahre, hat Heinrich Seitter (1902-1991) unter Mithilfe von Mario F. Broggi, Wilfried Kaufmann und Edith Waldburger eine Liste weiterer Fundorte seltener Orchideen zusammengetragen. Sie sind in der «Flora des Fürstentums Liechtenstein» von 1977 zu finden.

In die vorliegende Arbeit schliesslich konnte eine beträchtliche Anzahl neuer, aber auch erloschener Fundstellen seltener Arten aufgenommen werden, die auf eigenen Recherchen der Verfasser beruhen. Auch einige Orchideen-Hybriden wie *Orchis pallens x Orchis mascula*, *Ophrys insectifera x Ophrys holoserica* und *Nigritella nigra x Leucorchis albida (x Leucotella micrantha)* sind neu. Zusätzlich wurden Mitteilungen von Mario F. Broggi, Josef Eberle, Wilfried Kaufmann, Hans-Peter, Silvia und Urs Rheinberger, Edith Thöny und Edith Waldburger ausgewertet. Edith Thöny hat 1986 eine für Liechtenstein neue Orchideenart gefunden: *Malaxis monophyllos* auf dem Weg von der Sücka zum Älple. Inzwischen konnten wir zwei weitere Fundstellen dieser Art aus dem Garselli und dem unteren Saminatal hinzufügen. Bereits 1986 konnte Kurt Walser *Epipactis muelleri* für unser Land nachweisen. Auch hier kam 1996 ein neuer Fundort hinzu.

Erfasste Arten: 1897-1996

	Richen 1897	Murr 1923	Ganss 1954	Seitter 1977	1996
Cypripedium calceolus	+	+	+	+	+
Chamorchis alpina	–	+	+	+	+
Gymnadenia conopsea	+	+	+	+	+
Gymnadenia odoratissima	+	+	+	+	+
Nigritella nigra	+	+	+	+	+
Nigritella rubra	–	+	+	+	+
Leucorchis albida	+	+	+	+	+
Coeloglossum viride	+	+	+	+	+
Platanthera bifolia	+	+	+	+	+
Platanthera chlorantha	+	+	+	+	+
Ophrys insectifera	+	+	+	+	+
Ophrys sphegodes	–	+	+	–	–
Ophrys holoserica	+	+	+	+	+
Ophrys apifera	–	+	+	+	+
Anacamptis pyramidalis	+[1]	+	+	+	+
Orchis palustris	–	–	+[2]	+	+
Orchis mascula	+	+	+	+	+
Orchis pallens	+	+	+	+	+
Orchis morio	+	+	+	+	+
Orchis ustulata	+	+	+	+	+
Orchis militaris	+	+	+	+	+

	Richen 1897	Murr 1923	Ganss 1954	Seitter 1977	1996
Traunsteinera globosa	+	+	+	+	+
Dactylorhiza incarnata	+	+	+	+	+
D. incarnata ssp. ochroleuca	–	+	+	+	+
Dactylorhiza majalis	+	+	+	+	+
Dactylorhiza traunsteineri	+	+	+	+	+
Dactylorhiza fuchsii	+	+	+	+	+
Herminium monorchis	+	+	+	+	+
Listera ovata	+	+	+	+	+
Listera cordata	–	+	+	+	+
Neottia nidus-avis	+	+	+	+	+
Epipactis atrorubens	+	+	+	+	+
Epipactis helleborine	+	+	+	+	+
Epipactis muelleri	–	–	–	–	+
Epipactis purpurata	–	+	+	–	+
Epipactis palustris	+	+	+	+	+
Epipactis microphylla	–	+	+	+	+
Cephalanthera damasonium	+	+	+	+	+
Cephalanthera longifolia	+	+	+	+	+
Cephalanthera rubra	+	+	+	+	+
Limodorum abortivum	–	–	+	+	+
Epipogium aphyllum	–	+	+	–	+
Goodyera repens	–	+	+	+	+
Spiranthes spiralis	–	+	+	+	+
Spiranthes aestivalis	–	+	–	–	–[3]
Corallorrhiza trifida	+	+	+	+	+
Liparis loeselii	+	+	+	+	+
Malaxis monophyllos	–	–	–	–	+

[1] nur bei Tisis nach JRe
[2] erst 1957 belegt, jedoch bereits 1933 erwähnt (Naturschutzgesetz)
[3] nur bei Gallmist an der Grenze (später auch bei Mäls, GSELL 1935)

Richen hatte 32 Arten für Liechtenstein erfasst. Murr erweiterte die Liste um 12 Arten: *Chamorchis alpina, Nigritella rubra, Ophrys sphegodes, Ophrys apifera, Dactylorhiza incarnata ssp. ochroleuca, Listera cordata, Epipactis purpurata, Epipactis microphylla, Epipogium aphyllum, Goodyera repens, Spiranthes spiralis, Spiranthes aestivalis*. Ganss fügte 2 weitere hinzu: *Limodorum abortivum* und *Orchis palustris*, verzeichnete jedoch *Spiranthes aestivalis* nicht mehr. Seitter fand 4 Arten nicht mehr: *Ophrys sphegodes, Epipogium aphyllum, Epipactis purpurata* und *Spiranthes aestivalis*. In vorliegende Abhandlung konnten *Epipogium aphyllum* und *Epipactis purpurata* wieder aufgenommen werden, sowie neu *Malaxis monophyllos* und *Epipactis muelleri*. *Ophrys sphegodes* und *Spiranthes aestivalis* sind ausgestorben.

3. Gefährdung

Die europäischen Orchideen haben sich im Laufe ihrer Evolution an karge und extreme Lebensbedingungen angepasst (Sumpfgebiete, Trockenstandorte, vegetationsarme Wälder). Eben dies droht ihnen heute bei der intensiven Nutzung aller Landressourcen zum Verhängnis zu werden. In der Roten Liste der Gefässpflanzen für Liechtenstein von 1984 sind nicht weniger als 18 der 48 von uns aufgeführten Arten, das sind 38%, angezeigt. Zwei davon gelten als ausgestorben, weitere fünf sind vom Aussterben bedroht. Aufgrund einer Neubewertung, die sich aus der vorliegenden Erfassung ergibt, sind weitere fünf Arten in die Rote Liste aufzunehmen. Damit sind fast 50% der bei uns nachgewiesenen Arten selten, bedroht, gefährdet oder ausgestorben.

Diese Zahlen sind alarmierend. Folgende Faktoren bedingen die Gefährdung unserer Orchideen: Trockenlegung und landwirtschaftliche Nutzung der Riedflächen; Verschwinden der Magerwiesen im Tal und an den unteren Hanglagen; intensive Waldwirtschaft; Zersiedlung, Düngung und Schafhaltung in den Alpen; sowie Stickstoff- und andere, saure Immissionen aus der Luft (VENTLING 1986), wobei der Stickstoff einen Düngeffekt hat und die Orchideen generell betrifft, während die Versauerung besonders den basische Böden liebenden Arten zu schaffen macht. Zu ihnen gehören 18 Arten, allein davon fallen unter die Rote Liste: *Cypripedium calceolus*, alle vier *Ophrys*-Arten, *Orchis palustris*, *Orchis pallens*, *Epipactis microphylla*, *Cephalanthera damasonium*, *Limodorum abortivum*, *Liparis loeselii*. Während also nur rund ein Drittel aller unserer Orchideenarten basophil sind, machen sie etwa zwei Drittel der in der Roten Liste figurierenden Arten aus.

Welche Ausmasse die Zerstörung des Lebensraumes dieser vielgestaltigen Pflanzengattung in den letzten hundert Jahren angenommen hat, sei durch folgende Zahlen kurz verdeutlicht. Existierten um 1750 schätzungsweise noch 2330 ha Ried, so waren es um 1900 immerhin noch 1600-1800 ha. Zwanzig Jahre später schon bemerkte Murr: «Mag es auch für den Anbau noch so erwünscht sein, vom naturkundlichen Standpunkte ist es sehr zu bedauern, dass die Austrocknung der ausgedehnten Flächen, über die sich einst der Rheintalgletscher hinzog, bereits ausserordentlich weit vorgeschritten ist» (MURR 1921 d). 1983 war die Fläche dann auf 136 ha geschrumpft (BROGGI 1986). Und die Erhaltung von mehr als zwei Dritteln dieser Restfläche von etwa 5% des ursprünglichen Bestandes verdanken wir allein der Unterschutzstellung des Schwabbrünner und des Ruggeller Rietes. Dennoch ist eine bei uns nur im Ried vorkommende Art heute ausgestorben (*Spiranthes aestivalis*), und zwei weitere kommen heute nur noch in Schwabbrünnen und Umgebung (*Orchis palustris*, *Dactylorhiza incarnata ssp. ochroleuca*) vor.

Die Verlustbilanz der Trockenwiesen ist noch dramatischer. Noch um 1900 waren praktisch alle waldfreien talbegrenzenden Hanglagen von Schaanwald bis Balzers Magerwiesen, einer groben Schätzung zufolge ca. 250 ha. Davon sind heute insgesamt vielleicht noch etwa 4 ha übrig, 3.4 ha davon zwischen Triesen und Balzers (BROGGI 1986). Das bedeutet, dass mehr als 98% aller

Magerwiesenhänge im Tal innerhalb von 90 Jahren vernichtet wurden. Das hatte ebenfalls das Aussterben einer Orchideenart zur Folge (*Ophrys sphegodes*), und zwei weitere sind unmittelbar vom Aussterben bedroht (*Ophrys apifera, Spiranthes spiralis*). Angesichts dieser Zahlen mag man die Bedeutung des Rheindamms als sekundäres Refugium für viele der trockenliebenden Arten, nicht nur Orchideen, ermessen. Bei Verschwinden dieses Refugiums würde mindestens einer weiteren Art das Aussterben bevorstehen (*Ophrys holoserica*). An den Rheindamm hat sich auch die seltene *Ophrys insectifera* geflüchtet; ebenso können *Anacamptis pyramidalis, Cephalanthera damasonium* und *C. rubra* hier gefunden werden.

Es sind jedoch nicht nur die Riedflächen und Magerwiesen, sondern auch die den Orchideen zusagenden Waldgesellschaften, sowie die Alpenwiesen, die entweder nur einmal im Jahr gemäht oder nur einmal vorübergehend beweidet werden, im Rückgang begriffen. Da unsere seltenen Orchideen ziemlich gleichmässig auf alle Standorte, im Wald und auf den Wiesen, im Tal und in den Alpen verteilt sind, muss ihr Schutz auch umfassend gestaltet werden.

Die Geschichte des Naturschutzes in Liechtenstein beginnt mit einem «Gesetz betreffend den Schutz der Edelweisspflanze und anderer Alpenpflanzen», das am 15.11.1903 erlassen wurde. Es sollte damit dem «Ausheben und Ausreissen» von Alpenpflanzen im Zuge des aufkommenden Alpentourismus vorgebeugt werden. Mit Verordnung vom 20.6.1908 wurde das Verbot des «massenhaften Abreissens und Versendens» auch auf Alpenrosen, Alpennelken, Zyklamen, Enziane, Orchideen, Mannsschildarten, Narzissen, Alpenmaiglöckchen und Alpenprimeln ausgeweitet, das «Pflücken kleinerer Sträusse» blieb jedoch erlaubt. Hier werden zum erstenmal die Orchideen mitaufgeführt. Die Überwachung der Einhaltung dieser Bestimmungen oblag den Polizei- und Forstorganen. Wie wenig ein solches blosses Pflückverbot ausrichtet, zeigt die Alpe Gafiei. In ihrer Umgebung kommt heute *Nigritella nigra* nicht mehr vor, und *Cypripedium calceolus* ist in die Felsen des Fürstensteigs zurückgedrängt worden.

Ein liechtensteinisches Naturschutzgesetz wurde 1933 erlassen. Es stellte eine Liste von Tieren und Pflanzen unter Artenschutz. Bezüglich der Orchideen bestand generelles Pflückverbot für: *Cypripedium calceolus, Ophrys apifera, insectifera, holoserica* und *sphegodes, Orchis palustris, pallens* und *traunsteineri, Nigritella rubra, Limodorum abortivum, Liparis loeselii, Cephalanthera rubra, alba* und *longifolia*. Auszugraben verboten waren: «alle übrigen Knabenkräuter».

Schon früh war in der gemäss dem Gesetz von 1933 eingerichteten Kommission für Naturschutz angeregt worden, auf Silum einen Alpengarten zu schaffen (vgl. J. Ospelt, Nachruf Egon Rheinberger, Jahrbuch des Historischen Vereins *36*, 1936). Das erste Gebiet jedoch, das in Liechtenstein unter Pflanzenschutz gestellt wurde, war das Einzugsgebiet des Malbunbaches, und zwar erst mit Verordnung vom 8.8.1952. Mit der Überwachung war die Bergwacht betraut. Wie wenig auch diese Massnahme ausrichtet, wenn nicht die entsprechenden Biotope vor Zerstörung (hier vor allem Zersiedlung, intensive

Erschliessung für den Wintersport) bewahrt werden, zeigt, am Beispiel der Orchideen ausgeführt, das Verschwinden von *Chamorchis alpina* auf dem Sareis. Auch *Ophrys insectifera* ist im Malbuntal sehr selten geworden.

Erst 1961 gab es eine erste gesetzliche Massnahme zum Biotopschutz: am 28. 9. dieses Jahres wurde das Schwabbrünner Riet (und das Gampriner Seelein) unter Schutz gestellt. Es beheimatet folgende Orchideen aus der Roten Liste von 1984: *Orchis palustris, Dactylorhiza traunsteineri, Dactylorhiza incarnata ssp. ochroleuca, Ophrys holoserica* und *Liparis loeselei*.

Mit Gesetz vom 21. 12. 1966 betreffend die Abänderung des Naturschutzgesetzes von 1933 wurde der botanische Artenschutz novelliert. Die Bestimmungen für die Orchideenarten wurden dabei nicht erweitert.

Wesentliche Impulse für den Naturschutz in Liechtenstein gingen vom «Jahr der Natur 1970» aus (BROGGI 1986). 1970 wurde auch die Botanisch-Zoologische Gesellschaft Sargans-Werdenberg-Liechtenstein gegründet, die seither einen Jahresbericht herausgibt. 1973 erfolgte die Gründung der Liechtensteinischen Gesellschaft für Umweltschutz. Dank intensiver Bemühungen dieser Vereinigungen und einzelner Personen konnten die Voraussetzungen dafür geschaffen werden, dass am 17. 10. 1978 ein zweites Feuchtbiotop, das Ruggeller Riet, unter Schutz gestellt wurde. In ihm kommen folgende in der Roten Liste enthaltenen Orchideenarten vor: *Liparis loeselii, Dactylorhiza traunsteineri*. Für zwei Arten, nämlich *Ophrys holoserica* und *Ophrys apifera*, kommt der Schutz von Streueflächen ums Ruggeller Riet wohl zu spät. 1986 waren neun Naturschutzgebiete mit etwa 157 ha Fläche (das entspricht 0.98 % der Landesfläche oder 3 % des Talraumes) unter Schutz gestellt. Es handelt sich dabei ausschliesslich um Feuchtgebiete.

1977 wurde ein Inventar der geschützten und schützenswerten Naturgebiete erstellt (BROGGI 1986). In ihm sind 41 schützenswerte Objekte mit etwa 280 ha Fläche aufgeführt, was 1.75 % der Landesfläche ausmacht. Des weiteren wurden dort 1322 ha als «Landschaftsschutzgebiete» ausgewiesen, wobei die gesetzliche Definition dieses Begriffs noch aussteht. Ebenfalls vorgeschlagen wurde ein alpines Reservat im Raum Garselli-Zigerberg, das weitere 1363 ha umfassen soll. Unter orchideologischen Gesichtspunkten ist dieses Projekt besonders wünschenswert, wachsen in diesem Raum doch nicht weniger als fünf seltene und gefährdete Arten: *Cypripedium calceolus, Ophrys insectifera, Listera cordata, Epipogium aphyllum und Malaxis monophyllos. Cephalanthera rubra* hat hier den einzigen Standort jenseits der Westkette. Es ist eines der reichhaltigsten Orchideengebiete unserer Alpen. Mit Verordnung vom 17. 5. 1989 schliesslich wurden grosse Teile des Alpengebietes zum Pflanzenschutzgebiet im Sinne des Naturschutzgesetzes erklärt, in denen es verboten ist, wildwachsende Pflanzen auszureissen, auszugraben, zu pflücken, zu beschädigen oder – ein wesentlicher Punkt – «deren Lebensräume zu zerstören». Das Gebiet ist auf einer beigegebenen Karte genau bezeichnet und reicht unter Aussparung der Alpwirtschaftsflächen vom Falknis bis zu den Dreischwestern. Die grösste zusammenhängende Fläche bildet das untere Saminatal mit Garselli und Teilen des Valorsches bis zum Galinakopf. Es sind aber auch beschränkte Flächen um Gaflei und Silum, Älple-Heuberg-Rappenstein, Lawena, Falknis-Naafkopf, Augstenberg-Ochsenkopf, Pradamee-Hahnenspiel sowie Stachlerkopf-Schönberg mit einbezogen. Am 23.5.1996 wurde ein neues Gesetz zum Schutz von Natur und Landschaft erlassen.

Es kommt nun alles darauf an, repräsentative Magerwiesenflächen im Talraum zu erhalten. Während es hier grössere Flächen bereits nicht mehr gibt, können in den Alpen noch zusammenhängende Areale erhalten werden. Allerdings ist einer weiteren Erschliessung, vor allem des Garsellis, Einhalt zu gebieten. Es muss alles daran gesetzt werden, diesen noch ziemlich unberührten Fleck unserer Alpenwelt für die Zukunft zu erhalten.

Obwohl der Schrumpfungsprozess der Talstandorte aus den Verbreitungskarten deutlich zu ersehen ist, geben sie insgesamt ein Bild, das leicht täuschen kann: sind doch viele Fundorte, an denen einzelne Arten im Tal noch wachsen, Relikte früherer grösserer Bestände und im Verschwinden begriffen oder schon fast verschwunden. Ob sie erhalten bleiben, hängt von der Unterschutzstellung noch existierender Restbiotope ab und vor allem auch von einer sinnvollen Wiedereingliederung solcher Kulturflächen, wie sie die Trockenrasen darstellen, in den landwirtschaftlichen Nutzungszyklus als Magerheuwiesen.

4. Artenkatalog

Anmerkungen zum Katalog

Die Gattungsnamen und die Artbenennungen halten sich in der Regel an den «Index nominum genericorum (plantarum)» (FARR et al. 1979) sowie den «Index Kewensis», die Abkürzungen der Autorzitate an den «Draft Index of Author Abbreviations Compiled at the Herbarium Royal Botanic Gardens». Die Anordnung der Arten und die etymologischen Hinweise folgen Schlechter 1970 ff. Die Angaben über die geographische Verbreitung sind aus BUTTLER 1986. Standortangaben, Blütezeit und Höhenverbreitung beruhen auf eigenen Beobachtungen und beziehen sich sämtlich auf Liechtenstein. Die Angaben über den Säuregrad des Bodens für die einzelnen Arten sind SUNDERMANN 1980 entnommen. Die Detaillierung der Waldstandorte geht auf die Stetigkeitstabellen von SCHMIDER und BURNAND 1988 zurück sowie auf einen Vergleich der nachgewiesenen Fundstellen mit der «Vegetationskundlichen Kartierung der Wälder des Fürstentums Liechtenstein» (LANDESFORSTAMT 1985).

Bei den Fundortangaben sind die aus der Literatur und durch weitere Hinweise bekannt gewordenen Fundstellen so vollständig wie möglich aufgelistet. Gesondert aufgeführt sind die Angaben von Richen, Murr, Ganss und Seitter. Es lässt sich so nicht nur die Detaillierung der Fundstellen, sondern auch deren Verlust über die Zeit verfolgen. In RICHENS «Botanischer Durchforschung von Vorarlberg und Liechtenstein» (1897) sind allerdings nur wenig Einzelfundorte aus Liechtenstein zu ersehen. Es wurden diejenigen Angaben übernommen, bei denen sinnvollerweise davon ausgegangen werden konnte, dass sie sich auch auf Liechtenstein beziehen. Auch die weiteren Arbeiten Richens wurden mit einbezogen. MURRS «Neue Übersicht über die Farn- und Blütenpflanzen von Vorarlberg und Liechtenstein» (1923-1926) enthält zum ersten Mal Angaben über Liechtenstein getrennt. Auch sie wurden durch Murrs weitere Arbeiten betreffend Liechtenstein vervollständigt, soweit diese nähere Fundortangaben enthalten. Die erste Orchideenmonographie über das Land, «Die Orchideen Liechtensteins», stammt von GANSS aus dem Jahre 1954 und wird ergänzt durch eine kleinere Arbeit aus dem Jahre 1953. SEITTERS «Flora des Fürstentums Liechtenstein» ist seit 1977 das Referenzwerk.

Getrennt davon sind die 1985-1996 nachgewiesenen Fundorte aufgeführt. Diese Fundstellen – nicht jedoch die älteren Angaben – sind nach den Flurnamenkarten der Gemeinden bezeichnet und in der Regel mit Höhenmeterangaben versehen. Für jede Art ist ausserdem eine Tabelle mit den Beobachtungsdaten beigefügt sowie eine Übersichtskarte, die die Verbreitung veranschaulicht. Die Häufigkeit des Vorkommens ist entweder in gezählten Exemplaren oder gemäss vier Häufigkeitsstufen angegeben. Dabei bedeuten: x: vereinzelt, kleiner/gleich 20; xx: verstreut, kleiner/gleich 50; xxx: reichlich, kleiner/gleich 100; xxxx: gehäuft, über 100. Bei Häufigkeitsangaben mit

Punkt – z. B. «x.» – fehlt das Funddatum. «vb.» hinter dem Funddatum steht für verblüht, «Kn.» für Knospen. Die Angaben beziehen sich in der Regel auf überschaubare Fundplätze (50 x 50 m, nicht grösser als 100 x 100 m). Bei den häufigeren Arten sind als Fundorte oft nicht streng lokalisierte Fundstellen, sondern Areale ausgewiesen, die mehrere bis viele Fundstellen umfassen, z. B. Sücka-Älple 1450-1650 m, Wang-Goldlochspitz 1900-2100 m. Hier sind die Angaben nicht als absolute Mengen zu verstehen, sondern als Hinweis auf die Vorkommensdichte. So bedeutet etwa *Nigritella nigra*, Goldloch 1900-2100 m xxx, dass auf einem Gebiet von ca 0.2 km^2 um die 2000 Pflanzen dieser Art geschätzt wurden, was mehr ist als alle im Berichtszeitraum gezählten *Cypripedium calceolus* zusammengenommen. Auch diese Angaben sind mit Vorbehalten versehen: subjektive Fehler beim Schätzen, Zeit der Inspektion (zu früh, zur Blütezeit, zu spät), jährliche Schwankungen spielen eine Rolle. Um absolute Zahlen über das Gesamtvorkommen einer Art zu errechnen, reichen sie nicht aus. Bei den seltenen Arten mit vereinzelten Fundstellen, die streng lokalisiert sind, haben wir die gezählten Exemplare aufgeführt.

Bei nicht verifizierten Vorkommen wurde unterschieden in «nicht mehr nachgewiesen» (wobei wir einen Nachweis noch für möglich halten) und «erloschen» (hier muss davon ausgegangen werden, dass die Art an der Fundstelle verschollen ist).

Zur besseren Übersicht sind die nachgewiesenen Vorkommen in elf naturräumliche Bereiche gegliedert:

Tal:
I   Ebene (Ried)
II   Talbegrenzung bis 600 m und Rheindamm

Hanglagen (montaner Bereich):
III   Schellenberg
IV   Rheintalseitiger Hang der Westkette bis 1200 m
V   Ellgebiet

Alpen (subalpiner und alpiner Bereich):
VI   Rheintalseitiger Hang der Westkette über 1200 m
VII   Saminatal bis Steg
VIII   Valünatal mit Rappenstein- und Naafkopfgebiet
IX   Malbun
X   Valorsch
XI   Lawena

Die Angaben über die Artenvorkommen in der schweizerischen und österreichischen Nachbarschaft stützen sich auf folgende Quellen: GSELL 1919 bis 1946 sowie BRAUN-BLANQUET und RÜBEL 1932 für Graubünden (neuere Angaben wurden uns freundlicherweise von Walter Schmid-Fisler, Koordinationsstelle Kartierung SOG, zur Verfügung gestellt), SEITTER 1989 für St. Gallen (ergänzt um Angaben der SOG), MURR 1923 sowie BUHMANN und NACHBAUR 1984 für Vorarlberg. Hier bedeuten: +, nachgewiesen, –, nicht (mehr) nachgewiesen.

Noch ein Wort zur Benutzung: Gewährsleute und Finder wurden einheitlich mit ihren Initialen abgekürzt. Ein Verzeichnis der Personen findet sich am Ende des Berichts. So bedeutet etwa «ET 1986»: Edith Thöny, Angabe aus dem Jahre 1986. Im Gegensatz dazu bedeutet «RICHEN 1897 b» eine Literaturstelle, die im Literaturverzeichnis unter Richen zu finden ist. Angaben aus der Kartei, die Heinrich Seitter (unter Mitwirkung von Edith Waldburger und anderen) für die Flora des Fürstentums Liechtenstein anlegte, sind unter SEITTER 1977 in eckige Klammern gesetzt, soweit sie nicht in der Flora Erwähnung fanden. An Herbaren wurde ausgewertet das von Günther Beck v. Mannagetta (Funde aus 1896) und das von Leo Lienert (Funde aus 1950-1951). Angaben von Wilfried Kaufmann (WK) entstammen der von ihm geführten Floraliste, Angaben von Kurt Walser (KW) sind seinem Archiv entnommen. Alle nachgewiesenen Vorkommen ohne Finderangabe stammen von den Autoren der vorliegenden Dokumentation. Auf den Verbreitungskarten bedeuten ●: nachgewiesen; ○: nicht mehr nachgewiesen; †: erloschen. Die Grösse der Punkte entspricht den Häufigkeitsstufen.

GATTUNG: CYPRIPEDIUM L. (1753) *
CYPRIPEDIUM CALCEOLUS L. - FRAUENSCHUH

Rote Liste:
seltene Art

Fundortangaben:
RICHEN 1897: häufig bis in die Alpen, nur nicht auf Urgestein; Wald unter der Alpe Gaflei (RICHEN 1897 b) MURR 1923: verbreitet bis Gaflei (HW), Silum (MK) usw.
GANSS 1953, 1954: verhältnismässig häufig, z.B. auf den Hängen etwa von der Höhe des Wildschlosses bis nach Gaflei und Silum, in den Wäldern um Nendeln-Vaduz-Balzers, über dem Schloss Vaduz bis Profatscheng-Masescha-Silum (Lavadina), über Triesenberg (1953 an die 30 blühende Exemplare), Lawena, Valorsch
SEITTER 1977 dazu: zerstreut auf der ganzen Westabdachung von Schwabbrünnen bis auf die Westseite von Silum 450-1460 m, von Planken bis Lawena zerstreut von 900-1400 m [Maurerberg beim Forsthaus, Gafadura 980 m, über Vaduz 590 m, Guggerboden 1120-1160 m, Silum-Gaflei, Silum-Grat 1640 m, Matonatobel 1180 m, Tuass Kohlplatz 1360 m], Saminatal: Silum-Valorsch, Steg-Malbun 1100-1640 m [Samina 1100 m, Saminatal Ost-und Westseite 1100-1640 m, Steg-Bärgichöpf 1365 m]
Weitere Angaben: Triesnerberg (DALLA TORRE 1906 [GH in RICHEN 1897b]), Balzers Entamoos 470 m, Sücka-Geisloch 1460 m (HR um 1960); Schwabbrünnen zwischen Ried und Schlammsammler der Nendlerrüfe (BZG '73 1974), Maurerberg im Bauwald und beim Ruhsteg (MB 1971 und Ende 1970er Jahre), Masescha ob Philosophenweg (MB 1970 ff.), Vaduz Zepfelwald 780 m, Vaduz Tid 835 m (KW 1983)

Geographische Verbreitung:
Westeuropa bis Asien, Kaukasus, Zentralchina, Nordamerika

Standortangaben:
Buchen- und Nadelwälder vom Tal bis in die Alpen, auf Rüfeschutt, in feuchten, schattigen Waldlichtungen; neutrale bis leicht basische Kalkböden (pH 7.3-7.9)

Blütezeit:
Mai bis Juli

Höhenverbreitung:
440-1700 m, nachgewiesen 540 m (Vaduz) bis 1700 m (Sass)

* Cyprus: Hinweis auf die Venus von Zypern; pedilon: griech. Pantoffel

Fundort: Vaduz
Flurname: Uf der Röfi, 25. 05. 1985

Nachgewiesene Vorkommen:

Tal:
II zwischen Vaduz und Schaan am Spörribach 570 m, Vaduz Sonnblickstr. 540 m

Untere Hanglagen:
IV Efiplanken 900 m (WK), Vaduz Zepfelwald 780 m (KW), Iraggell 640 m, Vaduz uf der Röfi 670 m (KW), Barahalde Vaduz 800 m, Vaduz uf Tid 900 m, Mockawald 1000 m, Grüschaweg 710 m, Lavadina ob dem Ried 1160 m (EW), Hochegga 1090 m, Guggerboden Rüfi 1170 m, Magrüel 910 m (EW)

Alpen:
VI Gafadura 1220 m, Efiplanken Törle-Egg 1200 m, Profatschenger Rüfi 1220 m, Kleiner Fürstensteig (Luggsabödele) 1460 m, Triesenberg Stärnabärg 1340 m, Tela unterm Silumweg 1490 m, oberes Färchanegg 1580 m, Alpelti Richtung altes Tunnel 1440 m, unterhalb Plattaspitz ca. 1680 m (UR), Silum Weiss Fleck um 1500 m;
VII Steg Richtung Saminatal Ostseite 1250-1300 m, Schindelholz 1385 m, Saminatal am Bach 1200 m, Sässtobel-Lärcheneck 1300 m, Sässlitobel-Branntweintobel am Saminabach 960 m;
IX Gitzihöll-Malbun 1400 m, Sass ca. 1700 m (UR), Malbun Guschgerbach 1500-1600 m, Stachler 1500-1600 m;
X Valorsch Brandeck 1200 m (WK), Vordervalorsch Fölitola 1400 m, Mittler Valorsch Rietleböden 1380 m (MB);

Fundort: Vaduz
Flurname: Zepfelwald, 02. 06. 1985

Fundort: Triesenberg
Flurname: ob Philosophenweg, Masescha,
1970 (Foto: Mario F. Broggi)

XI Lawenatobel ca. 1200 m, Lawena Wiss Röfi ca. 1400 m, Hintertuass 1430 m, Messweid 1500 m (WK)

Nicht mehr nachgewiesen:
Maurerberg, Nendeln-Nendler Rüfe, Matonatobel, Masescha-Philosophenweg, Sücka, Steg-Bärgichöpf

Erloschen:
Balzers Entamoos, Schlosswald

Nachbarschaft:

		um 1920	um 1980
GR:	Churer Rheintal	+	+
	Bündner Herrschaft	+	(+)
SG:	Oberland	+	+
	Alvier-Churfirsten	+	+
	Säntis-Gebiet	+	+
V:	Ill-Gebiet	+	+
	Bregenzer Ach-Gebiet	+	+

Bemerkungen:
Cypripedium calceolus ist im Tal sehr selten geworden. In den unteren Hanglagen und den Alpen kommt der Frauenschuh meist in kleineren Gruppen von bis zu einem Dutzend Exemplaren vor, es finden sich gelegentlich aber auch Bestände von 100 bis zu 200 Exemplaren (oberes Färchanegg 2. 7.1988, Steg gegen Saminabach 14. 6.1989, Valorsch Brandeck 6. 7. 1995).

Varietät:
var. flavum

Fundortangaben:
RICHEN 1897: –
MURR 1923: –
GANSS 1953, 1954: –
SEITTER 1977 dazu: –
weitere Angaben:
Gurahalde-Masescha (MB 1970)

Nachgewiesene Vorkommen:

Tal: –

Untere Hanglagen: –

Alpen:
VII Saminatal Ostseite am Weg zum Bach hinunter 1250 m

Nicht mehr nachgewiesen:
Gurahalde Masescha

Erloschen: –

Bemerkungen:
Bei dieser Varietät, die selten auftritt, sind die Petalen und Sepalen nicht wie üblich rot-braun, sondern gelblich-grün. Wir haben sie bisher nur einmal beobachtet, 5 Pflanzen an einer Stelle beisammen. Mario Broggi fand sie 1970 auf der Gurahalde Masescha (siehe Photobeleg MB).

Cypripedium calceolus
Beobachtungsdaten:

Fundort	85	86	87	88	89	90	Datum
Vaduz-Schaan	1	1					3.6., 21.5.
Efiplanken				x.			
Vaduz Zepfelwald	2						2.6.
Iraggell	4	7	x.	x.	x.		1.6.
Vaduz uf der Röfi	6						25.5.
Barahalde				20 +			1.6.
Mockawald				20 +		xx.	1.6.
Lavadina ob dem Riet					x		28.6.
Lavadina Hochegga	7						11.6.
Guggerboden	9						11.6.
Magrüel			x				10.6.
Profatschengrüfe	50 +	x.	x.	x.	x.		2.6.
Kleiner Fürstensteig	20 +						21.6.
Tela Silumweg	6		15	x.	x.		10.6., 6.7.
oberes Färchanegg				50 +	100 +	xxx. xxx.	5.7., 2.7.
Alpelti-Silum	20 +		x.	x.	x.		13.6.
Plattaspitz			25		17		15.6., 19.6.

31

Fundort	85	86	87	88	89	90	Datum
Saminatal			20 +	xx.	200 +		24.7., 14.6.
Sässtobel-Lärcheneck						1	Mai
Branntweintobel						3	Mai
Gitzihöll-Malbun				10			Juni
Sass		20 +.					
Brandeck Valorsch		x					15.7.
Lawenatobel	1						6.6.
Lawena Wiss Röfi	5				30		6.6., 14.6.
Hintertuass	3						6.6.
Messweid			x				5.7.

Fundort	91	92	93	94	95	96	Datum
Gafadura		5					25.5.
Efiplanken Hirschhag			4				27.5.
Efiplanken Törle-Egg		3			3		3.6., 21.7. vb.
Vaduz Sonnblickstrasse			10				20.6. vb.
Vaduz uf Tid					8		19.6.
Grüschaweg		1	1				17.5., 20.5.
Triesenberg Stärnaberg					1	1	7.6., 10.6.
Silum Weiss Fleck						100	17.6.
Schindelholz		5					24.6.
Malbun Guschgerbach						20	22.6.
Stachler						30	22.6.
Vordervalorsch Fölitola	4					10	16.8. vb., 12.6.
Mittler Valorsch Rietleböden						40	15.6.

Cypripedium calceolus var. flavum
Beobachtungsdaten:

Fundort	85	86	87	88	89	90	Datum
Saminatal					5		14.6.

GATTUNG: CHAMORCHIS RICHARD (1818) *
CHAMORCHIS ALPINA L.C.M. RICHARD – ZWERGORCHIS

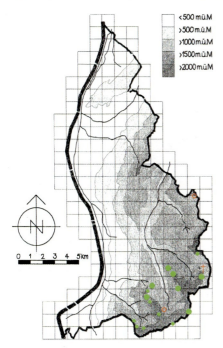

Rote Liste: –

Fundortangaben:
RICHEN 1897: –
MURR 1923: Rotspitze am Falknis (JBB), Lawena (JS), Sareiserjoch (JS, JM);
Lawena: Rote Wand (JS) (MURR 1910 a)
GANSS 1953, 1954: Lawena, Gritsch, Bettlerjoch usw., Lawena-Rappenstein-Falknis-Sareis-Augstenberg
SEITTER 1977 dazu: Gapfahl Kulmi 1990 m, [Valüna ob Rote Wand 2090 m], Plasteikopf-Rappenstein 1900-2100 m, Ochsenkopf-Sareiserjoch-Augstenberg-Naafkopf 1900-2300 m, Galinakopf 2190-2200 m, Hahnenspiel-Nospitz 1926-2090 m, [Mazora-Mittlerspitze, Rotspitz 2137 m]
Weitere Angaben: Sareiserjoch (9.9.1903 JM, 21.8.1907, 26.7.1933 JS; SCHWIMMER 1957), Lawena (gegen Rappenstein? 19.8.1907 JS, SCHWIMMER 1908 und 1957), Ochsenkopf Gamsgrat (WK 1970-1978), Balzers Kulmi-Gapfahl 1985 m (KW 1984)

Geographischoe Verbreitung:
Alpen, Nord- und Südkarpaten, Skandinavien, östlich bis Kola

Standortangaben:
steinige Magerwiesen, überwachsene Felsbänder; auf Kalk, schwach saure bis schwach basische Böden (pH 5.5-7.5)

Blütezeit:
Juli bis August

Höhenverbreitung:
1920 m (Hahnenspiel) bis 2350 m (Iesförkle)

* Griech.: chamai = niedrig: wegen der Kleinheit der einzigen Art

Fundort: Balzers
Flurname: Kulmi (Gapfahl), 30. 07. 1991

Fundort: Balzers
Flurname: Kulmi (Gapfahl), 03. 08. 1986

Nachgewiesene Vorkommen:

Tal: –

Untere Hanglagen: –

Alpen:
VIII Goldlochspitz 2000-2071 m (EW), Rappenstein 2070-2200 m, Hochspieler 2150 m, Gapfahl Kulmi 1990 m, Plasteikopf bis 2300 m, Iesförkle 2350 m, Pfälzerhütte gegen Naafkopf bis 2300 m, Gritsch-Naaf 1950-1990 m;
IX Hahnenspiel Gierenstein bis Nospitz 1920-2090 m, Ochsenkopf-Gamsgrat 2100-2250 m (WK), Sareiserjoch gegen Augstenberg 2050 m;
XI Lawena Moggaschlössli 1960 m (EW), Rotspitz 2120 m, Rotspitz-Mittagspitz 2050 m

Nicht mehr nachgewiesen:
Valüna Rote Wand, Galinakopf

Erloschen:
Sareis

Nachbarschaft:

		um 1920	um 1980
GR:	Churer Rheintal	+	+
	Bündner Herrschaft	+	(+)
SG:	Oberland	+	+
	Alvier-Churfirsten	+	+
	Säntis-Gebiet	+	+
V:	Ill-Gebiet	+	+
	Bregenzer Ach-Gebiet	+	+

Bemerkungen:
Als Kleinorchidee wird *Chamorchis alpina* leicht übersehen. Sie ist wohl auch an den nicht nachgewiesenen Stellen noch vorhanden. Die Zwergorchis ist bei uns relativ selten und kommt in vereinzelten bis verstreuten kleinen Grüppchen vor, ist aber aufgrund ihrer extremen Standorte (Gratlagen) nicht unmittelbar gefährdet.

Chamorchis alpina
Beobachtungsdaten:

Fundort	85	86	87	88	89	90	Datum
Goldloch		15.					
Rappenstein	xx	xx.	xx.	xx.			9.8.
Gapfahl-Kulmi		xx	xx.				1.8.
Plasteikopf					x		15.8.
Iesförkle				x			7.7
Pfälzerhütte-Naafkopf	xx	xx.					13.8.
Hahnenspiel-Nospitz		xx					27.7.
Ochsenkopf-Gamsgrat				x			8.9. vb.
Sareiserjoch-Augstenberg						xx	24.7.
Lawena Moggaschlössli				x			24.7.

Fundort	91	92	93	94	95	96	Datum
Hochspieler						10	26.7.
Gritsch-Naaf				40			31.7.
Mazora Rotspitz				5	5		5.8., 22.7.
Rotspitz-Mittagspitz				2			22.7.

GATTUNG: GYMNADENIA R. BR. (1813) *
GYMNADENIA CONOPSEA (L.) R. BR. – MÜCKENHÄNDELWURZ

Rote Liste: –

Fundortangaben:
RICHEN 1897: häufig bis in die Alpen
MURR 1923: auf Wiesen von den Alpen bis ins Tal fast gemein; Dux (MURR 1921b)
GANSS 1953, 1954: Riedwiesen des Unterlandes, sehr häufig vom Ried bis hinauf zu den Alpenwiesen, Malbun
SEITTER 1977 dazu: Ruggeller- und Schwabbrünnerriet, Balzers-Vaduz auf dem Rheindamm, am Westhang der Westkette verbreitet 460-2000 m [Oberplanken 950 m], Saminatal bis Garselli 1800 m, Johanneshütte-Hehlawang 1700 m, S Galinakopf bis 2100 m, Alp Matta, Rote Wand auf einem Felsband 1850-1900 m; Triesen Matilaberg (SEITTER 1975); Eschen Bannriet (SEITTER 1976)
Weitere Angaben: Ruggeller Riet (SCHREIBER 1910 und BZG '71 1972), Balzers Eckerswald 500 m (WK 1972), Steg-Bärgichöpf 1450-1700 m (EW 1974), Balzers Gamslafina (WALDBURGER 1984)

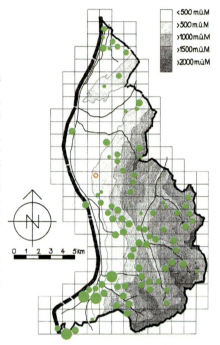

Geographische Verbreitung:
Europa und Vorderasien, östlich bis Ostasien, Kaukasus, Nordpersien, China, Himalaya

Standortangaben:
Riedwiesen, Mager- bis Halbmagerwiesen vom Tal bis in die Alpen, Gebüsche, Waldränder und lichte Wälder (besonders Steinrosen-Bergföhrenwald); auf Kalkböden der unteren Lagen, im Gebirge auch auf sauren Böden (pH 4.5-8.5)

Blütezeit:
Mai bis August

Höhenverbreitung:
430 m (Bangserfeld Ruggell) bis 2100 m (Goldlochspitze)

* griech.: gymnos = nackt, aden = Drüse: die Klebscheiben = «Drüsen» sind nicht von einem Täschchen umschlossen

Nachgewiesene Vorkommen:

Tal:
I Bangser Feld, Schneggenäule, Hasabachmeder, Schwertwüerts Zepfel, beim Zollhaus Ruggell, Schwabbrünnen Äscher, Eschen Bannriet;
II Rheindamm Ruggell Kanaleinmündung, Schaanwald Waldhof 450 m, Hinter Schaanwald Hangwesa 495 m, Mittler Schaanwald Rüfegass 515 m, Schellenberg Hofbüchel 550 m, Rheindamm Vaduz 461 m, Vaduz Maree 560 m, beim Waldhotel 575 m, Rheindamm Triesen-Balzers 470 m (WK), Matilaberg 540-600 m, Triesner Forst 480 m, Balzers Neugrütt, Balzers Hälos und Entamoos, Rheindamm Balzers, Balzers Zepfel 520 m, Balzers Eckerswald 550 m (WK)

Untere Hanglagen:
III Schellenberg Feldrütte 625 m;
IV Schaan gegen Planken 680 m, Efiplankentobel 950 m, Oberplanken 940 m, Oberplanken Akmein 950 m, Mühleholzrüfe 600-700 m, Hinterprofatscheng 1050-1200 m, Frommenhaus-Mattla 950-1000 m, Erble 950 m, auf Wiesen um Abzweigung Masescha-Steg 1100 m, Grüschawiesen 720-780 m, Guggerboden und Mattelti 1100-1200 m, Magrüel bis Münz 900-1200 m;
V Mäls Hölzle 720 m, Ellmulde bis 800 m, Mäls Matheid 780 m

Alpen:
VI Gafadura 1400 m, Alpila um 1400 m, Triesenberg Weid 1400 m, Masescha-Foppa-Matu bis Gaflei, Silum Färcha bis Alpelti, Gorn 1300 m;
VII Samina-Garselli bis Kuhgrat 2000 m, Dreischwestern 2000 m (WK), Steg, Steg Bärgichöpf 1450 m, Steg Rieter 1230-1280 m, Sieben-Eggen-Weg 1350 m;
VIII Valüna, Valüna Obersäss 1700 m, Valüna Rettaweg 1500 m, Sücka-Älple-Heuberge-Wang-Goldlochspitze bis 2100 m, Gapfahl 1800-1900 m;
IX Steg-Bergle 1400-1700 m, Sassweg 1640 m, Sass 1720 m, Malbun-Pradame-Hahnenspiel, Sareiserjoch 2000 m (WK);
X Vordervalorsch Fölitola 1400 m, Valorsch Rietleböden 1390 m, Mittlervalorsch 1580 m, Hintervalorsch 1430 m, Matta zwischen den Bächen 1700 m, Schönberg, Matta um 1800 m, Guschgfiel-Galinakopf bis 2100 m;
XI Lawena Wiss Röfi 1400 m, Tuass 1440 m, Mittagspitz-Mazora 1800-2100 m

Nicht mehr nachgewiesen:
Dux ob Schaan

Erloschen: –

Nachbarschaft:

		um 1920	um 1980
GR:	Churer Rheintal	+	+
	Bündner Herrschaft	+	+
SG:	Oberland	+	+
	Alvier-Churfirsten	+	+
	Säntis-Gebiet	+	+
V:	Ill-Gebiet	+	+
	Bregenzer Ach-Gebiet	+	+

Bemerkungen:
An den angegebenen und weiteren Stellen verstreut bis gehäuft vorkommend, jedoch vor allem im Tal auf begrenzten Arealen. MURR 1923 erwähnt eine «Monstrosität» mit blattig vergrösserten unteren Brakteen am Fläscherberg, SEITTER 1977 eine spornlose Form im Ruggeller Riet (1975). Dichtblühende Exemplare haben wir vor allem am Rheindamm beobachtet.

Varietät:
var. ornithis (var. leucantha)

Fundortangaben:
RICHEN 1897: –
MURR 1923: Gafadura (FW), Ruggell (AK)
GANSS 1953, 1954: Gritsch 1952, über Gapfahl in mehreren Exemplaren 1954
SEITTER 1977 dazu: Silum 1700 m
weitere Angaben: Luziensteig gegen Balzers (GSELL 1936), Steg-Bärgichöpf bis 1650 m (EW 1.8.1974, 6 Pfl.)

Nachgewiesene Vorkommen:
Tal:
II Matilaberg Triesen 540 m, Rheindamm Balzers 490 m

Untere Hanglagen:
V Mäls Hölzle 720 m

Alpen:
VI Foppa 1360 m, Silum 1500 m;
VIII Weg vom Älple nach Gapfahl 1700 m;
X Hintervalorsch 1400 m;

Fundort: Schaan
Flurname: Äscher, 14. 06. 1990

Nicht mehr nachgewiesen:
Ruggell, Gafadura, Gritsch, Steg Bärgichöpf, Luziensteig gegen Balzers

Erloschen: –

Bemerkungen:
Gymnadenia conopsea var. ornithis kommt ab und zu innerhalb von grösseren Beständen von *Gymnadenia conopsea* vor und ist meist etwas zierlicher.

Fundort: Schaan
Flurname: Äscher, 30. 06. 1985

Gymnadenia conopsea
Beobachtungsdaten:

Fundort	85	86	87	88	89	90	Datum
Ruggeller Riet	xxx				xx	x	14.6., 3.6., 15.6.
Schwabbrünnen Äscher	xx				xxx		4.6., 23.6.
Eschen Bannriet					xx	xxx	26.5., 14.6.
Rheindamm Ruggell						x	15.6.
Schaanwald Hangwesa						xxx	24.6.
Schaanwald Rüfegass						x	14.6.
Rheindamm Vaduz						xxx	14.6.
Vaduz Maree		xx					3.6.
Vaduz Waldhotel						x	29.6.
Rheindamm Triesen			x			xxxx	1.6., 14.6.
Matilaberg	xxxx				xxx.	xxxx	12.6., 14.6., 15.6.
Triesner Forst	xxx						12.6.
Neugrütt Balzers	xxxx						10.6.
Balzers Hälos-Entamoos						xx	15.6.
Balzers Rheindamm				x		xx	29.5., 24.6.
Balzers Eckerswald	x						30.6.
Balzers Zepfel					xxx		15.6.
Mühleholzrüfe Vaduz						x	15.6.
Hinterprofatscheng	xx						2.6.
Frommenhaus-Mattla	xxx						13.6.
Erble					xx		17.6

Fundort	85	86	87	88	89	90	Datum
Abzweigung Masescha	xxx						5.6.
Grüschawiesen	xxx						9.6.
Guggerboden-Mattelti	xxx						11.6.
Magrüel-Münz	xxx						6.6.
Mäls Hölzle						xxxx	15.6.
Ellmulde	xxxx						9.6.
Gafadura	xxx						9.7.
Alpila						xx	5.8.
Masescha bis Gaflei	xxx						10.6.
Silum	xxx						16.6.
Gorn	xxx						6.6.
Samina-Garselli-Kuhgrat				xx			24.7.
Dreischwestern					x		4.8.
Steg	xxx						2.7.
Valüna	xx						11.7.
Valüna Obersäss						xx	24.7.
Valüna Rettaweg						xx	24.7.
Sücka-Goldlochspitze			xxx				17.7.
Malbun	xxx						10.7.
Hahnenspiel				xx			27.7.
Sareiserjoch					x		27.8.
Schönberg				xx			11.8.
Matta						xx	19.7.
Guschgfiel-Galinakopf					xx		13.8.
Lawena Wiss Röfi					xxx		14.6.
Tuass					xxx		13.6.

Fundort	91	92	93	94	95	96	Datum
Schwertwüerts Zepfel					x		2.6.
Schaanwald Waldhof		x					28.6.
Schellenberg Hofbüchel		x					29.6.
Schellenberg Feldrütte			xx				2.6.
Schaan gegen Planken	x						21.6.
Efiplankentobel					xx		17.7.
Oberplanken			2				26.5.
Oberplanken Akmein		xx					10.6.
Mäls Matheid					xx		26.6.
Triesenberg Weid		xx					29.6.
Steg under da Bärgichöpf					xx		12.7.
Steg Rieter					xx		2.7.
Sieben-Eggen-Weg	x						24.6.
Gapfahl					xxx		5.7.
Steg-Bergle					xxx		12.7.
Sassweg			xx				19.6.
Sass			xxx				4.8.
Vordervalorsch Fölitola	xx						16.8.
Valorsch Rietleböden	x						16.8.
Mittlervalorsch obere Hütte	x						16.8.

Fundort	91	92	93	94	95	96	Datum
Hintervalorsch		xx					19.6.
Matta zwischen d. Bächen		xxx					4.8.
Mittagspitz-Mazora					xxx		22.7.

Gymnadenia conopsea var. ornithis
Beobachtungsdaten:

Fundort	85	86	87	88	89	90	Datum
Triesen Matilaberg	1						12.6.
Balzers Rheindamm				1	1.		29.5.
Mäls Hölzle					1		4.6.
Foppa						1	20.7.
Silum		1					27.6.
Weg Älple-Gapfahl					1		29.7.

Fundort	91	92	93	94	95	96	Datum
Hintervalorsch					x		6.7.

GATTUNG: GYMNADENIA R. BR. (1813)
GYMNADENIA ODORATISSIMA (L.) RICH. – WOHLRIECHENDE HÄNDELWURZ

Rote Liste: –

Fundortangaben:
RICHEN 1897: häufig bis in die Alpen
MURR 1923: verbreitet von den Alpen bis in die Riede des Rheintals herab (hier als Glazialrelikt), Fläscherberg 490-700 m; Dux (MURR 1921 b)
GANSS 1953, 1954: im Tal z.B. zwischen Vaduz-Mühleholz, im Schwabbrünnerried und recht häufig auf den Bergen, Gapfahl, Malbun-Sareis, Lawena usw.
SEITTER 1977 dazu: in den Moorwiesen der Talebene, Schwabbrünnen, Eschen Bannriet 430 m (wohl 440 m), [SO Grossriet Vaduz], Triesen Maschlina, Balzers Neugrütt, Elltal, auf den Heidewiesen zwischen Masescha und Silum bis ins Gebirge von 1700 bis 2100 m verbreitet [Fürstensteig 1700 m, Dreischwestern 2000 m Sücka-Goldloch-Älple, Gapfahl-Rappenstein 2090 m, Hahnenspiel-Pradame-Nospitz 1885 m, Sareisergrat 1955 m bis Augstenberg 2350 m, Alp Matta gegen Scheuenkopf 2070-2150 m, Fürkle 1785 m, Sass-Stachler bis 1700 m, Sass-Fürkle Gegen Ochsenkopf bis 2000 m, Matta Rote Wand 1840-1930 m, Guschgfiel-Zigerberg, Valorsch-Zigerberg 1630 m, Guschgfiel-Galinakopf bis 2000 m]; Triesen Matilaberg (SEITTER 1975)
Weitere Angaben: Lawena (SCHWIMMER 1908), Ruggeller Riet (SCHREIBER 1910 und BZG '71 1972), Saroja (Juni 1950, Herbar Lienert), Triesen Matschils 580 m (HR 1960), Vaduz Maree (RHEINBERGER 1976)

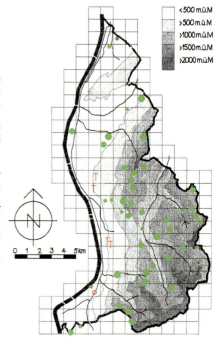

Geographische Verbreitung:
von Nordspanien, Mittelitalien und Nordgriechenland bis Südschweden und Baltikum, europäisches Russland

Standortangaben:
Riedwiesen, Magerwiesen, Hangmoore, Bergwiesen sowie lichte Nadelbaum- und Legföhrenbestände der Alpen (besonders Zwergbuchs-Fichtenwald, Ahorn-, Schneeheide- und Steinrosen-Bergföhrenwald), Felsbänder und Geröllhänge; kalkliebend, schwach basische Böden (pH 7.3-7.6)

Blütezeit:
Juni bis September

Höhenverbreitung:
430 m (Ruggeller Riet) bis 2400 m (Falknishorn)

Fundort: Schaan
Flurname: Äscher, 14. 07. 1991

Fundort: Schaan
Flurname: Äscher, 07. 07. 1985

Nachgewiesene Vorkommen:

Tal:
I   Ruggeller Ried Hasabachmeder, Schwertwüerts Zepfel, Schwabbrünnen Äscher, Äscher Süd 445 m, Eschen Bannriet 440 m;
II Hinter Schaanwald Hangwesa 495 m, Schaanwald unter Waldhof 450 m, Vaduz Maree 560 m (KW), Rheindamm Triesen-Balzers 470 m (EW/WK), Triesen Matilaberg 540-600 m

Untere Hanglagen:
IV Triesenberg-Hinterprofatscheng 1040-1090 m (EW);
V   Ellmulde 690 m, Mäls Hölzle 720 m

Alpen:
VI   Gafadura-Sarojasattel 1400-1680 m, Alpila um 1500 m, Fürstensteig bis 1700 m, Foppa Tela 1360 m, Bargellasattel 1750 m, Silum Ferchen 1500 m;
VII Garselli-Kuhgrat bis 2000 m, Plankner Garselli 1600 m, Sieben-Eggen-Weg 1300-1400 m, Steg Rieter 1230-1280 m;
VIII Sücka-Älple, Wang-Goldlochspitze bis 2100 m, Valüna Rettaweg 1500 m;
IX   Bergle 1700-1900 m, Malbun-Sass bis 1760 m, Stachlerkopf 2000 m, Hahnenspiel 1900 m, Sareis 2000 m (WK), Gamsgrat 2100 m;
X   Hintervalorsch 1430 m, Schönberg 2000 m, Scheuenkopf 2100 m, Matta-Guschgfiel 1700-1800 m, Galinakopf bis 2150 m;
XI   Falknishorn 2300-2400 m, Mazora-Mittagspitz 1800-2100 m

Nicht mehr nachgewiesen:
Balzers Neugrütt

Erloschen:
Dux ob Schaan, Vaduz Mühleholz, Triesen Maschlina, Triesen Matschils

Nachbarschaft:

		um 1920	um 1980
GR:	Churer Rheintal	+	+
	Bündner Herrschaft	+	+
SG:	Oberland	+	+
	Alvier-Churfirsten	+	+
	Säntis-Gebiet	+	+
V:	Ill-Gebiet	+	+
	Bregenzer Ach-Gebiet	+	+

Bemerkungen:
Im Tal seltener als *Gymnadenia conopsea*, an einigen Stellen erloschen. An den unteren Hanglagen weitgehend fehlend. In den Alpen häufg. MURR 1923 erwähnt *var. ecalcarata* (Blüten ohne Sporn) für Tisis-Schaanwald, die Hybride *Gymnadenia conopsea x Gymnadenia odoratissima* = *Gymnadenia intermedia* PETERM. ebenfalls für Tisis-Schaanwald. Wir haben diese Hybride nicht weiter beachtet. Es ist festzustellen, dass sich eine Talform und eine Bergform von *G. odoratissima* durchgehend unterscheiden lassen. Die Talform ist schlanker, zierlicher und lockerblütiger, die Farbe rein rosa bis dunkelrosa. Diese Form bringt auch rein weisse Varianten hervor.

Varietät:
var. albiflora (var. alba)

Fundortangaben:
RICHEN 1897: –
MURR 1923: Garsella
GANSS 1953, 1954: Gapfahl
SEITTER 1977 dazu: [Steg-Bärgichöpf bis 1700 m, Guschgfiel-Zigerberg um 1815 m]

Nachgewiesene Vorkommen:

Tal:
I   Eschen Bannriet 442 m

Untere Hanglagen:
IV Hinterprofatscheng 1100 m

Alpen:
VI   Fürstensteig 1700 m, Bargellasattel 1750 m;
VIII Sücka gegen Älple, Wang, Heuberg Höhe 1910 m;
IX   Malbun am Sassweg

Nicht mehr nachgewiesen:
Gapfahl, Steg-Bärgichöpf, Guschgfiel-Zigerberg

Erloschen: –

Bemerkungen:
Rein weisse Exemplare sind selten. Meist sind die äusseren Perigonblätter rosa bis schwefliggelb überhaucht.

Gymnadenia odoratissima
Beobachtungsdaten:

Fundort	85	86	87	88	89	90	Datum
Ruggeller Riet	x						14.6.
Schwabbrünnen Äscher	xxx				xx		5.6., 23.6.
Äscher Süd						xx	24.6.
Eschen Bannriet					xx		4.6.
Schaanwald Hangwesa						xxx	24.6.
Rheindamm Triesen				x			27.6.
Triesen Matilaberg	xxx				xxx	xxx	12.6., 14.6. 14.6.
Hinterprofatscheng					x.		
Ellmulde					xx		4.6.
Mäls Hölzle						x	14.6.
Alpila						xx	5.8. vb.
Fürstensteig			xxx				15.7.
Bargellasattel			xx				17.7.
Silum Ferchen						xx.	
Garselli-Kuhgrat				xx			16.7.
Plankner Garselli					xx		14.8.
Sücka-Älple	xx						11.7.
Wang			xxx				17.7.
Goldlochspitze				xxx			1.8.
Valüna Rettaweg						xx	24.7.
Malbun Sassweg	xx						10.7.
Stachlerkopf				xx			29.7.
Hahnenspiel				xx			27.7.
Sareis		x					3.8.
Gamsgrat					x		22.8.
Schönberg			xx				11.8.
Scheuenkopf					x		25.8.
Matta-Guschgfiel						xx	19.7.
Galinakopf					xx		13.8.

Fundort	91	92	93	94	95	96	Datum
Schwertwüerts Zepfel					x		2.6.
Schaanwald Waldhof			x				28.6.
Vaduz Maree			x				8.6.
Gafadura-Sarojasattel				xxx			7.7.
Foppa Tela			1				29.6.
Steg Rieter					x		2.7.
Sieben-Eggen-Weg		x	xx				24.6., 7.7.
Bergle				xxx			2.7.
Hintervalorsch			x				4.8. vb.
Falknishorn				xxx			5.8.
Mazora-Mittagspitz						xx	22.7.

Gymnadenia odoratissima var. albiflora
Beobachtungsdaten:

Fundort	85	86	87	88	89	90	Datum
Eschen Bannriet					1		4.6.
Fürstensteig		10+	x.	x.	x.		17.7.
Bargellasattel		10+	x.	x.	x.		17.7.
Sücka gegen Älple	1						11.7.
Wang		10+	x.	x.	x.		17.7.
Malbun Sassweg	10+	x.	x.	x.	x.		10.7.

Fundort	91	92	93	94	95	96	Datum
Hinterprofatscheng			1				4.7.
Heuberg Höhe			1				28.6.

GATTUNG: NIGRITELLA RICH. (1818)*1
NIGRITELLA NIGRA (L.) RCHB. f.*2 – SCHWARZES MÄNNERTREU

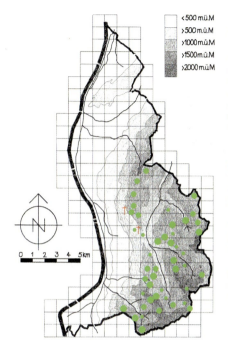

< 500 m.ü.M
> 500 m.ü.M
> 1000 m.ü.M
> 1500 m.ü.M
> 2000 m.ü.M

Rote Liste: –

Fundortangaben:
RICHEN 1897: sehr häufig auf den Alpen
MURR 1923: auf Wiesen der Alpen allgemein verbreitet, Gafadura 1480 m
GANSS 1953, 1954: Steg, Malbun-Sareis-Pfälzerhütte usw., Vaduzer Täli (var. rosea), Lawena (var. rosea)
SEITTER 1977 dazu: Augstenberg (LL 1950), Silum, Hahnenspiel, Galinakopf (IG), auf allen Gebirgen des FL von 1400 bis 2300 m [Garselli 1800 m, Goldloch-Älple ab 1510 m, Matta gegen Scheuenkopf 2070-2150 m, Valüna 1960 m, Kuhgrat 1900 m, Steg-Bärgichöpf ab 1350 m, Sass-Stachlerkopf bis 1800 m]
Weitere Angaben: Lawena (SCHWIMMER 1908), Silum-Alpelti 1440 m, Sücka-Schwemmi 1440-1460 m, Hehlawang 1800 m, Schönberg 2060 m (HR um 1960); Malbun 1700 m (WK 1972), Maschera 1480 m (EW 1975), Zigerberg (WK 1975); Sücka, Sassförkle, Bergle, Gapfahl (KW 1981-1984)

Geographische Verbreitung:
Gebirge Süd- und Mitteleuropas, Mittel- und Nordskandinavien

Standortangaben:
Magerwiesen und Weiden der Alpen; bezüglich der Bodenansprüche relativ tolerant (pH 4.8-7.5)

Blütezeit:
Juni bis August

Höhenverbreitung:
1380 m (Vorder Silum) bis 2400 m (Falknishorn)

*1 lat.: nigritia = Schwärze, hierzu Verkleinerungsform; im Hinblick auf die Blütenfarbe der Typusart
*2 Neueren Untersuchungen zufolge handelt es sich in unserer Region um *Nigritella rhellicani* oder *Nigritella nigra ssp. austriaca*. *Nigritella nigra* ist in Skandinavien endemisch.

Fundort: Triesenberg
Flurname: Bergle, 14. 07. 1985

Fundort: Triesenberg
Flurname: Bergle, 14. 07. 1985

Nachgewiesene Vorkommen:

Tal: –

Untere Hanglagen: –

Alpen:
VI Bargella unterm Sattel 1720 m, Lattenhöhe 1700-1800 m, Sebi 1760 m, Vorder Silum 1380 m, Silum Kulm 1460 m, Alp Wang 1750 m;
VII Garselli 1650 m, Plankner Garselli 1600 m, Kuhgrat 1850-2100 m, Bargella 1750 m;
VIII Sücka-Schwemmi 1440 m, Älple 1580 m, Heubüal 1740-1930 m, Wanghöhe 1900 m, Goldlochspitze 2100 m, Gapfahl vom Heidbüchel 1600 m bis 2100 m, Rappenstein-Langspitz 2000 m, Hochspieler 2150 m, Plasteikopf, Valüna Obersäss 1700 m, Valüna Waldboden 1570 m, Gritsch 1900 m, Pfälzerhütte 2100 m;
IX Malbun-Sass 1700 m, Sass Rieter 1650 m, Schneeflucht 1640 m, Pradamee-Hahnenspiel-Nospitz 1710-2050 m, unterm Stachlerkopf 1800-2000 m, Weg vom Steg zum Bergle 1700-1900 m, Malbun Fuhlhöttaplatz 1700 m, Sareiserjoch-Spitz 2100 m, Augstenberg 2200 m (WK);
X   Schönberg 2000-2100 m, Güschgle 1480 m, Scheuenkopf 2100 m, Matta-Guschgfiel 1700-1800 m, Galinakopf bis 2150 m, Valorsch Riet 1630 m;
XI Lawena 1550 m (WK), Falknishorn bis 2400 m, gegen den Rappenstein 1600-2000 m, Mittagspitz-Mazora 1800-2100 m

Nicht mehr nachgewiesen: –

Erloschen:
Silum Alpelti, Gaflei (noch da um 1930)

Nachbarschaft:

		um 1920	um 1980
GR:	Churer Rheintal	+	+
	Bündner Herrschaft	+	+
SG:	Oberland	+	+
	Alvier-Churfirsten	+	+
	Säntis-Gebiet	+	+
V:	Ill-Gebiet	+	+
	Bregenzer Ach-Gebiet	+	+

Bemerkungen:
Nach TEPPNER & KLEIN 1991 handelt es sich in unserer Region entweder um *Nigritella nigra ssp. austriaca* oder um *Nigritella rhellicani*. Vgl. auch SCHMID 1998. Wir haben hier nicht differenziert und den alten Namen vorerst beibehalten. An den erwähnten Stellen vereinzelt bis reichlich anzutreffen. Verträgt mässige Beweidung, jedoch nicht Schafalpung. Bei Steg gegen Sücka, im Malbuntal und auf Silum selten geworden. Ausgeprägt rot blühende Exemplare fanden wir auf Wang (2 Pfl., 1.8.87), Goldlochspitze (1 Pfl., 1.8.87), unter dem Rappenstein gegen Lawena (1 Pfl., 25.7.88). Seitter vermerkt solche für den Galinakopf (15.7.73). Eine *var. rosea* führen wir jedoch nicht getrennt auf, da die Farbschattierungen fliessend sind. MURR 1923 erwähnt einen Fund ob Rankweil bei 530 m.

Hybriden:
xGymnigritella suaveolens (Vikars) CAMUS
(= Gymnadenia conopsea x Nigritella nigra)

Fundortangaben:
RICHEN 1897: Dreischwestern (GH)
MURR 1923: Dreischwestern (GR). Aber: «von mir nie gefunden»
GANSS 1953, 1954: unter Gritsch 1952, Lawena / Gapfahl 1954
SEITTER 1977 dazu: –

Nachgewiesene Vorkommen:

Tal: –

Untere Hanglagen: –

Alpen:
VIII Wang Bödele 1920 m, Wanghöhe 1900 m (RHEINBERGER 1988), Goldlochspitze 2050 m

Nicht mehr nachgewiesen:
Dreischwestern, unter Gritsch, Lawena/Gapfahl

Erloschen: –

Nachbarschaft:

		um 1920	um 1980
GR:	Churer Rheintal	+	+
	Bündner Herrschaft	–	–
SG:	Oberland	–	–
	Alvier-Churfirsten	–	–
	Säntis-Gebiet	+	(+)
V:	Ill-Gebiet	+	–
	Bregenzer Ach-Gebiet	+	–

Bemerkungen:
Der Blütenstand dieser Hybride ist beim Aufblühen mehr oder weniger dreieckig, voll aufgeblüht mehr walzlich. Die Blütenfarbe neigt zum rosaviolett der *Gymnadenia conopsea*. Die Lippe weist schräg nach oben, was immer ein Indiz für einen *Nigritella*-Bastard ist. Der Sporn ist fast so lang wie der Fruchtknoten. Die Kreuzung ist relativ selten.

xGymnigritella heufleri (A. Kerner) CAMUS
(= Gymnadenia odoratissima x Nigritella nigra)

Fundortangaben:
RICHEN 1897: Dreischwestern (GR, JM)
MURR 1923: Garsella (JM, GR) – wohl identisch mit Richens Angabe; Ellhorn (K)!
GANSS 1953, 1954: –
SEITTER 1977 dazu: Augstenberg (LL); [unterhalb Kreuz gegen Sareiserjoch (August 1979, EB / HS)]

Nachgewiesene Vorkommen:

Tal: –

Untere Hanglagen: –

Alpen:
VII Kuhgrat 2000-2100 m;
VIII Plasteikopf;
IX Tieftobel unter Stachlerkopf 1800 m (RHEINBERGER 1988);
X Galinakopf, Scheuenkopf, Matta unter der Roten Wand 1750 m;
XI Lawena gegen Rappenstein

Nicht mehr nachgewiesen:
Dreischwestern, Augstenberg, Sareiserjoch

Erloschen:
Ellhorn

Nachbarschaft:

		um 1920	um 1980
GR:	Churer Rheintal	+	+
	Bündner Herrschaft	–	–
SG:	Oberland	–	–
	Alvier-Churfirsten	+	(+)
	Säntis-Gebiet	+	(+)
V:	Ill-Gebiet	+	–
	Bregenzer Ach-Gebiet	+	–

Bemerkungen:
Im Vergleich zu *xGymnigritella suaveolens* ist diese Hybride meist etwas kleiner. Die Blüten sind meist heller, die Lippe ist ebenfalls seitlich gedreht. Der Sporn ist nur halb so lang wie der Fruchtknoten. Dieser Bastard wird in der Literatur als weniger häufig bezeichnet, ist bei uns jedoch verbreiteter als *Gymnigritella suaveolens*. Wenn die Angabe Ellhorn (MURR 1923, K) stimmt, kam auch *Nigritella nigra* einst bis ins Elltal herab.

xLeucotella micrantha (A. KERNER) Schltr. (Synonym: *xPseuditella micrantha* [A. KERNER] P. Hunt) (= Leucorchis albida x Nigritella nigra)

Fundortangaben:
RICHEN 1897: –
MURR 1923: –
GANSS 1953, 1954: –
SEITTER 1977 dazu: –

Nachgewiesene Vorkommen:

Tal: –

Untere Hanglagen: –

Alpen:
VIII Gapfahl Obersäss 1900 m (SR);
IX Hahnenspiel unterhalb Kirchlespitz 1800 m, ob dem Pradameestall 1740 m (zu allen Fundstellen vgl. RHEINBERGER 1988)

Nicht mehr nachgewiesen: –

Erloschen: –

Nachbarschaft:

		um 1920	um 1980
GR:	Churer Rheintal	–	+
	Bündner Herrschaft	–	–
SG:	Oberland	–	–
	Alvier-Churfirsten	–	(+)
	Säntis-Gebiet	+	–
V:	Ill-Gebiet	–	–
	Bregenzer Ach-Gebiet	–	–

Bemerkungen:
Der Blütenstand dieser Gattungshybride von *Nigritella nigra* mit der gelblichweissen, kleinblütigen *Leucorchis albida* ist klein und dichtblütig. Die Blüten sind schmutzig rosa, der hintere Teil der Lippe ist gelblich. Die Lippe steht schräg aufwärts. Der Sporn ist etwas kürzer als der Fruchtknoten. Die Pflanze gilt als sehr selten.

Nigritella nigra
Beobachtungsdaten:

Fundort	85	86	87	88	89	90	Datum
Bargella-Sattel		xx	xx.	xx.	xx.		17.7.
Lattenhöhe		xx	xx.	xx.	xx.		25.7.
Sebi		xx		xxx	xx.		25.7., 10.7.
Vorder Silum	1	1.			x.		5.7.
Silumer Kulm	1	1.			x.		16.6.
Alp Wang			xx	xx.	xx.		23.7.
Garselli		xx	xx.	xx.	xx.		17.7.
Plankner Garselli					xx		14.8.
Kuhgrat				xx	xx.		16.7.
Bargella Jagdhütte		xx					17.7.
Sücka Schwemmi	x	x.	x.	x.	x.		11.7.
Älple		xx	xx.	xx.	xx.		29.6.
Heubüal		xx	xx.	xx.	xx.		29.6,
Wanghöhe		xxx	xxx.	xxx.	xxx.	xx.	17.7.
Goldlochspitze			xxx	xxx.	xxx.		1.8.
Gapfahl Heidbüchel	x			x.	x.		11.7.
Gapfahl Alp			xxx	xxx.	xxx.		1.8.
Plasteikopf					xx		15.8.

Fundort	85	86	87	88	89	90	Datum
Valüna Obersäss						xx	24.7.
Gritsch	1	x.	x.	x.	x.		13.8
Pfälzerhütte		xx			x		13.8., 20.8.
Malbun gegen Sass	1						10.7.
Schneeflucht	1						10.7.
Pradamee-Hahnenspiel			xxx				27.7.
Kirchle (Stachler)			x				29.7.
Stachler Tieftobel			xxx				29.7.
Weg zum Bergle			x	xxx			29.7., 11.7.
Augstenberg				x			28.8.
Sareiserjoch-Spitz						xx	24.7.
Schönberg		xx		xxx			11.8., 11.7.
Güschgle				xxx			1.8.
Scheuenkopf				xxx			7.8.
Matta-Guschgfiel						xx	19.7.
Galinakopf					xx		7.8.
Lawena		x					3.7.
Falknishorn				xxx			26.7.
Lawena gegen Rappenstein				xx			25.7.

Fundort	91	92	93	94	95	96	Datum
Rappenstein-Langspitz		x					22.8.
Hochspieler						xxx	22.7.
Valüna Waldboden				x			6.7.
Malbun Fuhlhöttaplatz				xxx			2.7.
Sass Rieter					x		22.6.
Valorsch Riet					x		16.6.
Mittagspitz-Mazora					xxx		22.7.

xGymnigritella suaveolens
Beobachtungsdaten:

Fundort	85	86	87	88	89	90	Datum
Wanghöhe		2	1	1.	1.		17.7., 1.8.
Wang Bödele		3	1				29.6., 23.7.
Goldlochspitze				3	3	2	1.8., 29.7. 26.7.

xGymnigritella heufleri
Beobachtungsdaten:

Fundort	85	86	87	88	89	90	Datum
Kuhgrat				20+	1		16.7., 4.8.
Plasteikopf					1		15.8.
Tieftobel Stachlerkopf			1				29.7.
Galinakopf						2	7.8.
Scheuenkopf				3			15.8.
Matta unter der Roten Wand				1			15.8.
Lawena gegen Rappenstein				1			25.7.

xLeucotella micrantha
Beobachtungsdaten:

Fundort	85	86	87	88	89	90	Datum
Gapfahl Obersäss			1				1.8.
Hahnenspiel-Kirchlespitz			1				27.7.
oberhalb Pradameestall			1				27.7.

GATTUNG: NIGRITELLA RICH. (1818)
NIGRITELLA RUBRA (WETTST.) K. RICHTER – ROTES MÄNNERTREU*

Rote Liste:
vom Aussterben bedrohte Art

Fundortangaben:
RICHEN 1897: –
MURR 1923: am Kamm ober dem Wang
GANSS 1953, 1954: Wang-Rappenstein, Sareis-Augstenberg und sonst
SEITTER 1977 dazu: S Galinakopf 2000 m [1 Pflanze], E Schönberg 2000 m, Valüna gegen Waldboden 1650 m, E Ausläufer des Plasteikopfes S. Seite 2100 m, zwischen Stachlerkopf und Schönberg 2000 m
Weitere Angaben: Silum beim Alpelti (HR 1960), Gamsgrat-Ochsenkopf (HR 1965)

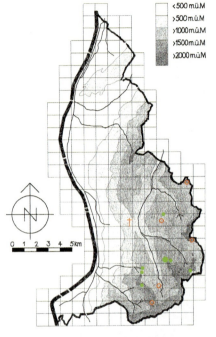

Geographische Verbreitung:
Alpen und Karpaten

Standortangaben:
bewachsene Gratlagen und Matten der Alpen, wie *Nigritella nigra*

Blütezeit:
ca. zwei Wochen früher als *Nigritella nigra*

Höhenverbreitung:
1450-2200 m, nachgewiesen 1910 m (Wanghöhe) bis 2150 m (Sareiserjoch-Augstenberg)

* Synonym: *Nigritella miniata* (CRANTZ) JANCHEN

Nachgewiesene Vorkommen:

Tal: –

Untere Hanglagen: –

Alpen:
VIII Kulmi-Goldlochspitz 1960-1980 m, Wanghöhe 1910 m, Hochspieler 2150 m;
IX Sareiserjoch-Augstenberg 2150 m, Nospitz gegen Malbun 2000 m, Nospitz gegen Valüna 2000 m;
X Schönberg Gipfel 2090 m, Schönberg (KW)

Fundort: Triesenberg
Flurname: Augstenberg, 24. 07. 1990
(Foto: Barbara Rheinberger)

Bemerkungen:
Viele bisherige Fundortangaben scheinen uns unsicher, da *Nigritella rubra* leicht mit *Nigritella nigra, var. rosea, xGymnigritella suaveolens* und *xGymnigritella heufleri* verwechselt wird. Wir fanden im Beobachtungszeitraum jedoch an mehreren Stellen eindeutig *N. rubra* zuzurechnende Pflanzen. Ein aufgrund einer Photographie als *Nigritella rubra* auszumachendes Exemplar stammt vom Silum Alpelti (1960), wo heute beide *Nigritella*-Arten erloschen sind.

Nicht mehr nachgewiesen:
Galinakopf, Valüna-Waldboden, Plasteikopf, Stachlerkopf-Schönberg, Gamsgrat gegen Ochsenkopf

Erloschen:
Silum Alpelti

Nachbarschaft:

		um 1920	um 1980
GR:	Churer Rheintal	+	+
	Bündner Herrschaft	–	–
SG:	Oberland	+	(+)
	Alvier-Churfirsten	+	+
	Säntis-Gebiet	+	(+)
V:	Ill-Gebiet	+	–
	Bregenzer Ach-Gebiet	+	+

Fundort: Vaduz
Flurname: Nospitz, 01. 07. 1994
(Foto: Barbara Rheinberger)

Nigritella rubra
Beobachtungsdaten:

Fundort	85	86	87	88	89	90	Datum
Kulmi-Goldlochspitze			3				23.7.
Sareis-Augstenberg						3	24.7.
Schönberg	x						14.7.

Fundort	91	92	93	94	95	96	Datum
Wanghöhe				2			24.6.
Kulmi gegen Goldlochspitze				11			24.6.
Hochspieler						1	27.7.
Nospitz gegen Valüna				32		1	29.6., 23.7.
Nospitz gegen Malbun				7			29.6.
Schönberg Gipfel				1			2.7.

GATTUNG: LEUCORCHIS E. MEYER (1839)[*1]
(PSEUDORCHIS SÉGUIER (1754))
LEUCORCHIS ALBIDA (L.) E.H.F. MEYER – WEISSE HÖSWURZ[*2]

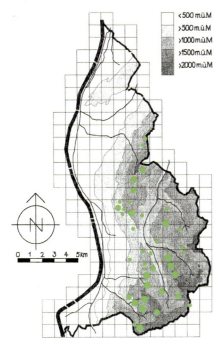

Rote Liste: –

Fundortangaben:
RICHEN 1897: häufig auf allen höheren Alpen
MURR 1923: Partnachschichten in Gapfahl (MK), auf Buntsandstein am Heubühl
GANSS 1953, 1954: Gritsch häufig, Guggerboden, Steg, Malbun, Valüna, Gapfahl, Lawena
SEITTER 1977 dazu: Stachlerkopf (GB 1896), Hintervalorsch (LL), Heubühl 1550-1600 m, Rappenstein 2100 m, Kulmi 1935 m, Plasteikopf 2100 m, Lawena (Kessibüchel, Zwergstrauchheide 1920 m), Hahnenspiel-Pradameehöhe 1915 m, Alp Matta Rote Wand 1930 m, zwischen Masescha und Silum in Heidewiesen, Münz-Tuass im Wildheu 1200-1550 m, Hinterprofatscheng 1180 m; [Gafadura-Matona 1400 m, Dreischwestern 2000 m, Maschera 1580 m, Valüna 1400 m, Sücka-Älple-Goldloch, Lawena Obersäss-Koraspitz 1940 m, Alp Guschg 1786 m]
Weitere Angaben: oberes Saminatal (KEMP 1874), Maschera 1300-1580 m (EW 1975), Steg Wisli 1300 m, Steg-Sücka, Sücka-Dürraboden (KW 1983-1984)

Geographische Verbreitung:
submeridionales Europa bis Grönland und Neufundland

Standortangaben:
auf trockenen, auch frischen Wiesen der Hanglagen (ab 1100 m) und Matten der Alpen, dort oft zwischen Zwergsträuchern (Heidelbeere), auf sauren Böden (pH 4.7-6.2)

Blütezeit:
Juni bis August

Höhenverbreitung:
1100 m (Unter-Guggerboden) bis 2400 m (Falknishorn)

[*1] griech.: leucos = weiss
[*2] Synonyme: *Pseudorchis albida* (L.) A. &. D. LÖVE; *Gymnadenia albida* (L.) RICH.

Fundort: Triesenberg
Flurname: Schwemmi, 12. 07. 1985

Nachgewiesene Vorkommen:

Tal: –

Untere Hanglagen: –
IV Unter-Guggerboden 1100 m, Hinterprofatscheng 1180 m

Alpen:
VI   Gafadura 1400-1500 m, Sarojasattel 1620 m, Matu 1410 m, am alten Weg nach Gaflei 1430 m, Gaflei Falloch 1380 m, Vorder Silum 1380 m, Sebi 1760 m;
VII Garselli 1650 m, Plankner Garselli 1600 m, Kuhgrat 1850-2100 m, Bargella-Kamin 1930 m, Sieben-Eggen-Weg 1350 m;
VIII Sücka Dürraboden 1550 m, Steg Schwemmi (KW), Älple Gatter 1600 m, Heubüal 1740-1930 m, Wang 1900 m, Kulmi 1935 m, Gapfahl Heidbüchel 1600 m, Goldlochspitze 2050 m, Plasteikopf, Gritsch Obersäss 1900 m, Pfälzerhütte 2120 m (WK);
IX   Bergle 1700-1900 m, Sassweg, Sass 1700 m, Hahnenspiel-Pradameehöhe 1900 m, Nospitz 2000 m;
X   Schönberg 2000-2100 m, Guschg-Valorsch (KW), Valorsch Riet 1630 m;
XI   Tuass 1440 m, Rappenstein-Lawena 1700-2000 m, Falknishorn 1900-2400 m, Lawena Hochwald 1600 m, Mazorahöhe 2040 m

Nicht mehr nachgewiesen: –

Erloschen: –

Nachbarschaft:

		um 1920	um 1980
GR:	Churer Rheintal	+	+
	Bündner Herrschaft	+	+
SG:	Oberland	+	+
	Alvier-Churfirsten	+	+
	Säntis-Gebiet	+	+
V:	Ill-Gebiet	+	+
	Bregenzer Ach-Gebiet	+	+

Bemerkungen:
An den entsprechenden Standorten in den Alpen verbreitet. *Leucorchis albida* kommt oft zusammen mit *Nigritella nigra* vor.

Fundort: Triesenberg
Flurname: Schwemmi, 12. 07. 1985

Leucorchis albida
Beobachtungsdaten:

Fundort	85	86	87	88	89	90	Datum
Unter-Guggerboden	x						11.6.
Hinterprofatscheng			xx				11.7.
Sarojasattel	x		x.	x.			9.7.
Matu	x						11.6.
alter Weg nach Gaflei	x						11.6.
Vorder Silum	x	x.	x.	x.	x.		5.7.
Sebi					xxx		10.7.
Garselli			xx	xx.	xx.		24.7.
Plankner Garselli					xx		14.8.
Kuhgrat				xxx	xx.		16.7.
Steg Schwemmi	x						12.7.
Älple Gatter					xx		1.9. vb.
Heubüal			x	x.	x.	x.	29.6.
Wang			xxx	xxx.	xxx.	xxx.	17.7.
Kulmi				xxx			1.8.
Gapfahl Heidbüchel	xx			xx.	xx.	xx.	11.7.
Goldlochspitze				xxx	xxx.	xxx.	1.8.
Plasteikopf					xx		Aug.
Gritsch Obersäss						xx	8.8.
Pfälzerhütte					x		23.7.
Sassweg	x					x	10.7., 19.7.
Sass				x	x.	x.	29.7.
Hahnenspiel-Pradameehöhe				xxx			27.7.
Schönberg					xxx		10.7.
Guschg-Valorsch					x		10.7.

59

Fundort	85	86	87	88	89	90	Datum
Tuass					xx		13.6.
Rappenstein-Lawena				xxx			25.7.
Falknishorn				xxx			26.7.

Fundort	91	92	93	94	95	96	Datum
Gafadura				x			7.7.
Gaflei Falloch			1				2.6.
Bargella gegen Kamin			3				2.8.
Sieben-Eggen-Weg		1					24.6.
Sücka Dürraboda			x				28.6.
Bergle				x			2.7.
Nospitz				xxx			29.6.
Valorsch Riet						x	16.6.
Lawena Hochwald					xxx		30.6.
Mazorahöhe					2		22.7.

GATTUNG: COELOGLOSSUM HARTMAN (1820)*
COELOGLOSSUM VIRIDE (L.) HARTMAN – GRÜNE HOHLZUNGE

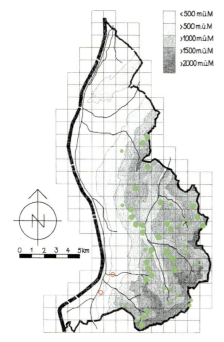

Rote Liste: –

Fundortangaben:
RICHEN 1897: gemein auf den Alpen, selten bis ins Tal
MURR 1923: in Hochwäldern und auf Bergwiesen sehr verbreitet, vorwiegend kieselliebend
(GANSS 1953, 1954: unter Gritsch häufig, Malbun, Valüna, Lawena
SEITTER 1977 dazu: von 1400 m (Gafadura) bis 2200 m (Pfälzerhütte gegen Naafkopf), an geeigneten Stellen durch alle Gebirge des FL verbreitet [Masescha-Silum 1450 m, Maschera 1580 m, Garselli 1800 m, Sücka-Älple-Goldloch, Steg-Bergleköpf bis 1700 m, Pradamee 1830 m, Hahnenspiel 1750-1850 m, Sareiserjoch 1900 m, Alp Matta 1745 m, Guschg 1785 m]
Weitere Angaben: Lawena (SCHWIMMER 1908), Triesen Forst 490 m (MB um 1970), Balzers Entamoos 470 m (WK 1971); Steg Schwemmi, Sücka Dürraboden (KW 1983-1984)

Geographische Verbreitung:
zirkumpolar, Europa und Vorderasien bis zur submeridionalen Zone, Kaukasus, Himalaya

Standortangaben:
trockene bis frische Hänge und Bergwiesen, auch zwischen Geröll, an Büschen, oft an schattigen Stellen, überwiegend saure Standorte (pH 5.7-7.9)

Blütezeit:
Ende Mai bis August

Höhenverbreitung:
470-2200 m, nachgewiesen 940 m (Oberplanken) bis 2200 m (Pfälzerhütte gegen Naafkopf)

* griech.: koilos = Höhlung, glossa = Zunge; verweist auf die Form der Lippenbasis

Fundort: Schaan
Flurname: Guschg, 14. 07. 1985

Fundort: Schaan
Flurname: Guschg, 14. 07. 1985

Nachgewiesene Vorkommen:

Tal: –

Untere Hanglagen:
IV Oberplanken 940 m

Alpen:
VI Gafadura-Sarojasattel 1400-1600 m, Matu 1400 m, Silum: Ferchen, oberes Färchanegg, Alpelti, Kulm 1440-1650 m;
VII Garselli 1650 m, Plankner Garselli 1600 m;
VIII Steg oberhalb Stausee 1320 m, Sücka gegen Älple 1460 m, Sücka Dürraboden 1550 m, Valüna 1500 m, Valüna Obersäss 1680 m, Gritsch 1800 m (WK), Heuberge 1740-1930 m, Wang 1900 m, Goldlochspitze bis 2050 m, Gapfahl Heidbüchel 1600 m, Pfälzerhütte gegen Naafkopf bis 2200 m;
IX Bergle 1700-1800 m, Nospitz 2000 m, Pradamee-Hahnenspiel 1710-1950 m, Sassweg 1620-1700 m, Sareiserjoch 1920 m (WK);
X Mittlervalorsch 1390 m, Valorsch Rietle 1430-1540 m, Matta zwischen den Bächen 1700 m, Hintervalorsch 1500 m, Schönberg 1900-2050 m, Scheuenkopf bis 2100 m, Matta-Guschgfiel 1700- 1800 m, Guschg 1990 m (KW);
XI Lawena 1500-1700 m, Lawena Rassla 1600 m, Mittagspitz-Mazora 1800-2100 m, Falknishorn bis 2200 m

Nicht mehr nachgewiesen:
Triesner Forst, Balzers Entamoos

Erloschen: –

Nachbarschaft:

		um 1920	um 1980
GR:	Churer Rheintal	+	+
	Bündner Herrschaft	+	–
SG:	Oberland	+	+
	Alvier-Churfirsten	+	+
	Säntis-Gebiet	+	+
V:	Ill-Gebiet	+	+
	Bregenzer Ach-Gebiet	+	+

Bemerkungen:
An den angegebenen – und weiteren – Stellen verbreitet, jedoch meist nicht häufig. Sehr selten weiter herab, sogar für das Talgebiet zweimal notiert, im Triesner Forst 490 m und im Entamoos 470 m. MURR 1923 erwähnt: «Früher selbst im Bodenseeried 400 m gefunden» (Custer 1755-1850).

Coeloglossum viride
Beobachtungsdaten:

Fundort	85	86	87	88	89	90	Datum
Oberplanken		1					22.5.
Gafadura					xx.		
Silum Ferchen	xx			xx.	xx.		16.6.
Oberes Färchanegg	xx						16.6.
Silum Alpelti			xx		xx.	xx.	22.6.
Silumer Kulm			xx		xx.	xx.	22.6.
Garselli			xx		xx.	xx.	15.7.
Plankner Garselli						xx	14.8.
Steg oberhalb Stausee			xx		xx.	xx.	16.6.
Valüna				x.			
Gritsch				x	x.	x.	12.7.
Heuberge			xx		xx.	xx.	29.6.

Fundort	85	86	87	88	89	90	Datum
Wang		xx		xx.	xx.		17.7.
Gapfahl Heidbüchel	x		x.	x.	x.		11.7.
Goldlochspitze			xx	xx.	xx.		1.8.
Pfälzerhütte gegen Naafkopf	x			x.			15.8.
Pradamee-Hahnenspiel			xxx				27.7.
Sassweg			x				29.7.
Sareiserjoch					x		23.7.
Schönberg				xx			11.7.
Guschg	x						14.7.
Scheuenkopf				xx			7.8.
Matta-Guschgfiel						xx	19.7.
Falknishorn				xx			26.7.

Fundort	91	92	93	94	95	96	Datum
Matu				1			14.7.
Sücka gegen Älple		x					28.6.
Sücka Dürraboden		x					28.6.
Valüna Obersäss					x		1.7.
Bergle				xx			2.7.
Nospitz				xxx			29.6.
Mittlervalorsch	x		xx				16.8., vb., 19.6.
Valorsch Rietle	x						16.8., vb.
Matta zwischen d. Bächen			x				4.8.
Hintervalorsch			x				4.8.
Lawena				xx		xx	28.6., 19.6.
Mittagspitz Rassla				2		2	8.6., 19.6.
Mittagspitz-Mazora					x		22.7.

GATTUNG: PLATANTHERA RICH. (1818)*
PLATANTHERA BIFOLIA (L.) RICH. – ZWEIBLÄTTRIGE WALD-HYAZINTHE

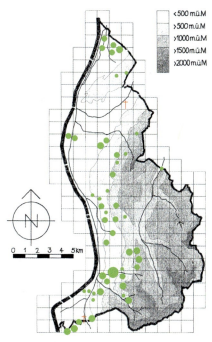

Rote Liste: –

Fundortangaben:
RICHEN 1897: häufig bis in die Alpen
MURR 1923: häufig auf den Moorwiesen, besonders im Molinietum, als Relikt früherer Waldflora
GANSS 1953, 1954: in unseren Laubwäldern (mit Vogelnestwurz), sehr häufig im Ried, auf höher gelegenen Wiesen, über Gapfahl 1800 m, unter Gaflei
SEITTER 1977 dazu: Barahalde im Föhrenwald (LL 1950), Ruggeller- und Schwabbrünnriet, Eschnerberg, Ruggeller Au 430 m, Masescha in Heidewiesen bis 1480 m verbreitet, E Rappenstein bis 2000 m, Lawena bis 1600 m; [Sücka-Älple-Goldloch, Bargella, Münz 1450 m]; Triesen Matilaberg 580 m (SEITTER 1975)
Weitere Angaben: Maurer Riet (SCHREIBER 1910), Klein-Mels (RG 1939), Ruggeller Riet (BZG '71 1972), Schellenberg Gantenstein (WALDBURGER 1973), Balzers Entamoos (WK 1972), Ellholz 500-610 m (EW 1976), Scherriswis-Maschera im Fichtenwald (EW 1982), Rheindamm (WALDBURGER 1983), Balzers Magerwiesen (KAUFMANN 1983), Duxwald (KW 1984)

Geographische Verbreitung:
ganz Europa, Nordafrika und Vorderasien, östlich bis Zentralsibirien, Kaukasus, Persien

Standortangaben:
trockene bis frische Wiesen, Wälder (besonders Weisseggen-, Bergseggen-, Zahnwurz- und Eiben-Buchenwald, Leimkraut-Eichenmischwald), Heiden, Moore vom Tal bis ins Gebirge (pH 4.3-7.5)

Blütezeit:
Mai bis Juli

Höhenverbreitung:
430-2000 m, nachgewiesen 430 m (Ruggeller Riet) bis 1900 m (Heubüal)

* griech.: platys = breit, anthera = Anthere, wegen der ungewöhnlichen Breite der Anthere bei der Typusart

Nachgewiesene Vorkommen:

Tal:
I Schneggenäule, Weienau, Unteres Riet, Hasabachmeder, Witriet, Schwabbrünnen, Äscher Süd, Eschner Bannriet E Kanal und W Kanal;
II Ebenholz Vaduz 520 m, Rheindamm Triesen-Balzers 470 m (WK/EW), Nasswiese beim Meierhof 560 m, Triesner Forst 500 m, Matilaberg 560 m, Badtobelrüfewald rechts der Rüfe 560 m, Lang Wesa 500 m; Balzers Neugrütt beidseits der Strasse, Mäls Regel 490 m, Balzers im Biederle 500 m

Untere Hanglagen:
III Schellenberg Feldrütte 625 m, Schellenberg Gantenstein 680 m;
IV Efiplankentobel 950 m, Oberplanken Matona 1050 m, Schaan Krüppel 900-1000 m, Oberplanken 940 m, Vaduz Schlosswald 610-640 m, Vaduz Platz 720 m, Wildschloss 800 m, Erble 960 m, Grüschawiese 740 m, Frommenhaus Band 800 m, Triesenberg Mattelti 1160 m, Bad Vogelsang 800 m, Scherriswis 1000 m, Balzers Hettabörgleweg 600-750 m;
V Ellmulde in der Wiese und im Wald bis 800 m, Hölzle 720 m, Mäls Matheid 780 m

Alpen:
VI Gafadura 1400 m, Triesenberg Weid 1400 m, Maseschastein 1240 m, Matu 1410 m, Silum 1500 m, Walserheuberge 1500-1800 m;
VII Saminatal 900 m;
VIII Heubüal bis 1900 m;
XI Hintertuass 1420 m, Platta 1449 m, Lawena Hochwald 1600 m

Nicht mehr nachgewiesen: –

Erloschen:
Maurer Riet, Ried bei Mäls

Fundort: Schaan
Flurname: Duxwald, 19. 06. 1984

Fundort: Schaan
Flurname: Äscher, 27. 05. 1990

Nachbarschaft:

		um 1920	um 1980
GR:	Churer Rheintal	+	+
	Bündner Herrschaft	+	+
SG:	Oberland	+	+
	Alvier-Churfirsten	+	+
	Säntis-Gebiet	+	+
V:	Ill-Gebiet	+	+
	Bregenzer Ach-Gebiet	+	+

Bemerkungen:
GANSS 1954 beschreibt eine spornlose Form unter Gaflei. An den angegebenen und weiteren Stellen vereinzelt bis reichlich vorkommend.

Platanthera bifolia
Beobachtungsdaten:

Fundort	85	86	87	88	89	90	Datum
Schneggenäule	xx	xx		x			14.6., 22.5., 5.5.
Weienau		xx			xx.		22.5.
Ruggell Unteres Riet	xx						14.6.
Hasabachmeder	xx						14.6.
Ruggell Witriet					xxx		3.6.
Schwabbrünnen	xx						4.6.
Äscher Süd			xxx				22.5., 7.6.
Eschner Bannriet E Kanal			xx		xx		22.5., 3.6.
Eschner Bannriet W Kanal					xx		3.6.
Ebenholz Vaduz						1	Jun.
Rheindamm Triesen				x	x.		27.6.
Nasswiese beim Meierhof	xx						3.6.
Triesner Forst	xxx						12.6.
Matilaberg	xxxx	xxxx			xxx	xxx	12.6., 19.5., 14.6., 23.6.
Badtobelrüfewald	xx						6.6.
Balzers Neugrütt	x						7.6.
Lang Wesa-Zepfel				xx	xxx		28.5., 14.6.
Mäls Regel				xx			18.5.
Schellenberg Gantenstein	x						24.6.
Oberplanken				xx			22.5.
Wildschloss				x			20.5.
Grüschawiese	xx	xx					9.6., 21.5.
Erble	x						13.6.
Frommenhaus Band					xx		2.6.
Bad Vogelsang						xx	23.6.
Scherriswis	x						16.6.
Balzers Hettabörgle					xxx		11.6.
Ellmulde	xxx	xxx					9.6., 19.5.
Mäls Hölzle		xxx				xxx	18.5., 14.6.
Gafadura	x						9.7.
Maseschastein	xx						4.6.
Matu	xx						11.6.
Silum	x						5.7.
Walser Heuberge			x		xxx.	xxx.	17.7.

Fundort	85	86	87	88	89	90	Datum
Heubüal		xx					29.6.
Hintertuass	x						6.6.
Platta				xxx.	xxx.		

Fundort	91	92	93	94	95	96	Datum
Balzers im Biederle	x						23.4. Kn.
Schellenberg Feldrütte			2				2.6.
Efiplankentobel					1		17.7.
Oberplanken Matona				10			15.6.
Schaan Krüppel		xx					3.6.
Vaduz Schlosswald					xx		1.6.
Vaduz Platz					x		17.6.
Triesenberg Mattelti			xxx				28.6.
Mäls Matheid					x		26.6.
Triesenberg Weid			xxx				28.6.
Saminatal	1						6.7.
Lawena Hochwald						xxx	30.6.

GATTUNG: PLANTANTHERA RICH. (1818)
PLATANTHERA CHLORANTHA (CUSTER) REICHENB. –
GRÜNLICHE WALDHYAZINTHE

Rote Liste: –

Fundortangaben:
RICHEN 1897: selten und vereinzelt durch das Rheintal (GH, JH, HK, HL, KL, GM, JR, Herbar Lehrerseminar Tisis); Schellenberg (KL, RICHEN 1897 b)
MURR 1923: sehr verbreitet, z.B. im Gebiete des Schellenbergs (KL, AK, JM), in Menge und üppig am Waldrand ob Hub, Plankner Alpe, Elltal am Fläscherberg; Dux (MURR 1921 b)
GANSS 1953, 1954: Grüschawiesen, über dem Erble, Profatscheng, Silum usw.
SEITTER 1977 dazu: Ruggeller Riet. Auf dem ganzen Westabhang des Gebirges zerstreut von 430-1500 m [Planknerstrasse 715 m, Vaduz Barahalde 700-1000 m, Balzers Buchenwald über Allmend 740 m, Hinterprofatscheng 1140-1420 m, Masescha Südgrat 1140 m, Masescha-Silum 1450 m, Sücka-Goldloch-Älple]
Weitere Angaben: Klein-Mels (RG 1939), Rheindamm bei Triesen-Balzers gegenüber Bacheinmündung 470 m (WK/EW 1982, WALDBURGER 1983), Ellwiesen (KW 1982)

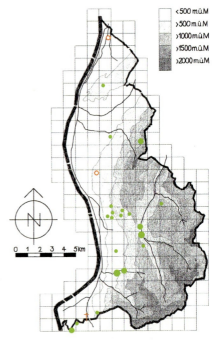

Geographische Verbreitung:
ganz Europa, Nordafrika und Vorderasien, östlich bis Sarmatien, Kaukasus, Westpersien

Standortangaben:
Trocken- und Halbtrockenrasen, Gebüschränder, lichte Wälder, Bergwiesen, meist auf basischen Böden (pH 5.4-8.1)

Blütezeit:
Juni bis Juli

Höhenverbreitung:
430–1600 m, nachgewiesen 450 m (Äscher) bis 1600 m (Mittler Valorsch)

Fundort: Balzers
Flurname: Ellwiesen, 19. 06. 1982

Nachgewiesene Vorkommen:

Tal:
I   Schwabbrünnen Äscher 450 m (WK/EW);
II Vorder Schellenberg Hofwald 550 m, Vaduz unterm Schlossweiher 580 m, Matilaberg 540-600 m, Balzers Oksaboda 540 m

Untere Hanglagen:
IV Frommenhaus Band 750-800 m, Frommenhaus Halda 900 m, Erbleweg 960 m, Triesen Poskahalda 670 m, Bad Vogelsang 800 m;
V   Ellmulde 600-700 m, Mäls Matheid 720 m

Alpen:
VI   Gafadura 1400 m, Weid ob Guggerboden 1350 m, Foppa 1320 m, Foppa-Tela 1340-1360 m, Silum 1500 m;
VIII Steg gegen Sücka 1300-1400 m, Sücka Dürraboden 1550 m, Steg gegen Saminabach auf der Tunnelseite 1260 m;
X   Mittler Valorsch 1600 m

Nicht mehr nachgewiesen:
Ruggeller Riet, Dux ob Schaan

Erloschen:
Ried bei Mäls

Nachbarschaft:

		um 1920	um 1980
GR:	Churer Rheintal	+	+
	Bündner Herrschaft	+	+
SG:	Oberland	+	+
	Alvier-Churfirsten	+	+
	Säntis-Gebiet	+	+
V:	Ill-Gebiet	+	+
	Bregenzer Ach-Gebiet	+	+

Bemerkungen:
Platanthera chlorantha ist seltener, mit eingeschränktem, aber überlappendem Vorkommen im Vergleich zu *Platanthera bifolia*, und wird leicht mit dieser verwechselt. Auch an weiteren, hier nicht nachgewiesenen Stellen vorhanden. Bastarde zwischen *Platanthera bifolia* und *Platanthera chlorantha* kommen vor, wurden jedoch nicht gesondert erfasst.

Platanthera chlorantha
Beobachtungsdaten:

Fundort	85	86	87	88	89	90	Datum
Schwabbrünnen-Äscher				x.			
Schlossweiher Vaduz					1		13.6.
Matilaberg	xxxx				xxx	x	12.6., 14.6., 23.6.
Balzers Oksaboda					x		11.6.
Frommenhaus Band		x.	x.		x	1	2.6., 15.6.
Frommenhaus Halda					x		16.6.
Triesen Poskahalda						2	14.6.
Bad Vogelsang						xx	23.6.
Ellmulde	xx						9.6.
Gafadura	xx						9.7.
Weid ob Guggerboden		xxx					17.7.
Foppa	x						1.7.
Foppa-Tela		x					22.6.
Silum	x						2.7.
Steg gegen Sücka	xxx			xxx.	xxx.		2.7.
Steg gegen Saminabach	xx						2.7.

Fundort	91	92	93	94	95	96	Datum
Vorder Schellenberg Hofwald		2					2.6.
Erbleweg		1					12.6.
Mäls Matheid					x		26.5.
Sücka Dürraboden			x				28.6.
Mittler Valorsch				1			4.7.

GATTUNG: OPHRYS L. (1753)[*1]
OPHRYS INSECTIFERA L. – FLIEGENRAGWURZ[*2]

Rote Liste:
seltene Art

Fundortangaben:
RICHEN 1897: im Rheintal zerstreut; Schaan (RICHEN 1907)
MURR 1923: Malbuntal (JS), Kulm (AK)
GANSS 1953, 1954: Schlosswald über Absteigquartier, hinterm Waldhotel, Waldlichtungen gegen Mühleholz und Schaan, über dem Erble, Silum, Gaflei, Balzers
SEITTER 1977 dazu: in der Umgebung vom Schaaner Riet (IG 1946), Silum-Ferchenegg 1400-1450 m, Triesen Matilaberg 580 m, über Schaan in Magerwiesen 570 m, Silum 1390-1450 m, Gafadura 1400 m, oberhalb von Triesenberg 1160 m, Masescha-Silum über der Strasse in Magerwiesen 1450 m, Vaduz Mühleholz in der Waldlichtung 540 m, Saminatal unterhalb Steg E Seite 1100 m
Weitere Angaben: Luzisteig, Ellsteig (BRAUN-BLANQUET und RÜBEL 1932); Gaflei-Fallaloch 1340 m, Grüschaweg 760 m, Vaduz Maree (HR um 1960); Triesen Steinbruch (WK 1972), Rheindamm Triesen-Balzers 470 m (WK/EW 1982, WALDBURGER 1983); Vaduz Tid 860 m, Ellmulde 700 m, Steg 1385 m, Oberplanken Rütti 970 m (KW 1980-1984)

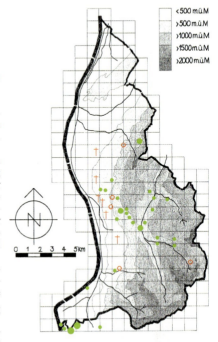

Geographische Verbreitung:
submeridionale und temperate Zone Europas, vereinzelt bis an die obere Wolga und nach Skandinavien

Standortangaben:
Nadelwaldlichtungen, Magerwiesen vom Tal bis in die Alpen; kalkliebend, neutrale bis schwach basische Böden (pH 7.1-8.5)

Blütezeit:
Mai bis Juli

Höhenverbreitung:
470 m (Rheindamm Triesen-Balzers) bis 1665 m (Sass)

[*1] griech.: ophrys = Augenbraue; von Linné für diese Orchidee vielleicht verwendet in bezug auf die rundliche Randbehaarung der Lippe, z.B. bei *O. speculum*
[*2] Synonym: *Ophrys muscifera* HUDSON

Fundort: Vaduz
Flurname: Tidrüfe, 19. 06. 1988

Fundort: Balzers
Flurname: Ellwiesen, 23. 05. 1989

Nachgewiesene Vorkommen:

Tal:
II   Mühleholzrüfe 550-600 m, Matilaberg 570 m, Rheindamm Triesen-Balzers 470 m (MB), Rheindamm bei Balzers 490 m

Untere Hanglagen:
IV   Vaduz Tidrüfe 860 m (KW), Vaduz Barahalde 620 m (EW), And 700 m;
V   Mäls Hölzle 720 m, Elltal 660-760 m, Elltal Grat rheinseitig 710 m

Alpen:
VI   Gafadura 1400 m, Maseschastein 1200 m, Foppa-Tela 1340-1420 m, Gaflei Fallaboda 1440 m, unteres Färchanegg 1500 m, oberes Färchanegg 1550 m, Silum Nähe Kurhaus, Silum beim Alpelti 1440 m;
VII Sieben-Eggen-Weg Pfiffereck 1350 m, Steg Rieter 1300-1330 m, Steg gegen Saminabach 1260 m, Saminatal 1000 m, Strasse Steg nach Malbun 1310 m, Steg Bergleweg 1350 m;
IX   Sass 1665 m (KW), Sassweg Tschugga 1600 m;
X   Vordervalorsch Fölitola 1400 m, Valorsch Rietle 1400 m

Nicht mehr nachgewiesen:
Oberplanken Rütti, überm Erble, Gaflei-Fallaloch, Triesen Steinbruch, Malbuntalkessel

Erloschen:
oberhalb Schaan in Magerwiesen, Schaaner Riet, Schlosswald überm Absteigquartier, hinterm Waldhotel Vaduz (beim ehemaligen Schwimmbad) sowie Maree, wohl auch Grüschaweg

Nachbarschaft:

		um 1920	um 1980
GR:	Churer Rheintal	+	+
	Bündner Herrschaft	+	+
SG:	Oberland	+	+
	Alvier-Churfirsten	+	+
	Säntis-Gebiet	+	+
V:	Ill-Gebiet	+	+
	Bregenzer Ach-Gebiet	+	+

Bemerkungen:
Ophrys insectifera ist vor allem im Talgebiet gefährdet und ist hier an mehreren Stellen bereits erloschen. Vereinzelt gibt es sie am Rheindamm bei Triesen und Balzers. Grössere Bestände sind noch im Mälsner Hölzle, in der Ellmulde, auf Gafadura und im Steg (Rieter). Auf Mascheca-Gaflei-Silum und um den Steg an etlichen Stellen vereinzelt. Karteneintrag «Schaaner Riet» ungenau aufgrund fehlender Angaben.

Ophrys insectifera
Beobachtungsdaten:

Fundort	85	86	87	88	89	90	Datum
Mühleholzrüfe		3	3			5	15.6., 14.6., Mai
Matilaberg		5					19.5.
Rheindamm Triesen						x.	
Rheindamm Balzers	1	0	0	0	0	0	11.6.84
Vaduz Barahalde					6		20.5.
Vaduzer Tidrüfe				5			19.6.
And				2			31.5.
Elltal	50+	50+		20+	20+		9.6., 19.5., 10.5., 4.6.
Ellgrat	1						9.6.
Mäls-Hölzle		50+			0	0	18.5.
Gafadura	17		xx.				9.7.
Maseschastein	1						4.6.
Foppa-Tela	4	4	4.	4.	4.	20+	1.6., 22.6., Mai
Gaflei-Fallaboda				1			12.7.
unteres Färchanegg	1	1	4	x.	x.	3.	10.6., 24.5., 6.6.
oberes Färchanegg	1	5					16.6., Jun.
Silum Nähe Kurhaus	1	1	x.	x.	x.		2.7.
Silum beim Alpelti	1	2.	2.	2.	2.		10.6.
Steg gegen Saminabach		1			10+		1.7., 16.6.
Saminatal					1		16.6.
Strasse Steg-Malbun		1					2.7.
Steg Bergleweg					1		11.7.
Sass						10	14.7.

Fundort	91	92	93	94	95	96	Datum
Sieben-Eggen-Weg Pfiffereck				1			7.7.
Steg Rieter					25	15	17.6., 11.6.
Malbun Sassweg Tschugga				1	1		2.7., 6.7.
Vordervalorsch Fölitola	1						16.8., vb.
Valorsch Rietle						1	14.7.

GATTUNG: OPHRYS L. (1753)
OPHRYS SPHEGODES MILLER – SPINNENRAGWURZ

Rote Liste:
ausgestorbene oder verschollene Art

Fundortangaben:
RICHEN 1897: ob Amerlügen (CB)
MURR 1923: die Angabe ob Amerlügen von Bötzkes wahrscheinlich *O. apifera*; Murr sah bis 1923 «weder ein lebendes noch ein getrocknetes Exemplar aus Vorarlberg»; dagegen «sehr zahlreich auf der Heidewiese an der Strasse links vor Vaduz»; am 14. April 1914 zu Hunderten auf der Heidewiese an der Strasse vor Vaduz (zwischen Mühleholz und Vaduz, MURR 1915, MURR 1921 a)
GANSS 1953,1954: Wiese unterm Waldhotel, «angeblich» auch Steinbruch bei Nendeln
SEITTER 1977 dazu: unterhalb Waldhotel bis 1960 belegt
Weitere Angaben: Vaduz Maree bis 1960, Waldhotel am unteren Strassenbord noch 16. 4. 1961 (UR)

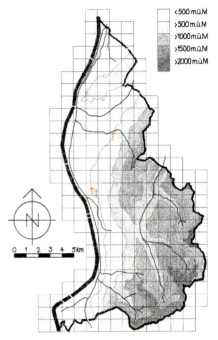

Geographische Verbreitung:
Mittelmeergebiet, West- und Mitteleuropa, östlich bis Nordanatolien

Standortangaben:
auf Trockenrasen und in lichten Kiefernwäldern (pH 6.8-9.0)

Blütezeit:
März bis Mai

Höhenverbreitung:
460 m (Steinbruch Nendeln) bis 565 m (Waldhotel Vaduz)

Nachgewiesene Vorkommen:

Tal: –

Untere Hanglagen: –

Alpen: –

Nicht mehr nachgewiesen: –

Erloschen:
bei Nendeln Nähe Steinbruch, Magerwiese vor Vaduz (Ebenholz-Mühleholz), unterm ehemaligen Waldhotel Vaduz (Vaduzer Allmeind), Maree Vaduz

Nachbarschaft:

		um 1920	um 1980
GR:	Churer Rheintal	+	+
	Bündner Herrschaft	+	–
SG:	Oberland	+	–
	Alvier-Churfirsten	+	–
	Säntis-Gebiet	–	–
V:	Ill-Gebiet	–	–
	Bregenzer Ach-Gebiet	–	–

Bemerkungen:
Ophrys sphegodes ist als erste der *Ophrys*-Arten der radikalen Vernichtung der Magerwiesen im Tal zum Opfer gefallen (zuletzt 1961, UR). Früher war sie auch in der Schweizer Nachbarschaft von Azmoos bis Ragaz, Maienfeld und Oldis zu finden, nicht jedoch in Vorarlberg (von dort nur fragwürdige, von MURR 1923 als solche gekennzeichnete Angaben). Heute noch Haldenstein und Trimmis (Angaben der SOG).

GATTUNG: OPHRYS L. (1753)
OPHRYS HOLOSERICA (BURM. f.) W. GREUTER – HUMMELRAGWURZ*

Rote Liste:
gefährdete Art

Fundortangaben:
RICHEN 1897: Tisis (GH); immer nur vereinzelt
MURR 1923: Heidewiese ob Schaan 600 m (vgl. auch MURR 1912), Nendeln-Schaan 460 m, einzeln im Sumpf bei Bendern, Sumpf Ruggell (AK), Rheindamm bei Vaduz (MK); massenhaft auf Talwiesen bei Vaduz, ferner bei Triesen und Balzers; DUX (MURR 1921 b) GANSS 1953, 1954: Rheindamm bei Vaduz (1954: 60-80), Schaan, Balzers Rheindamm-Waldrand
SEITTER 1977 dazu: [Balzers bei der Säge und längs der Talstrasse (RG 1949), unterm Waldhotel (IG 1953), Triesen Neufeld 515 m], von Balzers bis Ruggell auf dem Rheindamm verstreut, Ruggell in der Rietwiese bei Weienau, südlich Schwabbrünnerriet 450 m, Eschen Bannriet E Kanal in der Riedwiese 442 m, Vaduz in der Trockenwiese oberhalb Sonnenhof 580-590 (?) m
Weitere Angaben: Triesen Gartnetsch 470 m, Krestisrütti 480 m, Säga 480 m, Langwiesen 480-490 m (HR um 1960); Vaduz im Rain-Bannholz 560 m (MB 1975); Ruggell östlich Kanaldamm bei Rheinbrücke (EW 1977), Ruggell Untere Au 430 m (MB 1977); Rheindamm Schaan-Bendern, Schaan Aescher 450 m (KW 1975-1984)

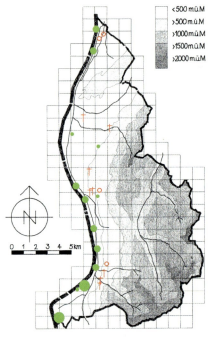

Geographische Verbreitung:
Mittelmeergebiet, West- und Mitteleuropa

Standortangaben:
Trockenrasen, auf Kalk (pH 6.9-8.8)

Blütezeit:
April bis Juni

Höhenverbreitung:
430 m (Ruggeller Riet) bis 550 m (Vaduz Sonnenhof)

* Synonym: *Ophrys fuciflora* (CRANTZ) MOENCH

Fundort: Schaan
Flurname: Rheindamm, 02. 05. 1989

Nachgewiesene Vorkommen:

Tal:
I   Äscher Süd Undera Forst 450 m, Eschen Bannriet 442 m;
II Rheindamm Wasserseite von Ruggell bis zum Ellhorn, stellenweise auch Rheindamm Binnenseite: beim Sportplatz Vaduz, beim Kieswerk zwischen Vaduz und Triesen, bei Triesen, Fussballplatz Balzers, Kieswerk Balzers; Vaduz Maree 550 m

Untere Hanglagen: –

Alpen: –

Nicht mehr nachgewiesen:
Ruggell in der Rietwiese bei Weienau und am Kanal, Vaduz Bannholz, Triesen Neufeld

Erloschen:
Sumpf bei Bendern, Heidewiesen bei Nendeln und ob Schaan, Talwiesen bei Vaduz, unterm Waldhotel, zwischen Triesen und Balzers (Gartnetsch, Krestisrütti, Säga, Langwiesen)

Nachbarschaft:

		um 1920	um 1980
GR:	Churer Rheintal	(+)	–
	Bündner Herrschaft	+	+
SG:	Oberland	+	+
	Alvier-Churfirsten	+	+
	Säntis-Gebiet	+	+
V:	Ill-Gebiet	+	+
	Bregenzer Ach-Gebiet	+	–

Bemerkungen:
Murr erwähnt eine *f. erosa* G. BECK (labio antice eroso) bei Triesen. Der Rheindamm ist zum Refugium dieser Ophrys-Art geworden. An allen anderen Standorten ist sie stark zurückgegangen oder ganz verschwunden. Die Sepalen und Petalen können weiss oder rosa sein. Die Lippenform und -zeichnung variieren. Karteneintrag «Sumpf bei Bendern»: gemäss SCHREIBER 1910.

Hybride:
Ophrys xdevenensis REICHB. f
(= *Ophrys holoserica* x *Ophrys insectifera*)

Fundortangaben:
RICHEN 1897: –
MURR 1923: –
GANSS 1953, 1954: –
SEITTER 1977 dazu: –

Nachgewiesene Vorkommen:

Tal:
II Balzers Rheindamm-Innenseite, am Wuerköpfle, 490 m

Untere Hanglagen: –

Alpen: –

Nicht mehr nachgewiesen: –

Erloschen: –

Nachbarschaft:

		um 1920	um 1980
GR:	Churer Rheintal	–	–
	Bündner Herrschaft	–	–
SG:	Oberland	–	–
	Alvier-Churfirsten	–	–
	Säntis-Gebiet	–	–
V:	Ill-Gebiet	–	–
	Bregenzer Ach-Gebiet	–	–

Bemerkungen:
Sehr seltene Hybride (vgl. RHEINBERGER 1985). 1988 vermutlich von einem Pflanzenfrevler ausgegraben. 1995 wieder 2 (24. 5.), 1996 ein (20. 5.) Exemplar gefunden.

Ophrys holoserica
Beobachtungsdaten:

Fundort	85	86	87	88	89	90	Datum
Eschen Bannriet		1		x.	3		22.5., 4.6.
Äscher Süd	7	6	x.	x.	x.		5.6., 22.5.
Vaduz Maree	15	15	x.	x.	x.	5	25.5., 3.6., 14.6.
Rheindamm:							30.4. - 24.6.
– Ruggell		xx					30.4.
– Schaan-Vaduz	xxx					xx.	8.6.
auch Binnenseite:							
– Fussballplatz Vaduz	xxx						8.6.
– Kieswerk	xxx						8.6.
– Triesen-Balzers		xx				xx	9.6., 15.6.
– Balzers Ellhorn	xxx					xx	11.6., 24.6. vb.

Fundort	91	92	93	94	95	96	Datum
Rheindamm Binnenseite:							
– Fussballplatz Balzers				1			8.5.
– Kieswerk Balzers					3		23.5.

Ophrys xdevenensis
Beobachtungsdaten:

Fundort	84	85	86	87	88	89	90	Datum
Balzers Rheindamm	3	3.	3.	3.	0	0	0	11.6.

Ophrys xdevenensis: eine seltene Hybride zwischen Hummel- und Fliegenragwurz

Fundort: Balzers
Flurname: Rheindamm, 1997
(Foto: Louis Jäger)

Fundort: Balzers
Flurname: Rheindamm, 19. 05. 1986
(Foto: Barbara Rheinberger)

GATTUNG: OPHRYS L. (1753)
OPHRYS APIFERA HUDSON – BIENENRAGWURZ

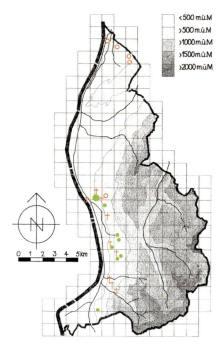

Geographische Verbreitung:
Europa, Nordafrika und Vorderasien von der meridionalen bis zur temperaten Zone, Kaukasus

Standortangaben:
Trockenrasen, Trockenried, lichte (Kiefern)-wälder (pH 7.4-8.5)

Blütezeit:
Juni

Höhenverbreitung:
430-1150 m, nachgewiesen 540 m (Balzers Allmeinstall) bis 760 m (Grüscha-Räckholtera)

Rote Liste:
vom Aussterben bedrohte Art

Fundortangaben:
RICHEN 1897: –
MURR 1923: beim Elektrizitätswerk ob Mühleholz, am warmen feuchten Hange ob Triesen (vgl. auch MURR 1912), Grüscha auf Triesenberg 1150 m (MK), am Schlosse in Vaduz (EL); im Berg ob Schaan beim Elektrizitätswerk, ca. 700 m (SK und JM, MURR 1915), Hang vor Triesen 480-550 m (MURR 1926)
GANSS 1953, 1954: auf den trockenen Wiesen zwischen Vaduzer und Schaaner Rüfe, unterm Waldhotel, Waldlichtungen gegen Schaan, Mühleholz (Rüfedamm)
SEITTER 1977 dazu: Mühleholzrüfe, Rheindamm ausserhalb Vaduz (IG 1950-53), Badtobel, Magrüel, Triesen gegen Wangerberg, Vaduz gegen Triesenberg (RG 1949) heute: Vaduz, Maree in der Magerwiese oberhalb vom Sonnenhof 580-590 (wohl 550-560) m [1972 noch beidseits der Strasse], Mühleholzrüfe 600 m, [nordwestlich Hasenbachmäder 430 m (1977, ca. 4 Pflanzen)]
Weitere Angaben: Ruggell Weienau 430 m, ob Maschlina 580 m, unter den Litzenen im Rank 645 m, Triesner Forst (Krestisrütti) 480-500 m, Grüscha 720 m (alle Angaben HR um 1960); Wiesenzipfel südlich Waldhotel 560 m (BR 1965); trockene Riedstelle 300 m W Zollhaus, Mai 1976, und Ruggellerriet, im östlichen Strassengraben, 300 m südlich Zollhaus, September 1976 (BZG '76 1977), im Schellenberger Riet (MB)

Fundort: Vaduz
Flurname: Maree
(Foto: Mario F. Broggi und Ingbert Ganss†)

Nachgewiesene Vorkommen:

Tal:
II Vaduz Sonnblickstrasse 540 m (Garten), Vaduz Maree 550-560 m, Balzers Allmeinstall 540 m (EW)

Untere Hanglagen:
IV Triesen Mazorastrasse 600 m, Grüscha Zipfel 730 m, Grüscha Räckholtera 760 m, Triesen i da Halda 670 m (MB), Triesen Poskahalde 620-640 m

Alpen: –

Nicht mehr nachgewiesen:
Ruggeller Riet, Mühleholzrüfe

Erloschen:
Rheindamm ausserhalb Vaduz, Elektrizitätswerk Mühleholz, Trockenwiesen zwischen Vaduzer und Schaaner Rüfe, unterm und beim Waldhotel, ums Vaduzer Schloss, Hang vor Triesen, Triesen Litzenen, Triesner Forst, Badtobel, Magrüel

Nachbarschaft:

		um 1920	um 1980
GR:	Churer Rheintal	+	+
	Bündner Herrschaft	+	+
SG:	Oberland	+	(+)
	Alvier-Churfirsten	+	+
	Säntis-Gebiet	(+)	–
V:	Ill-Gebiet	+	–
	Bregenzer Ach-Gebiet	+	+

Bemerkungen:
Die Bestände der Bienenragwurz in Liechtenstein sind so weit zurückgegangen, dass ihre Ausrottung bevorsteht. Noch vor 40 Jahren war sie nicht selten und an mehreren Stellen zwischen Schaan und Triesen zu finden, wo sie heute erloschen ist. In der ganzen Region im Verschwinden begriffen. Bei Murrs Angabe «Grüscha 1150 m» muss es sich um ein Versehen bezüglich der Höhenangabe oder der Flurbezeichnung handeln. Karteneintrag «Rheindamm ausserhalb Vaduz»: vermutete Stelle.

Ophrys apifera
Beobachtungsdaten:

Fundort	85	86	87	88	89	90	Datum
Ruggeller Riet	0	0	0	0	0	0	
Vaduz Maree	3	0	0	0	0	1	22.6., 15.6.
Mühleholzrüfe	0	0	0	0	0	0	
Mazora				1	1	0	28.6., 13.6.
Grüscha Zipfel	0	0	0	1	2	1	19.6., 15.6., Juni
Grüscha Räckholtera					1		13.6.
Triesen i da Halda						10	14.6.
Triesen Poskahalde						16	16.6.

Fundort	91	92	93	94	95	96	Datum
Vaduz Sonnblickstrasse			60 +				20.6.
Balzers Allmeinstall	2						27.6.

GATTUNG: ANACAMPTIS RICH. (1818)*
ANACAMPTIS PYRAMIDALIS (L.) RICH. – PYRAMIDENORCHIS

Rote Liste:
gefährdete Art

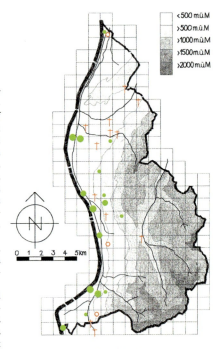

Fundortangaben:
RICHEN 1897: bei Tisis (JRe)
MURR 1923: verbreitet; zahlreich auf einer Heidewiese zwischen Nendeln und Schaan (ausser Nendeln 460 m), einzeln gegen Eschen, auf den Heidewiesen ob Schaan 600 m (vgl. auch MURR 1909 b), massenhaft vor Vaduz, Auen bei Balzers und Klein-Mels, ein Exemplar in Triesenberg 1200 m (vgl. auch MURR 1912, wahrscheinlich Sücka, vgl. MURR 1923-26, S.453), Rhein bei Vaduz (MK), ehedem am Schellenberg ob Hub (CB mündlich, vgl. auch MURR 1908 a); Dux (MURR 1921 b), Moorwiese bei Nendeln (vgl. auch MURR 1908 a), Schaanwald bis Balzers (MURR 1922)
GANSS 1953, 1954: um Absteigquartier Vaduz, auf Rheindämmen, Vaduz, Triesen Maschlina (dort noch Anfang 1980, MB), Balzers, Unterland
SEITTER 1977 dazu: Ruggell Bangser Feld 430 m, über Vaduz in Heidewiesen 570 m, Balzers Gamslafina und Neugrütt, von Balzers bis Triesen auf der Rheindamm-Innenseite; Balzers Entamoos (SEITTER 1973), Eschen Bannriet 442 m (SEITTER 1976)
Weitere Angaben: Vaduz (Herbar Lienert), Luziensteig gegen Balzers (GSELL 1936 & 1941), Selemäder 440 m, Waldhotel Vaduz 570 m, Balzers Hälos 470 m (HR um 1960); Schwabbrünnen-Äscher (BZG '72 1973), Rheindamm Triesen-Balzers 470 m (WK 1972), Schaaner Riet l. Länge 445 m (KW 1979-1981, 1982 erloschen durch Drainagearbeiten)

Geographische Verbreitung:
Europa, Nordafrika und Vorderasien von der meridionalen zur temperaten Zone, Kaukasus, Westpersien

Standortangaben:
Trockenwiesen, auch nicht zu feuchte Riedwiesen, lichte Wälder, wohl nur auf Kalkböden (pH 7.5-8.5)

Blütezeit:
Ende Mai bis Juli

Höhenverbreitung:
430 m (Ruggeller Riet) bis 1360 m (Foppa Triesenberg)

*griech.: anakamptein = zurückkämmen; wegen der an der Spitze etwas zurückgebogenen Brakteen?

Fundort: Balzers
Flurname: Rheindamm, 01. 07. 1984

Fundort: Schaan
Flurname: Äscher, 30. 06. 1985

Nachgewiesene Vorkommen:

Tal:
I Eschen Bannriet E Kanal und W Kanal 441 m, Schwabbrünnen - Aescher (KW);
II Rheindamm Ruggell, Rheindamm Vaduz (Wasserseite; auch Binnenseite beim Sportplatz und beim Kieswerk gegen Triesen und bei Balzers), Dux Schaan, nördlich Klosterwiese 530 m (ET), Vaduz Waldhotel beim ehemaligen Schwimmbad 575 m, Vaduz Maree 560 m, Rheindamm Triesen-Balzers 470 m (WK), Balzers Neugrütt 470 m, Balzers Hälos 470 m, Balzers Senne 510 m, Rheindamm Balzers 490 m, Schlosshügel Balzers (EW)

Untere Hanglagen: –

Alpen:
VI Foppa-Tela 1360 m

Nicht mehr nachgewiesen:
Bangser Feld, Triesen-Maschlina, Balzers Gamslafina

Erloschen:
Schellenberg ob Hub, Schaanwald, Moorwiese bei Nendeln, ausser Nendeln 460 m, zwischen Nendeln und Schaan, Schaaner Riet 1. Länge, Selemäder gegen Eschen, vor Vaduz, Absteigquartier Vaduz, Triesenberg 1200 m, Balzers-Mäls, Luziensteig gegen Balzers

Nachbarschaft:

		um 1920	um 1980
GR:	Churer Rheintal	+	+
	Bündner Herrschaft	+	+
SG:	Oberland	+	+
	Alvier-Churfirsten	+	+
	Säntis-Gebiet	(+)	+
V:	Ill-Gebiet	+	+
	Bregenzer Ach-Gebiet	–	–

Bemerkungen:
Gegenüber dem von Murr beschriebenen massenhaften Vorkommen stark zurückgegangen. Viele ehemalige Fundorte sind heute nicht mehr vorhanden, vor allem wegen des Rückgangs der Magerwiesen im Tal. Sporadisch in höheren Lagen, möglicherweise adventiv durch Rheinsand. Karteneintrag «ausser Nendeln 460 m»: vermutete Stelle; «gegen Eschen»: vermutete Stelle; «Triesenberg 1200 m»: ungenau aufgrund fehlender Angaben.

Anacamptis pyramidalis
Beobachtungsdaten:

Fundort	85	86	87	88	89	90	Datum
Eschen Bannriet E Kanal				xx	xxx		Jun., 4.6.
Eschen Bannriet W Kanal					xxx	xx	4.6., 14.6.
Schwabbrünnen	x			x			30.6., 29.5.
Rheindamm Ruggell						x	24.6.
Rheindamm Vaduz:							
– beim Schwimmbad	xx	xx.	xx.	xx.	xx.	xx	4.6., 14.6.
– Sportplatz Binnenseite	xxx	xx.	xx.	xx.	xx.		8.6.
– Kieswerk Binnenseite	xx	xx.	xx.	xx.	xx.		8.6.
Vaduz Waldhotel						1	29.6.
Vaduz Maree	20+	20+	xx.	xx.	15	x	3.6., 15.6.
Rheindamm Triesen			xx			xxx	29.6., 14.6.
Balzers Neugrütt	xxx						10.6.
Balzers Entamoos-Hälos	xx					xx	7.6., 15.6.
Balzers Senne					1		14.6.
Rheindamm Balzers	xx	xx.	xx.	xx.	xx.	x	2.7., 24.6.
Schlosshügel Gutenberg						6	18.5.
Foppa-Tela	1	0	0	0	0	0	28.7.

Fundort	91	92	93	94	95	96	Datum
Dux, nördlich Klosterwiese						2	24.6.

GATTUNG: ORCHIS L. (1753)*
ORCHIS PALUSTRIS JACQ. – SUMPFKNABENKRAUT

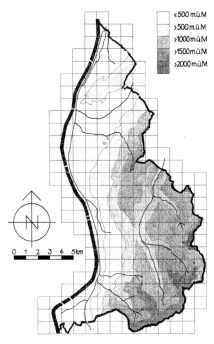

Rote Liste:
vom Aussterben bedrohte Art

Fundortangaben:
RICHEN 1897: –
MURR 1923: –
GANSS 1953,1954: –
SEITTER 1977 dazu: Schwabbrünnerriet, im mittleren Teil, ungefähr vierzig bis fünfzig Pflanzen (IG 1957), heute: noch da, fünfzig bis hundert Pflanzen, auch südlich, ausserhalb des Schutzgebietes

Geographische Verbreitung:
Europa, Vorderasien und Nordafrika, meridionale bis temperate Zone, selten im mediterranen und ozeanischen Europa, ostwärts durch Persien bis Turkestan

Standortangaben:
Sumpfwiesen (pH 7.4-8.6)

Blütezeit:
Juni bis Juli

Höhenverbreitung:
450 m (Schwabbrünnen)

* griech.: orchis = Hoden, Testikel, wegen der Ähnlichkeit des in der Hauptwachstumszeit vorhandenen Knollenpaares mit einem Hodenpaar

Nachgewiesene Vorkommen:

Tal:
I Schwabbrünnen Äscher 445-450 m, beidseits des Mittelwegs

Untere Hanglagen: –

Alpen: –

Nicht mehr nachgewiesen: –

Erloschen: –

Nachbarschaft:

		um 1920	um 1980
GR:	Churer Rheintal	–	–
	Bündner Herrschaft	–	–
SG:	Oberland	–	–
	Alvier-Churfirsten	–	–
	Säntis-Gebiet	–	–
V:	Ill-Gebiet	–	–
	Bregenzer Ach-Gebiet	–	–

Bemerkungen:
Orchis palustris ist gegenüber früheren Fundzahlen (vor 1977) stark zurückgegangen. Im Schwabbrünner Riet blüht sie noch vereinzelt, besonders dort, wo es Kalksinter gibt (MB). In der näheren Umgebung (Graubünden, St.Gallen, Vorarlberg) gibt es keine weiteren Fundstellen. Das Vorkommen von *Orchis palustris* im Naturschutzgebiet Schwabbrünnen-Äscher ist somit einzigartig für die ganze Region. Wir wissen nicht, ob es sie früher auch in anderen Rieden Liechtensteins gab und ob die Fundstelle auch früher so isoliert war, wie sie es heute ist.

Fundort: Schaan
Flurname: Äscher, 07. 07. 1983

Orchis palustris
Beobachtungsdaten:

Fundort	85	86	87	88	89	90	Datum
Schwabbrünnen Äscher	1	3		2	3		20.7. 12. / 25.7., 15.7., 23.6.

Fundort	91	92	93	94	95	96	Datum
Schwabbrünnen Äscher		15	42	21			28.7., 26.7., 25.6.

Fundort: Schaan
Flurname: Äscher, 07. 07. 1985

GATTUNG: ORCHIS L. (1753)
ORCHIS MASCULA L. – MÄNNLICHES KNABENKRAUT

Rote Liste: –

Fundortangaben:
RICHEN 1897: sehr häufig bis in die Voralpen
MURR 1923: noch ober der Plankner Alpe bei 1550 m, bei Silum (AK); Dux (MURR 1921 b)
GANSS 1953, 1954: massenhaft auf Alpwiesen, Masescha, Silum usw., im Schwefel, Waldrand über Meierhof
SEITTER 1977 dazu: Ruggeller Riet Eschnerberg Westseite besonders im Rüfewald [auch Rheindamm Schaan-Bendern im Auenwald], in fast allen noch bestehenden Magerwiesen und Laubmischwäldern am Westhang der Westkette zwischen 540-1550 m [hier: Grüscha, Quaderrüfe Vaduz, Rotenboden 740 m, Gafadura 1410 m], Schönberg Ostseite 1785-1900 m, Älple 1450 m, Alp Münz 1450 m; Triesen Matilaberg (SEITTER 1975)
Weitere Angaben: Masescha (17. 5. 1896, Herbar Dr. G. v. Beck; Herbar Lienert), Ellhorn 650 m (BZG/WK 1971), Triesner Forst (WK 1971), Ruggeller Riet (BZG '71 1972), Schwabbrünen-Äscher (BZG '72 1973), Schellenberg 650 m (WK 1980), Gamprin auf den Hügelkuppen und in Waldfragmenten, Triesenberg Reckholdera 770 m (EW 1982); Balzers Gamslafina 535 m (EW 1982), auf den Wiesen 480-530 m (KAUFMANN 1983, WALDBURGER 1984)

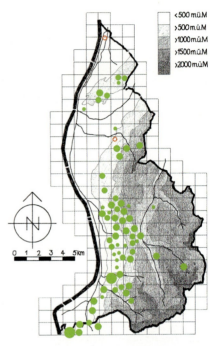

Geographische Verbreitung:
westliches Europa und Nordafrika von der meridionalen bis zur borealen Zone, Kanaren

Standortangaben:
Mager- bis Halbmagerwiesen vom Tal bis in die Alpen, Weiden, insbesondere «naturnahe» Waldränder, Laubmischwälder (besonders Lungenkraut-Buchenwald), vorwiegend auf Kalk, jedoch auch auf sauren Böden (pH 4.5-8.5)

Blütezeit:
April bis Juli

Höhenverbreitung:
430-1900 m, nachgewiesen 470 m (Balzers Lang Wesa) bis 1800 m (Lattahöhe)

Fundort: Bendern
Flurname: Benderer Feld, 22. 04. 1990

Nachgewiesene Vorkommen:

Tal:
II   Nendeln Landstrasse 460 m, Schellenberg Salums 560 m, Benderer Feld 470 m (KW), Mauren Unter-Berg 540 m, Dux 590 m, Meierhofwiese ab 500-600 m am Waldrand, Triesner Forst und Badtobelrüfewald 500-600 m, Matilaberg 530-580 m, Balzers Zepfel 480-490 m (WK), Lang Wesa 470-530 m, Balzers im Biederle 500 m, Balzers Allmein 540 m, Mäls Matiola 500-600 m, Mäls Regel 480 m

Untere Hanglagen:
III Schellenberg Feldrütte 625 m, Mittlerer Schellenberg 640 m, Schellenberg Borscht, Eschen Malanser um 600 m;
IV   Planken 780 m, Oberplanken 950 m, Rütti 1000 m, Iraggell 640 m, Vaduz Stellböda 650 m, Vaduz Schlosswald 750 m, Frommenhaus Chälberweid 800 m und Mattla 950-1000 m, Frommenhaus Band 800 m, Erble 950 m, Hinterprofatscheng 1050-1200 m, Rotenboden 1000 m, Triesenberg Egga 950 m, Triesenberg Leitawis 750 m, Triesenberg Steinort 960 m, Triesenberg Hinterwasser 950 m, Triesenberg Balischguat 1080 m, Matschils 600 m, Triesen Büchele 600 m, Grüscha 730-780 m, Triesen Poskahalde 670 m, Triesen Röfiwald-Eggastalta 660 m, Wangerberg 800 m, Lavadina-Rütti 1130 m, Parmetz 1180 m, Gnalp 1190 m, Abzweigung Masescha-Steg 1100 m, Guggerboden 1100-1200 m, Guggerboden-Mateli 1160 m, Magrüel 850-950 m, Münz 1100-1200 m, And 700-800 m;
V   Ellmulde beidseits bis 800 m (Böchelwesa), Mäls Hölzle 720 m

Alpen:
VI   Gafadura 1400 m, Masescha 1200-1300 m, Vorderprofatscheng 1220 m, Foppa-Tela 1300-1400 m, Matu 1380-1420 m, Gaflei Falloch 1380 m, unterm Bargellastall 1600 m, Lattahöhe bis 1800 m, Silum Färcha 1370-1600 m, Silum ums Kurhaus 1450 m, Silum gegen Altes Tunnel um 1450 m, Gnalp gegen Neues und Altes Tunnel ab 1200 m;
VIII Sücka 1400-1500 m, Underem Hahnenspiel 1350-1400 m;
IX   Malbun 1600 m;
X   Mittlervalorsch 1380 m;
XI   Gorn 1300 m, Tuasswiesen 1440 m, Wiss Röfi 1400 m, Lawena Hochwald 1600 m

Nicht mehr nachgewiesen:
Ruggeller Riet, Schwabbrünnen, Rheindamm Schaan-Bendern im Auenwald

Erloschen: –

Nachbarschaft:

		um 1920	um 1980
GR:	Churer Rheintal	+	+
	Bündner Herrschaft	+	+
SG:	Oberland	+	+
	Alvier-Churfirsten	+	+
	Säntis-Gebiet	+	+
V:	Ill-Gebiet	+	+
	Bregenzer Ach-Gebiet	+	+

Bemerkungen:
Orchis mascula ist anspruchslos und eine unserer verbreitetsten Orchideen. Die Angabe Ruggeller Riet beruht wohl auf einem Irrtum. Auch in Schwabbrünnen (Auenwald) konnten wir sie nicht nachweisen. Vor allem in den Bergen neben den nachgewiesenen noch weitere Vorkommen, jedoch nur sporadisch jenseits des Kamms der Westkette.

Varietät:
var. albiflora

Fundortangaben:
RICHEN 1897: –
MURR 1923: Ruggell (AK)
GANSS 1953, 1954: zwischen Triesen und Balzers (Ende Mai 1954)
SEITTER 1977 dazu: selten weissblühend

Nachgewiesene Vorkommen:

Tal:
II   Schellenberg Salums 560 m, Balzers Allmein 530 m

Untere Hanglagen:
V   Mäls Hölzle 725 m

Alpen: –

Nicht mehr nachgewiesen:
Ruggell, zwischen Triesen und Balzers

Erloschen: –

Fundort: Bendern
Flurname: Benderer Feld, 22. 04. 1990

Orchis mascula
Beobachtungsdaten:

Fundort	85	86	87	88	89	90	Datum
Schellenberg Salums		xxx					17.5.
Benderer Feld						x	22.4.
Mauren Unter-Berg			xx				22.5.
Dux		xx					22.5.
Meierhofwiese	xx						3.6.
Triesner Forst	xx	xxxx.	xxxx.	xxxx.	xxxx.		12.6.
Badtobelrüfewald	xxx						6.6.
Matilaberg		xxx					19.5.
Lang Wesa			xxx				28.5.
Balzers Zepfel		x					18.5.
Mäls Matiola		xxx					18.5.
Mäls Regel		xx					18.5.
Mittlerer Schellenberg		x					17.5.
Schellenberg Borscht		xx					17.5.
Planken		xxx					22.5.
Oberplanken		xxx					22.5.
Planken Rütti		xxx					22.5.
Iraggell		xx					20.5.

Fundort	85	86	87	88	89	90	Datum
Frommenhaus Chälberweid	xx						4.6.
Frommenhaus Mattla	xxx	xxx					13.6.
Hinterprofatscheng	xxx	xxx					2.6., 20.5.
Rotenboden	xxx						13.6.
Matschils				xx			11.5.
Triesen Büchele				x			11.5.
Grüscha	xxx					xx.	18.5.
Triesen Poskahalda					x		14.6. vb.
Triesen Röfiwald					x		15.6. vb.
Wangerberg				xx			11.5.
Lavadina-Rütti			xx	xx			9.5., 9.5
Parmetz				xx			9.5.
Gnalp		xxx					24.5.
Abzweigung Masescha-Steg	xxx						5.6.
Guggerboden	xxx						11.6.
Guggerboden-Matelti	xx						11.6.
Magrüel	x	x			xx		6.6., 23.5., 15.6.
Münz		xx					23.5.
And			xxx				14.5.
Ellmulde	xxx	xxx		xxxx			18.5., 19.5., 10.5.
Mäls Hölzle		xxx					18.5.
Gafadura	xxx						9.7.
Masescha	xxx						4.6.
Vorderprofatscheng	xxx						2.6.
Foppa-Tela	xxx						1.6.
Matu	xxx						2.6.
unterm Bargellastall	xx						2.6.
Lattahöhe	x						13.6.
Silum Färcha	xxx	xxx					1.6., 24.5.
Silum Kurhaus	xxx						1.6.
Silum Altes Tunnel		xxx					24.5.
Gnalp		xxx					24.5.
Sücka						x.	
Malbun	xxx						10.7.
Gorn	xxx						6.6.
Tuasswiesen	xxx					xx	6.6.
Wiss Röfi	x					xx	6.6.

Fundort	91	92	93	94	95	96	Datum
Nendeln an der Landstrasse					10		8.5.
Balzers im Biederle		xxx					13.5.
Balzers Allmein		xxx					13.5.
Schellenberg Feldrütte			xx				1.5.
Eschen Malanser				xx			27.3.
Vaduz Stellböda					60		2.5.
Vaduz Schlosswald					8		9.5.
Frommenhaus am Band		xxx					14.5.
Triesenberg Erble					6		9.5.
Triesenberg Egga				20			4.5.
Triesenberg Leitawis					2		8.5.
Triesenberg Steinort				20			4.5.

Fundort	91	92	93	94	95	96	Datum
Triesenberg Hinterwasser				xxx			10.5.
Triesenberg ob Balischguat		xxx	x			xx	11.5., 7.5.
Gaflei Falloch			xx				1.6.
Underem Hahnenspiel					xxx	xxx	30.6., 24.5.
Mittlervalorsch	1						16.8., vb.
Lawena Hochwald					20		3.6.

Orchis mascula var. albiflora
Beobachtungsdaten:

Fundort	85	86	87	88	89	90	Datum
Schellenberg Salums		3					17.5.
Mäls Hölzle		1					18.5.

Fundort	91	92	93	94	95	96	Datum
Balzers Allmein					1		14.5.

99

GATTUNG: ORCHIS L. (1753)
ORCHIS PALLENS L. – BLEICHES KNABENKRAUT

Rote Liste:
vom Aussterben bedrohte Art

Fundortangaben:
RICHEN 1897: Saminatal (HK, HW)
MURR 1923: Amerlügen, Saminatal (CB)
GANSS 1953, 1954: unter dem Wildschloss (oberhalb Stauweiher, 10 Exemplare am 3. 5. 1954, Stelle jetzt zum Teil mit Geröll überdeckt), Lavadina (DB), im dichten Buchenwald über dem Schloss, Wangerberg, über Profatscheng (Erlengehölz an der Rüfe)
SEITTER 1977 dazu: Magrüel (IG 1953-54), Vaduz vom Schloss bis Silum. Heute: Vaduz im Schlosswald über dem Friedhof bis Profatscheng, Wangerberg, Lavadina, Magrüel, Tuass, Lawena [hier nordöstlich der Hütten bei 1560 m (1971)] 530-1650 m, Alp Bargella 1680 m [1973]
Weitere Angaben: Luzisteig (BRAUN-BLANQUET und RÜBEL 1932), Balzers Hälos im nördlichen Auengehölz 475 m, Stellböda am Grüschaweg 650 m, Silum Färcha 1540 m (HR um 1960); Triesen Bofel unterhalb Steinbruch 540 m (MB 1974), Silum obere Strasse nach Gaflei (ca.10 Pflanzen, IG 1974), Silum oberhalb Weg zum Alten Tunnel 1445 m (IG 1978), Triesen Poskahalde 690-710 m (reichlich, EW, IG 1981), Mauren Rennhof 625 m (1984, Kartei EW), Forstrüfe Triesen (MB 1983), Triesenberg Stärnaberg (KW 1984)

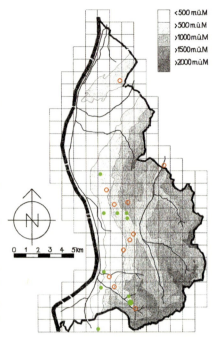

Geographische Verbreitung:
Europa (sub)meridionale bis temperate Zone, Vorderasien, Kaukasus

Standortangaben:
Laub- und Mischwälder, Buschränder, Wiesen und bewachsene Geröllhänge in höheren Lagen, wohl nur auf Kalk (pH 6.7-7.0)

Blütezeit:
April bis Juni

Höhenverbreitung:
480-1680 m, nachgewiesen 480 m (Triesen Krestisrütti) bis 1540 m (Silum Färcha)

Fundort: Triesenberg
Flurname: Stärnaberg, 12. 06. 1984

Nachgewiesene Vorkommen:

Tal:
II   Duxwald 590 m, Triesen Krestisrütti 480 m, Balzers Lang Wesa 490 m

Untere Hanglagen:
IV   Stellböda 650 m, And Kalkofa 600- 640 m

Alpen:
VI   Foppa-Tela 1360 m, Silum Stafel 1480 m, Silum Färcha 1540 m;
XI   Lawena Rinderwald an der Strasse 1300-1450 m, Hintertuass Wiss Röfi 1400 m, Lawena Kohlplätzle 1380 m

Nicht mehr nachgewiesen:
Mauren Rennhof, unter Wildschloss, Triesen Poskahalde, Triesen Forstrüfe und Bofel, Balzers Hälos, Profatscheng, Lavadina, Stärnaberg, Wangerberg, Magrüel, Alp Bargella, Saminatal, Lawena 1560 m

Erloschen: –

Nachbarschaft:

		um 1920	um 1980
GR:	Churer Rheintal	+	+
	Bündner Herrschaft	+	+
SG:	Oberland	+	+
	Alvier-Churfirsten	+	+
	Säntis-Gebiet	+	(+)
V:	Ill-Gebiet	+	–
	Bregenzer Ach-Gebiet	+	+

Bemerkungen:
Orchis pallens blüht meist vereinzelt, ab und zu in kleinen Grüppchen. Sie ist bei uns selten. Viele Fundorte konnten wegen des sporadischen Auftretens der Pflanze nicht bestätigt werden. Am 24. 5. 1995 im Rinderwald (Lawena) 23 Exemplare.

Hybride:
Orchis pallens x Orchis mascula

Fundortangaben:
RICHEN 1897: –
MURR 1923: –
GANSS 1953, 1954: –
SEITTER 1977 dazu: –
Weitere Angaben: Balzers Hälos im nördlichen Auengehölz 475 m (HR 1960)

Nachgewiesene Vorkommen:

Tal: –

Untere Hanglagen: –

Alpen:
Lawena Rinderwald 1390 m

Nicht mehr nachgewiesen:
Balzers Hälos

Erloschen: –

Bemerkungen:
Fotos des Fundes von 1960 und 1995 im Fotoarchiv BR & HR.

Orchis pallens
Beobachtungsdaten:

Fundort	85	86	87	88	89	90	Datum
Duxwald					1	0	26.4.
Triesen Krestisrütti				2	1.	0	27.4.
Balzers Lang Wesa	0	0	3	9	8.	5.	8.5., 23.4.
Stellböda	0	0	0	0	1	0	4.5.
And Kalkofa			2	0			14.5.
Foppa Tela	1	0	0	1.	1.	1.	1.6.
Silum Stafel	1	0	0	0	0	0	2.6.
Silum Färcha	1	6	1	3	2	2.	20. - 25.5.
Lawenastrasse	0			4	2.		25.5.
Wiss Röfi	4			1	1.		6.6., 25.5.

Fundort	91	92	93	94	95	96	Datum
Lawena Kohlplätzle					32	13	8.6., 30.5.

Orchis pallens x *Orchis mascula*
Beobachtungsdaten:

Fundort	91	92	93	94	95	96	Datum
Lawena Rinderwald					1		3.6.

GATTUNG: ORCHIS L. (1753)
ORCHIS MORIO L. – KLEINES KNABENKRAUT

Rote Liste:

Fundortangaben:
RICHEN 1897: im Rheintal häufig
MURR 1923: verbreitet auch auf den Moorwiesen
GANSS 1953, 1954: in grossen Mengen auf den Wiesen über Triesen-Meierhof, Ried, Iraggell, Grüschawiesen, Balzers usw., Wiesensenke oberhalb des Schlosses (1953 acht Exemplare)
SEITTER 1977 dazu: Magrüel, Profatscheng, Balzers unterhalb Schloss Gutenberg (IG 1954), Ruggeller- und Schwabbrünnerriet, Balzers im Riedfragment Kohlbruck 473 m, Balzers Langwiese 500 m, Lawenarüfe 430-1500 (?) m, auf Heidewiesen der unteren Hänge verbreitet
Weitere Angaben: am Schellenberg (KEMP 1874), Schaanerriet, Schaan feuchte Wiese, Schwaanwald (Mai-Juni 1950-51, Herbar Lienert); Vaduzer Grossriet 445 m, Grüscha Heumad 690 m (HR um 1960); Balzers Ramschwagweg 474, 490 m (WK 1972), Ruggeller Riet (BZG '71 1972), Balzers Neugrütt 473 m (MB 1974), Ruggell Schneggenäule (EW 1977), Triesen Matilaberg 549 m (EW 1982), Schaan Unterau gegen Bannriet 442 m (EW 1982), Schaanwald im Hangmoor westlich Lehrpfad 510 m (EW 1982)

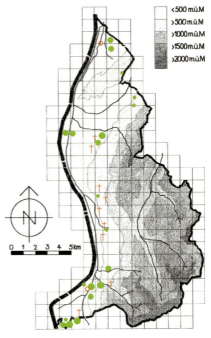

Geographische Verbreitung:
Europa, Nordafrika und Vorderasien von der meridionalen zur temperaten Zone, Kaukasus, Nord- und Westpersien

Standortangaben:
Magerwiesen, Riedwiesen, auf schwach sauren bis basischen Böden (pH 5.1-7.3)

Blütezeit:
April bis Mai

Höhenverbreitung:
430 m (Ruggeller Riet am Hasenbach) bis 740 m (Grüscha)

Fundort: Schaan
Flurname: Äscher, 08. 05. 1986

Fundort: Schaan
Flurname: Äscher, 08. 05. 1986

Nachgewiesene Vorkommen:

Tal:
I   Ruggeller Riet am Hasenbach 430 m und Unteres Riet, Schwabbrünnen, Äscher Süd Undera Forst 450 m, Eschen Bannriet E Kanal und W Kanal 441 m;
II Hinter Schaanwald Hangwesa 495 m (MB), Mittler Schaanwald Rüfegass 515 m (MB), Vaduz Maree 550 m, Triesen Matilaberg 570 m, Rheindamm Triesen-Balzers bei 470 m (EW/WK), Balzers Lang Wesa-Zepfel 500-530 m, Balzers Hälos 471 m, Balzers ob Ramschwagweg 500-510 m (EW), Mäls Allmein 600 m, Eingang Ellmulde 500 m

Untere Hanglagen:
III Schellenberg Borscht;
IV   Grüscha 740 m;
V   Elltal 680 m, Mäls Hölzle 720 m, Mäls Matheid 740 m

Alpen: –

Nicht mehr nachgewiesen:
Ruggell Schneggenäule, Balzers Neugrütt

Erloschen:
Vaduzer Grossriet, Schaan und Schaanerriet, Iraggell, Wiesensenke oberhalb Schloss Vaduz, Wiesen über Triesen-Meierhof, Grüscha Heumad, Profatscheng, Magrüel, Balzers unterhalb Schloss Gutenberg

Nachbarschaft:

		um 1920	um 1980
GR:	Churer Rheintal	+	+
	Bündner Herrschaft	+	+
SG:	Oberland	+	+
	Alvier-Churfirsten	+	+
	Säntis-Gebiet	+	+
V:	Ill-Gebiet	+	+
	Bregenzer Ach-Gebiet	+	+

Bemerkungen:
Orchis morio hat im Ried und auf Balzner Magerwiesen noch grössere Bestände, ist aber an zahlreichen früher dokumentierten Stellen selten geworden oder ganz erloschen. Einen höher liegenden Fundort als 740 m konnten wir nicht verzeichnen. (Seitter will sie bei der Lawenarüfe bis 1500 m beobachtet haben. Die Angabe ist unwahrscheinlich.) Karteneintrag «Schaanerriet und Schaan, feuchte Wiese»: ungenau aufgrund fehlender näherer Angaben.

Varietät:
var. albiflora

Fundortangaben:
RICHEN 1897: –
MURR 1923: –
GANSS 1953, 1954: –
SEITTER 1977 dazu: selten weissblühend

Nachgewiesene Vorkommen: Alpen: –

Tal: Nicht mehr nachgewiesen: –
I   Schwabbrünnen;
II Balzers Lang Wesa 510 m, Balzers Foks-   Erloschen: –
    Winkel 520 m

Untere Hanglagen: –

Orchis morio
Beobachtungsdaten:

Fundort	85	86	87	88	89	90	Datum
Ruggeller Riet Hasenbach				xx			7.5.
Ruggell Unteres Riet		xx		xx			4.5., 7.5.
Schwabbrünnen		xxx		xxx			14.5., 6.5.
Äscher Süd Undera Forst		xx		xx			22.5., 6.5.
Eschen Bannriet E Kanal		xx			xx.		22.5.
Eschen Bannriet W Kanal					xx		4.6. vb.
Schaanwald Hangwesa	x.						
Schaanwald ob Rüfegass	x.						
Vaduz Maree		1		1	1.		20.5., 8.5.
Triesen Matilaberg		xx					19.5.
Rheindamm Triesen				2.			
Balzers Lang Wesa-Zepfel	xxx	xxx	xxx	xxx	xxx.		18.5., 3.5., 25.5., 30.4.
Balzers Hälos		xxx	xxx	xxx.	xxx.		3.5., 13.5.
Balzers ob Ramschwagweg			xx		x.		16.5.
Mäls Allmein		xxx	xxx.	xxx.	xxx.		18.5.
Eingang Ellmulde					x		10.5.
Schellenberg Borscht		1					17.5.
Grüscha		2					21.5.
Elltal		xx		2	x		12.5., 19.5., 23.5.
Mäls Hölzle		xxx					18.5.
Mäls Matheid		xxx	xxx				18.5., 14.5.

Orchis morio var. albiflora
Beobachtungsdaten:

Fundort	85	86	87	88	89	90	Datum
Schwabbrünnen	1	1	1				17.5., 12.5. 31.5.
Balzers Foks-Winkel	1		1.				8.5.
Balzers Lang Wesa	1						28.5.

GATTUNG: ORCHIS L. (1753)
ORCHIS USTULATA L. – BRAND-KNABENKRAUT

Rote Liste: –

Fundortangaben:
RICHEN 1897: durch das ganze Gebiet, aber nirgends häufig
MURR 1923: sehr verbreitet, doch nirgends massenhaft; Dux (MURR 1921 b)
GANSS 1953, 1954: an den Waldrändern im Schlosswald, auf dem Rheindamm in Vaduz, Vaduz beim Absteigquartier, Vaduz im «Neugut», über dem Meierhof, Triesen, Balzers, Unterland
SEITTER 1977 dazu: Ruggeller- und Schwabbrünnerriet (HSc 1902 und LL 1952), Silum (IG 1957), in fast allen noch vorhandenen Riedwiesen der Talebene, Ruggell Bangser Feld 430 m, [auch Eschen Bannriet 442 m], von Triesen bis Balzers auf den unteren Hängen besonders reichlich [Grüscha 700-770 m], in allen Heidewiesen von 460-1500 m zerstreut, Saminatal 1360 m, Steg gegen Bärgichöpf 1370-1720 m, Alp Matta 1800 m [dazu Garselli 1650 m, Gaflei-Silum 1460-1700 m, Riedboden westlich Hütte 1650 m, Maschera 1500 m]
Weitere Angaben: Vaduz, Triesnerberg (KEMP 1874); Vaduz (29. 5. 1896, Herbar Dr. G. v. Beck), Ruggeller Riet (SCHREIBER 1910); Luziensteig, Klein-Mels (RG 1937-1939); Grüscha Heumahd 720 m, Maschlina St. Wolfgang 470 m, Balzers Biederle 510 m (HR um 1960); Balzers Ramschwagweg 490 m (WK 1971), Ruggeller Riet (BZG '71 1972), Schwabbrünnen-Äscher (BZG '72 1973), Balzers Allmeind (EW 1974), Balzers Lang Wesa-Senni (EW 1974), Balzers über Allmeind-Stall (EW 1982, 20 Pfl.), Balzers Gamslafina 535 m (WALDBURGER 1984), Münz-Tuass 1390 m (EW 1983); Äscher, Stachler-Kirchlespitz (KW 1982-1984)

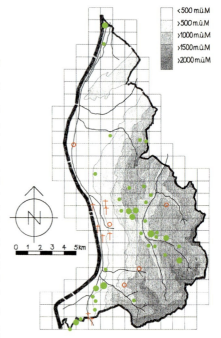

Geographische Verbreitung:
Europa von der meridionalen bis zur temperaten Zone, im Mittelmeergebiet selten, östlich bis Mittelsibirien, Kaukasus

Standortangaben:
Magerwiesen vom Tal bis in die Berge, Riedwiesen, lichte Föhrenbestände der Alpen, meist basische, seltener schwach saure Böden (pH 5.3-8.0)

Blütezeit:
April bis Juli

Höhenverbreitung:
430 m (Ruggell Schneggenäule) bis 1900 m (Hahnenspiel)

Fundort: Schaan
Flurname: Äscher, 05. 07. 1987

Nachgewiesene Vorkommen:

Tal:
I   Bangser Feld, Ruggell Schneggenäule 430 m, Schwabbrünnen-Äscher (KW);
II Schaan Dux 575 m (KW), Triesen Forst 480 m, Balzers Lang Wesa, Senne, Zepfel, Foks-Winkel 500-530 m, Balzers Hälos 470 m, Balzers Biederle 490 m (WK), Balzers Pädergross (EW), Balzers Oksaboda 530 m

Untere Hanglagen:
V   Mäls Allmein 600-700 m, Mäls Hölzle 720 m, Ellmulde (KW), Ellwiese im Hangmoor 690 m

Alpen:
VI   Gafadura 1400 m, Sarojasattelspitz 1680 m, Foppa-Tela 1360 m, Gaflei, Silum beim Kurhaus 1470 m, Silum unter Färchanegg 1510 m, Plattaspitz;
VII Garselli, Johanneshütte-Sässlitobel 1540 m, Sieben-Eggen-Weg Breiteck 1350 m, Sieben-Eggen-Weg Lerchegga 1350 m, Steg gegen Saminatal, Under da Bärgichöpf 1400 m, oberhalb Kleinsteg 1400 m;
VIII Sücka (KW), Schwemmi (KW);
IX   Stachlerboden 1420 m, Bergle 1400-1700 m, Malbun Schneeflucht 1620 m, Sass, Hahnenspiel bis 1900 m;
XI   Lawena Schmalzboden 1400 m (WK)

Nicht mehr nachgewiesen:
Eschen Bannriet, Grüscha, Riedboden, Maschera Münz-Tuass

Erloschen:
Waldränder am Schlosswald, Rheindamm Vaduz, Vaduz Absteigquartier Vaduz Neugut, Meierhof, Maschlina St. Wolfgang, Ried bei Mäls, Luziensteig

Nachbarschaft:

		um 1920	um 1980
GR:	Churer Rheintal	+	+
	Bündner Herrschaft	+	+
SG:	Oberland	+	+
	Alvier-Churfirsten	+	+
	Säntis-Gebiet	+	+
V:	Ill-Gebiet	+	+
	Bregenzer Ach-Gebiet	+	+

Bemerkungen:
Im Tal sind die Bestände stark zurückgegangen bis auf die Magerwiesen um Balzers, an einigen Stellen im Tal erloschen. In den Alpen noch verbreitet, wohl auch an weiteren nicht nachgewiesenen Stellen, meist nicht häufig. Spätblühende, hochwüchsige (bis 40 cm), lockerblütige Exemplare kommen im Bangser Feld und im Äscher vor (neuerdings als ssp. *aestivalis* beschrieben, KÜMPEL und MRKVICKA 1990). Selten weissblühend (Seitter).

Fundort: Schaan
Flurname: Sass, 18. 07. 1988

Orchis ustulata
Beobachtungsdaten:

Fundort	85	86	87	88	89	90	Datum
Bangser Feld						41	24.6.
Ruggell Schneggenäule					2		5.5.
Schwabbrünnen-Äscher			x				5.7.
Schaan Dux				1			15.7.
Triesen Forst		x					7.7.
Lang Wesa-Senne-Zepfel			xxx	xxx.	xx		28.5., 14.6.
Balzers Hälos	xxx	xx		xx	x.	1	18.5., 18.5. 30.4., 15.6.
Balzers Biederle				x			3.5.
Balzers Pädergross					6		Jun.
Ellmulde		x					22.6.
Mäls Allmein		x			x.		18.5.
Mals Hölzle		xx			3	1	18.5., 4.6., 14.6.
Gafadura	x						9.7.
Foppa-Tela	x	x	x.	x.	x		22.6., 30.6.
Gaflei			x				12.7.
Silum beim Kurhaus	xx	xx.	xx.	xx.	x.		22.6.
Silum unter Färchanegg	xx	xx.	xx.	xx.			22.6.
Plattaspitz			xx	xx.			10.7.
Garselli			x				24.7.
Johanneshütte-Sässlitobel			x		x.		24.7.
Steg gegen Saminatal				x	1		20.7., 25.7.
oberhalb Kleinsteg	1						2.7.
Sücka Schwemmi	x	x					12.7., 29.6.
Stachlerboden	xx						2.7.
Bergle			x				29.7.
Malbun Schneeflucht	xx						10.7.

Fundort	85	86	87	88	89	90	Datum
Sass			x	x			29.7., 18.7.
Hahnenspiel			x				27.7.
Lawena Schmalzboden					x		24.7.

Fundort	91	92	93	94	95	96	Datum
Balzers Oksaboda					10		14.5.
Ellwiese im Hangmoor		1					14.6.
Sarojasattelspitz				2			6.7.
Sieben-Eggen-Weg Breiteck			x		1		7.7.
S.-Eggen-Weg Lerchegga					1		19.7.
Steg Under da Bärgichöpf					xxx		12.7.

GATTUNG: ORCHIS L. (1753)
ORCHIS MILITARIS L. – HELMKNABENKRAUT

Rote Liste: –

Fundortangaben:
RICHEN 1897: häufig im Rheintal, zuweilen gemein
MURR 1923: sehr häufig im ganzen Ried
GANSS 1953, 1954: häufig auf dem Rheindamm in Vaduz, im Ried, auf Wiesen usw., Triesen, Balzers, Grüschaweg
SEITTER 1977 dazu: an allen genannten Stellen noch verbreitet, [Gaflei-Fürstensteig 1500-1700 m], Eschen Bannriet (SEITTER 1976)
Weitere Angaben: Ried Eschen-Nendeln (SCHREIBER 1910), Balzers-Mäls (BRAUN-BLANQUET und RÜBEL 1932), Vaduz Gipsweg 540 m, Grosse Teile (Gamprin) 440 m, Triesen Gartnetsch 470 m, Lawena Säge-Weiher 470 m (HR um 1960); Rheindamm Triesen-Balzers 470 m (WK 1971), Ruggeller Riet (BZG '71 1972), Schwabbrünnen-Äscher (BZG '72 1973); Ruggell Kanal südlich und nördlich Rheinbrücke, Rheindamm von Ruggell bis Balzers, Balzers Gamslafina 500-540 m, Vaduz Barahalde 775 m (alles EW 1977-1984); Vaduz Tid (KW 1984)

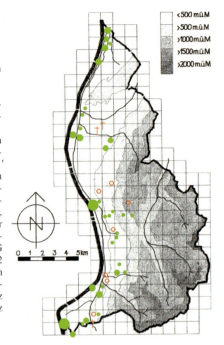

Geographische Verbreitung:
Europa in der submeridionalen und temperaten Zone, östlich bis Sibirien, Kaukasus

Standortangaben:
Magerwiesen, Riedwiesen, Waldlichtungen, nur auf basischen Böden (pH 7.4-9.0)

Blütezeit:
Mai bis Juli

Höhenverbreitung:
430-1700 m, nachgewiesen 430 m (Ruggeller Riet) bis 1560 m (Ober Färchanegg)

Fundort: Schaan
Flurname: Äscher, 10. 06. 1984

Fundort: Schaan
Flurname: Rheindamm, 31. 05. 1987

Nachgewiesene Vorkommen:

Tal:
I   Weienau, Bangser Feld, Schneggenäule, Schwertwüerts Zepfel 430 m, Schwabbrünnen 445 m, Äscher Süd undera Forst 450 m, Eschen Bannriet E Kanal und W Kanal 441 m;
II Ruggell Kanaldamm 432 m, Rheindamm Wasserseite von Ruggell bis Balzers, Rheindamm Binnenseite beim Vaduzer Sportplatz, Bendern Kirchhügel, Bendern Fahrradweg 440 m, Strasse Schaan-Bendern 440 m, Wiese Spital Vaduz, Im Quäderle Vaduz 465 m, Vaduz Maree 550 m, Vaduz Ipsweg 540 m, Triesen Maschlina 570 m, Triesen Matilaberg 540 m, Alte Landstrasse Triesen-Balzers 475 m, Balzers Lang Wesa 500 m, Mäls Iradug 480 m, Mäls Allmein, Balzers Hälos 470 m

Untere Hanglagen:
IV Lawena Röfiwald 650 m, Triesen beim Bad 800 m, Erble, Grüscha Eichholzweg 700 m, Grüscha Reckholtera 740 m, Balzers Eggerswald 630 m;
V   Elltal im Hangmoor 680-700 m

Alpen:
VI Foppa Tela 1360 m, Ober Färchanegg 1560 m

Nicht mehr nachgewiesen:
Barahalde, Vaduz Tid, Triesen Gartnetsch und Lawena Säge, Balzers Gamslafina, Gaflei gegen Fürstensteig

Erloschen:
Ried Eschen-Nendeln, Grosse Teile (Gamprin), Mälser Riet

Nachbarschaft:

		um 1920	um 1980
GR:	Churer Rheintal	+	+
	Bündner Herrschaft	+	+
SG:	Oberland	+	+
	Alvier-Churfirsten	+	+
	Säntis-Gebiet	+	+
V:	Ill-Gebiet	+	+
	Bregenzer Ach-Gebiet	+	+

Bemerkungen:
Orchis militaris ist im Ried und vor allem am Rhein- und Kanaldamm (Ruggell) sehr häufig. An den anderen genannten Stellen blüht sie vereinzelt. Einzelne Funde in den Alpen.

Varietät:
var. albiflora

Fundortangaben:
RICHEN 1897: –
MURR 1923: ziemlich zahlreich zwischen Bendern und Schaan (vgl. auch MURR 1912), am Schellenberg
GANSS 1953, 1954: Schwabbrünnen, am Grüschaweg
SEITTER 1977 dazu: oft in kleinen Beständen weissblühend

Nachgewiesene Vorkommen:

Tal:
I   Ruggell Bangser Feld, Ruggell Weienau, Ruggell Schneggenäule 430 m;
II Vaduz Rheindamm vis à vis Neufeld, Balzers Rheindamm 480 m

Untere Hanglagen: –

Alpen: –

Nicht mehr nachgewiesen:
zwischen Bendern und Schaan, Schwabbrünnen, am Grüschaweg

Erloschen:
am Schellenberg

Orchis militaris
Beobachtungsdaten:

Fundort	85	86	87	88	89	90	Datum
Ruggeller Riet:							
– Weienau	xx	xx					8.6.
– Bangser Feld		xxx					22.5.
– Schneggenäule		xxx			xxx		22.5., 5.5.
Schwabbrünnen	xx						4.6.
Äscher Süd undera Forst	xx	xx					5.6., 22.5.
Eschen Bannriet E Kanal		xxx					22.5.
Eschen Bannriet W Kanal				x.		xxx	26.5.
Ruggell Kanaldamm		xxx					22.5.
Rheindamm Vaduz	xxxx	xxxx			xxxx		25.5., 20.5., 2.5.
Rheindamm Vaduz Binnenseite	xx						8.6.
Bendern Kirchhügel						x	Mai
Spitalwiese Vaduz						5	Mai
Vaduz Ipsweg			3	1.			12.5.
Triesen Maschlina						1	Mai
Triesen Matilaberg	xx	xx					12.6., 19.6.
Rheindamm Triesen		xxx					17.5.
Mäls Iradug		xx					18.5.
Mäls Allmein		1					18.5.
Balzers Hälos	xxx	xxx					18.5., 19.5.
Rheindamm Balzers	xxxx	xxxx					18.5., 19.5.
Triesen beim Bad	1						16.6.
Erble					1	1	17.6., Juni
Elltal im Hangmoor	x	x		1	xx		9.6., 19.5. 10.5., 4.6.
Foppa-Tela	3	3.	3.	3.	3.	5	1.6., Juni
Silum Färchanegg	1				1.	1.	2.7.

Fundort	91	92	93	94	95	96	Datum
Schwertwüerts Zepfel					x		2.6.
Bendern Fahrradweg			4		8		11.5., 24.5.
Strasse Schaan-Bendern			10				11.5.
Im Quäderle Vaduz	1	1					5.5., 13.5.
Vaduz Maree Bildstöckle					1		27.5.
Alte Landstrasse Balzers				1			3.5.
Balzers Lang Wesa				5	2		6.5., 14.5.
Triesen Lawena Röfiwald			1				19.5.
Grüscha Eichholzweg	1						16.6.
Grüscha Reckholdera			1				17.5.
Eggerswald Unterem Stein						1	14.5.

115

Orchis militaris var. albiflora
Beobachtungsdaten:

Fundort	85	86	87	88	89	90	Datum
Bangser Feld		1					22.5.
Weienau		2					22.5.
Schneggenäule		1			1		22.5., 5.5.
Vaduz Rheindamm		2					20.5.

Fundort	91	92	93	94	95	96	Datum
Balzers Rheind. (Kieswerk)					1	3	24.5., 20.5.

GATTUNG: TRAUNSTEINERA REICHENB. (1842)*
TRAUNSTEINERA GLOBOSA (L.) REICHENB. – KUGELORCHIS

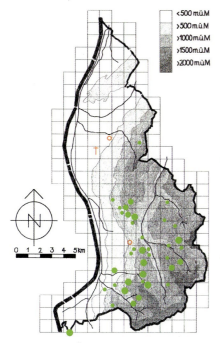

< 500 m.ü.M
> 500 m.ü.M
> 1000 m.ü.M
> 1500 m.ü.M
> 2000 m.ü.M

Rote Liste: –

Fundortangaben:
RICHEN 1897: auf den Voralpen und Alpen häufig (Urgestein?)
MURR 1923: als Glazialrelikt bis ins Ried des Rheintals bei Schaan 450 m (JS), Magrüel 950-1000 m; Wiesenmulde am Fläscherberg 500-700 m (Murr 1909 b)
GANSS 1953, 1954: recht häufig im Rappensteingebiet, Guggerboden, Triesner Heuberge, Gapfahl, Lawena, Silum, Gaflei, Grasbahnen über Profatscheng
SEITTER 1977 dazu: [Saroja und Garsella-Alp (GR 1890 / 1900), Lavadina (IG 1953)], Triesen Matilaberg 520 m, Oberplanken 960 m, Ellmulde 600 m, im ganzen Gebiet in Heidewiesen von 1180 bis 1700 m verbreitet [Gafadura bis 1410 m, Gaflei-Fürstensteig 1500-1700 m, Gaflei-Silum 1460-1700 m, Trockenwiese W Tunnel 1230 m, Hinterprofatscheng 1180 m, Scherriswis-Maschera 1350-1700 m, Tuass 1400 m, Münz ab 1080 m], Drei Schwestern 1800 m, S Galinakopf 2000 m, E Schönberg 2000 m, NE und W Plasteikopf bis 2100 m, Alp Lawena bis 2100 m Nospitz 2000 m
Weitere Angaben: Lawena (SCHWIMMER 1908), gegen Matu und Alter Weg Gaflei 1400-1460 m, Silum Alpelti 1440 m, Balzers Lang Wesa 480 m (HR um 1960); Malbun Sareiserjoch 2000 m (WK 1971), Ruggeller Riet 430 m, Schwabbrünnen 440 m (WK/HS 1971-72); Tristel Triesenberg 1400 m (MB 1973), Balzers Senne 490-510 m (EW 1982)

Geographische Verbreitung:
submeridionale Zone Europas und Südwestasiens, temperate Zone Mitteleuropas, Kaukasus

Standortangaben:
auf frischen Wiesen und Matten, seltener Magerwiesen, besonders in den Bergen, als Glazialrelikt bis ins Tal herab, auf Kalk, aber nicht nur an basische Böden gebunden (pH 5.2-7.4)

Blütezeit:
Juni bis August

Höhenverbreitung:
430-2100 m, nachgewiesen 490 m (Balzers Zepfel) bis 2050 m (Goldlochspitze)

---

* nach Josef Traunsteiner, 1798-1850, Apotheker und Botaniker in Tirol

Fundort: Schaan
Flurname: Sass-Weiherböden, 14. 07. 1990

Fundort: Balzers
Flurname: Ellwiesen, 01. 07. 1984

Nachgewiesene Vorkommen:

Tal:
II Triesen Matilaberg 550 m, Balzers Zepfel 490-520 m

Untere Hanglagen:
IV Hinterprofatscheng (EW), Magrüel 920 m;
V Elltal 600-700 m

Alpen:
VI Gafadura 1400 m, Sarojasattel 1628 m, Matu Bipfel 1380 m, Foppa 1400 m, Silum Färcha 1500 m, Silum Ober Färchanegg 1560 m, Silum Alpelti 1440 m, Bargella-Kaisersboden 1750 m, Plattaspitz 1650 m (UR), Wang 1700 m, Platta 1400 m, Rungg ob Guggerboden 1250 m, Rungg-Weid 1400 m;
VII Saminabach unterhalb Tunnel 1270 m;
VIII Fussweg Steg-Sücka 1300 m, Weg Sücka-Älple 1460 m, Krüppel 1700 m, Heubüal 1600-1900 m, Goldlochspitz bis 2050 m, Valüna Rettaweg um 1500 m, Gapfahl-Augstaberg 2000 m;
IX Malbun-Jugendheim 1450 m (HSe), Malbun Schneeflucht 1620 m, Malbun-Sass 1700 m, Ober Sass 1800 m, Nospitz 2000 m, Hahnenspiel bis 1900 m;
X Schönberg bis 2000 m, Guschg (KW), Valorsch Rietle 1400 m;
XI Rappenstein gegen Lawena 1700-2000 m, Mittagspitz 1850 m, Lawena 1500 m (WK), Tuass 1450 m

Nicht mehr nachgewiesen:
Ruggeller- und Schwabbrünner Riet, Lavadina

Erloschen:
Ried bei Schaan

Nachbarschaft:

		um 1920	um 1980
GR:	Churer Rheintal	+	+
	Bündner Herrschaft	+	(+)
SG:	Oberland	+	+
	Alvier-Churfirsten	+	+
	Säntis-Gebiet	+	+
V:	Ill-Gebiet	+	+
	Bregenzer Ach-Gebiet	+	+

Bemerkungen:
Traunsteinera globosa ist im Tal selten. Im Ried haben wir sie nicht auffinden können. In den Alpen kommt sie an vielen Stellen vor, aber niemals massenhaft.

Traunsteinera globosa
Beobachtungsdaten:

Fundort	85	86	87	88	89	90	Datum
Triesen Matilaberg	xx	xx			xx	2	12.6., 14.6., 23.6.
Balzers Zepfel			x.	x.	x.		14.6.
Hinterprofatscheng			x				6.7.
Magrüel	x						6.6.
Elltal	xxx	xx.	xx.	xx.	xx		9.6., 4.6.
Gafadura	x						9.7.
Matu						2	30.6.
Foppa				x		1	10.7., 30.6.
Silum Färcha		xxx	xx			x.	22.6., 19.7.
Silum Ober Färchanegg				xx	xx.	x.	2.7.
Silum Alpelti	x			x.		2.	2.7.
Plattaspitz		xxx	xx.	xx.	xx.		29.6.
Bargella Kaisersboden				xx			10.7.
Wang		xxx					17.7.
Platta			xxx				11.7.
Rungg ob Guggerboden		x		x.			17.7.
Heubüal		xxx	xxx.	xxx.	xxx.		29.6.
Saminabach unter Tunnel	x						2.7.
Goldlochspitz					x	x.	29.8.

Fundort	85	86	87	88	89	90	Datum
Valüna Rettaweg						x	24.7.
Malbun Schneeflucht	xx						10.7.
Malbun Sass	x						10.7.
Hahnenspiel			x				27.7.
Schönberg				x			11.7.
Guschg	x						14.7.
Lawena		x		xx			29.6., 26.7.
Tuass			xxx		xx		11.7., 14.6.

Fundort	91	92	93	94	95	96	Datum
Sarojasattel				xxx			6.7.
Triesenberg Weid ob Rungg		x					28.6.
Fussweg Steg-Sücka		1					5.6.
Weg Sücka-Älple		x					28.6.
Krüppel		x					28.6.
Gapfahl-Augstaberg				xxx			5.7.
Malbun beim Jugendheim		1					1.7.
Ober Sass				xxx			2.7.
Nospitz				30		10	29.6., 23.7.
Valorsch Rietle					1		16.6.
Rappenstein gegen Lawena				xx			25.6
Mittagspitz Gipfel						10	19.6.

GATTUNG: DACTYLORHIZA NECKER EX NEVSKI (1937)*
DACTYLORHIZA SAMBUCINA (L.) SOÓ – HOLUNDERKNABENKRAUT

Rote Liste: –

Fundortangaben:
RICHEN 1897: Aelple ob Amerlügen (ML)
MURR 1923: *O. sambucina* vom Älple (ML) ohne Zweifel = *O. pallens*; Nähe der Südgrenze Liechtensteins: Guscha am Falknis und gegen die Gyrenspitze (GT [1810-1869])
GANSS 1953, 1954: erwähnt Murrs Angabe, und: «Einen angeblichen Fund – Juni 1949 – kann ich nur auf Grund einer schriftlichen Notiz vermerken.»
SEITTER 1977 dazu: Die Angabe Guscha (Graubünden) ist falsch.

Geographische Verbreitung:
Europa meridionale bis temperate Zone, Westsarmatien, östlich bis zum Oberlauf des Dnjepr

Standortangaben:
trockene bis frische Bergwiesen, auf sauren bis schwach basischen Böden (pH 5.2-7.4)

Blütezeit:
April bis Juni

Höhenverbreitung: –

Bemerkungen:
Dactylorhiza sambucina ist wohl im Gebiet und in der Nachbarschaft nicht existent. Für Graubünden gibt es nur zwei Angaben aus dem 19. Jahrhundert, eine davon die von Theobald, Guscha gegen Falknis auf Kalk (BRAUN-BLANQUET und RÜBEL 1932). GSELL 1919 erwähnt für das Churer Rheintal «ausnahmsweise auch die hollunderduftende *Orchis sambucinus*» (jedoch nicht selbst beobachtet). Der nächste Fundort ist bei Präz am Heinzenberg (Mitteilung von Walter Schmid-Fisler, Koordinationsstelle Kartierung SOG).

---

* griech.: dactylos = Finger, rhiza = Wurzel; wegen der fingerfdr lig gespaltenen Wurzelknollen

GATTUNG: DACTYLORHIZA NECKER EX NEVSKI (1937)
DACTYLORHIZA INCARNATA (L.) SOÓ – FLEISCHFARBENES KNABENKRAUT

Rote Liste: –

Fundortangaben:
RICHEN 1897: im Rheintal häufig bis in die Voralpen
MURR 1923: auf Sumpf- und Moorwiesen der untern Region verbreitet
GANSS 1953, 1954: nicht selten im Ried: bei Nendeln, Bendern, Balzers
SEITTER 1977 dazu: bis hinauf gegen Silum (IG 1957), in fast allen noch vorhandenen Riedwiesen der Talebene [Schwabbrünnen, Ruggellerriet, SO Grossriet Vaduz 440 m], Triesen Matilaberg 520-580 m; Eschen Bannriet (SEITTER 1976)
Weitere Angaben: Triesen (26. 5. 1896, Herbar G. v. Beck), Balzers-Kleinmels (BRAUN-BLANQUET und RÜBEL 1932, GSELL 1935 [1934], GSELL 1936), Ruggeller Riet (BZG '71 1972)

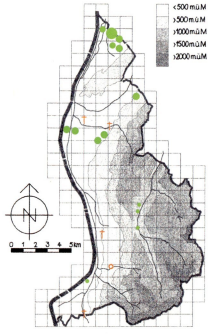

Geographische Verbreitung:
Europa und Vorderasien von der submeridionalen zur borealen Zone, östlich bis Jakutien und Dahurien, Kaukasus, Turkestan-Gebirge

Standortangaben:
Riedwiesen, Hangmoore, besonders auf Kalkböden (pH 5.4-8.5)

Blütezeit:
Mai bis Juni

Höhenverbreitung:
430 m (Ruggeller Riet) bis 1260 m (Steg Rieter)

Nachgewiesene Vorkommen:

Tal:
I Ruggeller Riet: NW-Ecke, Unteres Riet, Hasenbachmeder, Weienau, Witriet westlich Zollhaus, Schwabbrünnen 445 m, Äscher Süd Forstwäldle-Undera Forst 450 m, Eschen Banndet E Kanal und W Kanal 442 m;
II Hinter Schaanwald Hangwesa 495 m, Rheindamm Triesen-Balzers 470 m (WK/EW)

Untere Hanglagen: –

Alpen:
VII Steg Rieter 1200-1260 m, Saminatal Schindelholz 1200-1260 m, Saminatal Chauf 1180 m

Nicht mehr nachgewiesen:
Triesen Matilaberg, bis hinauf gegen Silum

Erloschen:
Ried bei Bendern, bei Nendeln, Triesen, Ried bei Balzers-Mäls

Nachbarschaft:

		um 1920	um 1980
GR:	Churer Rheintal	+	+
	Bündner Herrschaft	+	+
SG:	Oberland	+	+
	Alvier-Churfirsten	+	+
	Säntis-Gebiet	–	–
V:	Ill-Gebiet	+	+
	Bregenzer Ach-Gebiet	+	+

Fundort: Schaan
Flurname: Äscher, 21. 05. 1989

Fundort: Schaan
Flurname: Äscher, 01. 06. 1986

Bemerkungen:
Dactylorhiza incarnata bastardiert gerne mit *D. traunsteineri* (Schwabbrünnen 4. 6. 1985), *D. majalis* (Ruggeller Riet NW-Ecke 14. 6. 1985), *D. fuchsii* (Ruggell Unteres Riet, am Weg 14. 6. 1985). Eine Gruppe von 20 hellrosa blühenden Exemplaren am 4. 6. 1985 im Schwabbrünner Riet nördlich des Mittelweges. Rosa blühende Exemplare fand auch Gsell im ehemaligen Riet bei Mäls (GSELL 1936), ebenso die Hybriden *D. incarnata x D. majalis*, *D. incarnata x D. traunsteineri* sowie *D. incarnata x D. incarnata* ssp. *ochroleuca*. Diese Bastarde sind in der Regel schwer zu bestimmen; wir haben sie nicht auseinandergehalten. Seitters auf Ganss' aus dem Jahre 1957 beruhenden Hinweis eines Vorkommens von *Dactylorhiza incarnata* auch in den Alpen haben wir 1995 verifizieren können, und zwar im Saminatal. Karteneintrag «Ried bei Bendern»: gemäss SCHREIBER 1910; «bei Nendeln»: ungenau; «Triesen»: vermutete Stelle. Die in neuester Zeit an einigen Orten der Nachbarschaft gefundene, *D. incarnata* ähnliche *D. lapponica* (Laest. ex Hartman) Soó könnte auch in Liechtenstein vorkommen. Das gilt ebenfalls für *D. cruenta* (D. F. Müller) Soó.

Varietät:
var. leucantha

Fundortangaben:
RICHEN 1897: –
MURR 1923: –
GANSS 1953,1954: –
SEITTER 1977 dazu: –
Weitere Angaben: Ried bei «Klein-Mels» (GSELL 1936)

Nachgewiesene Vorkommen:

Tal:
I   Schwabbrünner Riet

Untere Hanglagen: –

Alpen: –

Nicht mehr nachgewiesen: –

Erloschen:
Ried bei Mäls

Bemerkungen:
Diese rein weiss blühende Varietät darf nicht mit
D. incarnata ssp. ochroleuca verwechselt werden.

Dactylorhiza incarnata
Beobachtungsdaten:

Fundort	85	86	87	88	89	90	Datum
Ruggeller Riet:							
– NW-Ecke	xxxx	xxxx					14.6., 22.5.
– Unteres Riet	xx	xx					14.6., 22.5.
– Hasabachmeder	xxx	xxx				xxx	14.6., 22.5., 14.6.
– Weienau		xx					22.5.
– beim Zollhaus, Witriet					xxx		3.6.
Schwabbrünnen	xxx						4.6.
Äscher Undera Forst		xx					22.5.
Äscher Forstwäldle	xxx	xxx					5.6.
Eschen Bannriet E Kanal					xxx		3.6.
Eschen Bannriet W Kanal					xxx		3.6.
Schaanwald Hangwesa					xxx	xx	3.6., 24.6. vb.
Rheindamm Triesen				x		3	27.6., 14.6.

Fundort	91	92	93	94	95	96	Datum
Steg Rieter					10	10	2.7., 30.6.
Saminatal Schindelholz					x		16.7.
Saminatal Chauf					x	2	16.7., 10.7.

Dactylorhiza incarnata var. leucantha
Beobachtungsdaten:

Fundort	85	86	87	88	89	90	Datum
Schwabbrünner Riet	1	1					5.6., 7.6.

GATTUNG: DACTYLORHIZA NECKER EX NEVSKI (1937)
D. INCARNATA (L.) SOÓ SSP. OCHROLEUCA (BOLL) P. F. HUNT & SUMMERH. – HELLGELBES KNABENKRAUT

Rote Liste:
vom Aussterben bedrohte Art

Fundortangaben:
RICHEN 1897: –
MURR 1923: zahlreich bei Bendern (1914, vgl. MURR 1919), einzeln bei Nendeln
GANSS 1953, 1954: Ried bei Schwabbrünnen
SEITTER 1977 dazu: Balzers im einstigen Moor bei Mäls (JBB um 1909, RG 1933-1935)
Weitere Angaben: Mäls (BRAUN-BLANQUET und RÜBEL 1932, GSELL 1935, GSELL 1936, vereinzelt bis reichlich)

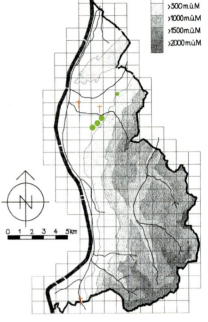

Geographische Verbreitung:
Mitteleuropa und Randgebiete bis England, Ostseegebiet, Karpatenbecken und Nordukraine

Standortangaben:
nasse Riedwiesen

Blütezeit:
Juni

Höhenverbreitung:
440-490 m, nachgewiesen 450 m (Schwabbrünner Riet)

Fundort: Schaan
Flurname: Schwabbrünnen, 15. 06. 1986

Nachgewiesene Vorkommen:

Tal:
I Schwabbrünnen beidseits des Mittelweges 440-445 m, Äscher Süd am Forstwäldle 450 m;
II Schaanwald unter Waldhof 450 m

Untere Hanglagen: -

Alpen: –

Nicht mehr nachgewiesen: –

Erloschen:
bei Bendern, bei Nendeln, Balzers bei Mäls

Nachbarschaft:

		um 1920	um 1980
GR:	Churer Rheintal	+	–
	Bündner Herrschaft	+	–
SG:	Oberland	–	–
	Alvier-Churfirsten	–	–
	Säntis-Gebiet	–	–
V:	Ill-Gebiet	+	–
	Bregenzer Ach-Gebiet	–	–

Bemerkungen:
Im Schwabbrünnerriet befindet sich die letzte in Liechtenstein noch intakte Fundstelle von *D. incarnata ssp. ochroleuca*. Einen Reliktstandort fanden wir in einer kleinen Streuwiese in Schaanwald. Auch für das Churer Rheintal gibt es nur eine ältere (GSELL 1943) Angabe für Maienfeld-Landquart, für die Herrschaft nur die bei Balzers-Mäls (BRAUN-BLANQUET und RÜBEL 1932), und für das Illtal nur eine (MURR 1923) Angabe von der Frastanzer Au vor 1910. Karteneintrag «bei Nendeln»: ungenau; «bei Bendern»: gemäss SCHREIBER 1910.

Fundort: Schaan
Flurname: Schwabbrünnen, 16. 06. 1985

Dactylorhiza incarnata ssp. ochroleuca
Beobachtungsdaten:

Fundort	85	86	87	88	89	90	Datum
Schwabbrünnen Mittelteil	xx	xx					4.6., 7.6.
Äscher Süd Forstwäldle	xx	xx			xx.		5.6., 7.6.

Fundort	91	92	93	94	95	96	Datum
Schaanwald unter Waldhof			1		1		28.6. vb., 10.6.

GATTUNG: DACTYLORHIZA NECKER EX NEVSKI (1937)
DACTYLORHIZA MAJALIS (REICHB.) P. F. HUNT & SUMMERH. – BREITBLÄTTRIGES KNABENKRAUT

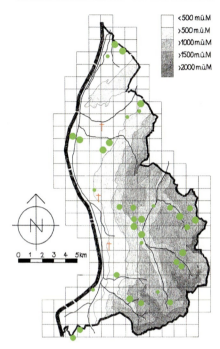

< 500 m.ü.M
> 500 m.ü.M
> 1000 m.ü.M
> 1500 m.ü.M
> 2000 m.ü.M

Rote Liste: –

Fundortangaben:
RICHEN 1897: gemein bis in die Alpen
MURR 1923: gemein auf Sumpfwiesen und an quelligen Orten bis in die Alpen, noch am Matlerjoch bei 1800 m
GANSS 1953, 1954: Häufig im Ried, Wiesenhang über Triesen (am feuchten Bachstreifen), Malbun
SEITTER 1977 dazu: [beim Waldhotel, IG 1944], Ruggeller- und Schwabbrünnerriet 430-446 m, von der Ebene über nasse Hanglagen bis 1600 m verbreitet [Sücka-Goldloch-Älple um 1550 m], Fürkle-Schönberg 1785-1900 m, Guschgfiel-Rietboden 1650 m, NE Sareiserjoch-Nonboden 1880-1890 m, Alp Sass ca. 1700 m *(ssp. alpestris)*; Triesen Matilaberg (SEITTER 1975)
Weitere Angaben: Mattlerjoch 1800 m (2. 8. 1896 Herbar G. v. Beck), Ried Eschen-Nendeln (SCHREIBER 1910), Triesen Maschlina (HR um 1960), Ruggeller Riet (BZG '71 1972), Valüna 1400 m (WK 1976), Rheindamm Triesen-Balzers 470 m (EW/WK 1982, WALDBURGER 1983)

Geographische Verbreitung:
Submeridionales und besonders temperates Europa, südlich bis Nord-Spanien

Standortangaben:
nasse Wiesen, Ried, auch Hochmoore
(pH 5.1-8.1)

Blütezeit:
Mai bis August

Höhenverbreitung:
430 m (Ruggeller Riet) bis 1900 m (Lawena gegen Rappenstein)

Nachgewiesene Vorkommen:

Tal:
I   Ruggeller Riet Zoll bis NW-Ecke 430 m, Schwerwüerts Zepfel, Schwabbrünnen Äscher 440-450 m, Eschen Bannriet E Kanal 442 m und W Kanal 442 m;
II   Hinter Schaanwald Hangwesa 495 m, Vorder Schaanwald Rüfegass 515 m (EW), Schaanwald unter Waldhof 450 m, Vaduz Quaderrüfe 500 m, Triesen Matilaberg 540-580 m, Rheindamm Triesen-Balzers 470 m (EW)

Untere Hanglagen:
V   oberes Elltal 600-660 m, Mäls Hölzle 720 m

Alpen:
VI   Obmatu 1400 m, Silum Alpelti im Quellmoor 1440 m, Silum gegen Kulm um 1500 m;
VII Hinter Bargella 1600 m, Saminatal 1000-1100 m, Steg Rieter 1200-1260 m, Schindelholz 1200 m, Saminatal Chauf 1180 m;
VIII Sücka 1400 m, Gapfahl 1700 m, Valüna Obersäss 1700 m;
IX   Malbun Schneeflucht 1640 m, Malbun Sass bis 1700 m, Malbun Pradamee bis 1700 m;
X   Valorsch Rieter 1390 m, Hintervalorsch 1130 m, Matta zwischen den Bächen 1720 m, Matta-Mattafürkle um 1800 m, Guschgfiel um 1700 m;
XI   Hintertuass Wiss Röfi um 1400 m, Lawena gegen Rappenstein bis 1900 m

Nicht mehr nachgewiesen: –

Erloschen:
Ried Eschen-Nendeln, Triesen Maschlina, beim Waldhotel Vaduz

Fundort: Schaan
Flurname: Schwabbrünnen, 03. 06. 1985

Nachbarschaft:

		um 1920	um 1980
GR:	Churer Rheintal	+	+
	Bündner Herrschaft	+	+
SG:	Oberland	+	+
	Alvier-Churfirsten	+	+
	Säntis-Gebiet	+	+
V:	Ill-Gebiet	+	+
	Bregenzer Ach-Gebiet	+	+

Bemerkungen:
Dactylorhiza majalis ist im Ried verbreitet, in den unteren Hanglagen selten anzutreffen, in den Alpen an geeigneten Stellen, jedoch nicht massenhaft. *Dactylorhiza majalis ssp. alpestris* (SEITTER 1977 für Alp Sass) haben wir nicht unterschieden. *D. majalis* ist sehr formenreich (so fanden wir im Ruggellerriet dichtblütige grosse Exemplare mit purpurner Farbe und ohne Lippenzeichnung). Ausserdem bildet sie gerne Bastarde, vor allem mit *D. incarnata, D. traunsteineri* und *D. fuchsii* (vermutlich letzteren bei Silum-Alpelti 2. 7. 1985). Bei kleinblütigen Pflanzen in Höhenlagen könnte es sich auch um *D. lapponica* handeln.

Fundort: Schaan
Flurname: Äscher, 20. 05. 1990

Dactylorhiza majalis
Beobachtungsdaten:

Fundort	85	86	87	88	89	90	Datum
Ruggeller Riet NW-Ecke	xxx	xxx				xxx	14.6., 14.6.
Ruggeller Riet beim Zoll					xxx		3.6.
Schwabbrünnen Äscher	xxx	xxx					5.6.
Eschen Bannriet E Kanal					xx		4.6.
Eschen Bannriet W Kanal					xxx		4.6.
Schaanwald Hangwesa					xxx	xx	3.6., 24.6. vb.
Schaanwald ob Rüfegass			x		1		18.5., 15.6.
Triesen Matilaberg	xx	xx			xx		10.6., 14.6.,
Rheindamm Triesen			x				Juni
Elltal	xx	x			xx		9.6., 19.5., 4.6.
Mäls Hölzle		x			xx	xx	18.5., 4.6., 14.6.
Obmatu	xx						10.6.
Silum Alpelti	xxx	xxx.	xxx.	xxx.	xxx.		10.6.
Silum gegen Kulm	xx						16.6.
Hinter Bargella				xx			15.7.
Saminatal					x		14.6.
Sücka			x				29.6.
Gapfahl				x			1.8.
Valüna Obersäss						xx	24.7.
Malbun Schneeflucht	xx						10.7.

Fundort	85	86	87	88	89	90	Datum
Malbun Sass	xxx			xxx.	xxx.		10.7.
Malbun Pradameweg			xx				27.7.
Matta-Mattafürkle				xxx			25.7.
Guschgfiel						xx	19.7.
Hintertuass-Wiss Röfi	xxx				xxx		6.6., 14.6.
Lawena-Rappenstein					xx		26.7.

Fundort	91	92	93	94	95	96	Datum
Schwertwüerts Zepfel					x		2.6.
Schaanwald Waldhof			x				28.6.
Vaduz Quaderrüfe						1	10.5.
Steg Rieter					xxx		12.6.
Saminatal Schindelholz					xxx		12.7.
Saminatal Chauf					xxx		12.7.
Valorsch Rieter		xx					8.6.
Hintervalorsch		xx			xxx		8.6., 6.7.
Matta Zwischen d. Bächen		xx					4.8. vb.

GATTUNG: DACTYLORHIZA NECKER EX NEVSKI (1937)
DACTYLORHIZA TRAUNSTEINERI (SAUTER EX REICHENB.) SOÓ – TRAUNSTEINERS KNABENKRAUT

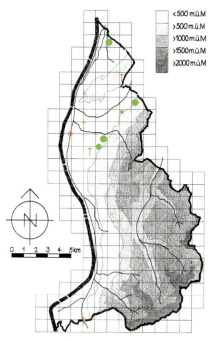

Rote Liste:
gefährdete Art

Fundortangaben:
RICHEN 1897: in den Rieden um Feldkirch vereinzelt (HK, TO, GR)
MURR 1923: auf Moorwiesen, am Schellenberg; Gallmist, Schellenberg (MURR 1908 a)
GANSS 1953, 1954: Riedwiesen bei Bendern, im Schaanerriet stellenweise
SEITTER 1977 dazu: Ruggeller- und Schwabbrünnerriet, [SO Grossriet Vaduz 450 m, Saminatal unterhalb Steg 1100 m]; Eschen Bannriet (SEITTER 1976)
Weitere Angaben: Ried bei Klein-Mels (GSELL 1936), Ruggeller Riet (BZG '71 1972)

Geographische Verbreitung:
Nord- und Mitteleuropa bis zu den Pyrenäen und Alpen, östlich bis Mittelsibirien

Standortangaben:
Riedwiesen und Moore, vorwiegend saure Standorte

Blütezeit:
Juni

Höhenverbreitung:
430 m (Ruggeller Riet) bis 500 m (Schaanwald); (Alpen ?)

Fundort: Schaan
Flurname: Äscher, 15. 06. 1986

Fundort: Schaan
Flurname: Äscher, 15. 06. 1986

Nachgewiesene Vorkommen:

Tal:
I   Ruggeller Riet NW-Ecke 430 m, Schwabbrünnen, Äscher beim Forstwäldle 450 m;
II Hinter Schaanwald Hangwesa 495 m, Schaanwald Waldhof 450 m

Untere Hanglagen: -

Alpen: –

Nicht mehr nachgewiesen:
Eschen Bannriet

Erloschen:
am Schellenberg, Schaanerriet, Riedwiesen bei Bendern, Ried bei Mäls

Nachbarschaft:

		um 1920	um 1980
GR:	Churer Rheintal	+	+
	Bündner Herrschaft	+	+
SG:	Oberland	+	+
	Alvier-Churfirsten	+	+
	Säntis-Gebiet	+	+
V:	Ill-Gebiet	+	+
	Bregenzer Ach-Gebiet	+	+

Bemerkungen:
Nach SCHLECHTER 1970 ff. ist *D. traunsteineri* «die variabelste und am schwierigsten zu beschreibende aller D.-Arten. Vermutlich sind alle hierher gehörenden Typen hybridogen und in unterschiedlicher Weise aus *D. incarnata, fuchsii* und *majalis* entstanden» (p. 237). Zu den «Problemen der Orchideengattung Dactylorhiza» vgl. auch Jahresbericht des Naturwissenschaftlichen Vereins in Wuppertal 21/22, 1968. SUNDERMANN 1980 führt *D. traunsteineri* nicht als eigene Art, sondern als ssp. von *D. majalis*. Wo *D. traunsteineri* mit majalis und incarnata zusammen vorkommt, sind alle möglichen Zwischenformen zu beobachten. Im Schwabbrünnerriet (4. 6. 1985) und im Hinteren Schaanwald, Hangwesa, (1 Exemplar, 3. 6. 1989) fanden wir vermutliche Hybriden zwischen *D. traunsteineri* und *D. incarnata*. Alle unsicheren in den Alpen getätigten Funde (Saminatal, Sass, Silum, Tuass, auch Elltal) haben wir vorerst *D. majalis* zugeordnet. Es könnte sich hier auch um *D. lapponica* handeln. Weissblühend im ehemaligen Ried bei Klein-Mels (GSELL 1936). Karteneintrag «am Schellenberg»: vermutliche Stelle; «Schaanerriet»: ungenau; «Riedwiesen bei Bendern»: gemäss SCHREIBER 1910.

Dactylorhiza traunsteineri
Beobachtungsdaten:

Fundort	85	86	87	88	89	90	Datum
Ruggeller Riet NW-Ecke	xxx						14.6.
Schwabbrünnen	xxx						4.6.
Äscher beim Forstwäldle	xx						5.6.
Schaanwald Hangwesa					xxx		3.6.

Fundort	91	92	93	94	95	96	Datum
Schaanwald Waldhof			x				28.6.

GATTUNG: DACTYLORHIZA NECKER EX NEVSKI (1937)
DACTYLORHIZA FUCHSII (DRUCE) SOÓ* – GEFLECKTES KNABENKRAUT

Rote Liste: –

Fundortangaben:
RICHEN 1897: gemein bis in die Alpen
MURR 1923: gemein an den verschiedenartigsten Standorten bis in die Alpen
GANSS 1953, 1954: häufig im Kiefernwald längs des Fürstenweges vom Waldhotel Vaduz bis Schaan, an Waldrändern, häufig auf Alpenwiesen, im Ried
SEITTER 1977 dazu: [Ruggeller Riet, Ellhorn 500 m], in den Magerwiesen des Westhanges der Westkette bis 1700 m [Schaan-Planken 630 m, Oberplanken 950 m, Triesenberg Magerwiese über Strasse 1350 m, Gaflei-Fürstensteig 1500-1700 m, Münz 1030 m, Lawena 1520 m], Gafadura 1400 m, [Sücka-Älple 1330-1600 m, Heubühl, Gapfahl-Rappenstein bis 2200 m, Hahnenspiel] als ssp. Fuchsii: [Ruggeller Riet], Vaduz im Föhrenwald 580 m, Planken an der Strasse 725 m, Vorderprofatscheng 1230-1300 m, Alp Lawena 1600 m, [Grüscha 700-770 m, Münz 950 m, Älple bis 1800 m, Gafadura-Matona 1400 m]; Triesen Matilaberg (SEITTER 1975)
Weitere Angaben: Schellenberg (30. 5. 1896, Herbar G. v. Beck), Schwabbrünnen-Äscher (BZG '72 1973), Balzers Zipfel (WK 1976), Schwaanwald beim Moor am Lehrpfad 510 m (EW 1982), Rheindamm (WALDBURGER 1983), Vaduz Tid (KW 1984)

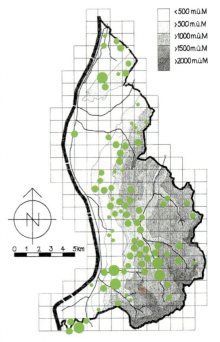

Geographische Verbreitung:
Europa von der submeridionalen bis zur arktischen Zone, ohne pontisches Gebiet, östlich bis Zentralsibirien

Standortangaben:
Halbtrockenwiesen, frische bis nasse Wiesen und Moore, auch lichtere Laub- und Nadelwälder und Waldränder (Zahnwurz-Buchenwald, Hirschzungen-, Turinermeiser-Ahornwald, Schachtelhalm-Tannenmischwald, Alpendost-Fichten-Tannenwald, Zwergbuchs-Fichtenwald, Alpendostflur mit Fichte, Schneeheide-Föhrenwald und Bergföhrenwald), auf unterschiedlichen Böden (pH 4.3-8.5)

Blütezeit:
Mai bis August

Höhenverbreitung:
430-2200 m, nachgewiesen 430 m (Ruggeller Riet) bis 1920 m (Wang-Goldloch)

* In der ersten Auflage noch als *D. maculata* aufgeführt. Siehe «Bemerkungen».

Nachgewiesene Vorkommen:

Tal:
I Schneggenäule, Weienau, Witriet, Hasabachmeder im Ruggeller Riet 430 m, Schwabbrünnen Äscher, Eschen Bannriet 442 m;
II Schellenberg Hofrütte 525 m, Vorder-Schellenberg, Hinter Schaanwald Rüfegass 510 m, Mühleholzrüfe Vaduz-Schaan 460-600 m, Schaan-Dux 560-600 m, Vaduz Meierhof 500-600 m, Triesen Matilaberg 540-580 m, Triesen Forst 500 m, Triesen Badtobelrüfe 500-600 m, Rheindamm Triesen-Balzers 470 m (EW/WK), Balzers Zepfel 520 m, Mäls Regel 480 m, Elltal Anaresch 500 m

Untere Hanglagen:
III Schellenberg Feldrütte 625 m, Hinter Schellenberg, Schellenberg Borscht;
IV Kracherwald ob Schaanwald 700-1200 m, Planken 770-900 m, Efiplankentobel 950 m, Oberplanken 900-1000 m, Planken Rütti 950-1100 m, Schaan Kröppel 800-1200 m, Vaduz Iraggellwald 600-800 m, Wildschloss 850 m, Frommenhaus Band 800 m, Frommenhaus Mattla 900-1000 m, Erblewald 950 m, Hinterprofatscheng (EW), Grüscha, Guggerboden 1100 m, Guggerboden Mattelti 1160 m, Triesen A da Halda 670 m, Triesen Scherriswis 1000 m, Bad Vogelsang 800 m, Magrüel 950 m, Balzers Eggerswald 600-700 m;
V Mäls Hölzle 720 m, Elltal Anell bis 750 m

Alpen:
VI Maurerberg Bäralöcher 1470 m, Gafadura 1320-1400 m, Alpila um 1400 m, Triesenberg Weid 1400 m, Triesenberg Jägerweg 1400-1500 m, Matu 1400 m, Foppa Tela, Silum Ferchen 1500 m, Silum Ober Färchanegg 1560 m, Vorder Silum 1350 m;
VII Garselli 1500-1700 m, Kulm gegen Weissfleck 1420-1520 m, Bargälla Mos 1500 m, Steg-Rieter 1200-1260 m, Saminatal Böda 1280 m, Schindelholz 1280 m, Saminatal 1100-1200 m;
VIII Älpleweg 1400-1600 m, Heuberg 1500-1900 m, Wang 1700-1900 m, Steg, Valüna 1400 m, Valüna Obersäss 1700 m, Valüna Rettaweg 1500 m;
IX Malbun Schwemmi 1400 m, Malbun Schneeflucht 1650 m, Pradamee-Hahnenspiel 1700-1800 m, Malbun Sass bis 1700 m, Sareiserjoch 1920 m (WK);

Fundort: Schaan
Flurname: Äscher, 04. 06. 1990

X Mittler Valorsch Obere Hütte 1580 m, Valorsch Rietlelböda 1390 m, Matta-Guschgfiel 1700-1800 m;
XI Lawenatobel 1200-1400 m, Lawena Rassla 1530-1800 m

Nicht mehr nachgewiesen:
Rappenstein 2200 m

Erloschen: –

Nachbarschaft:

		um 1920	um 1980
GR:	Churer Rheintal	+	+
	Bündner Herrschaft	+	+
SG:	Oberland	+	+
	Alvier-Churfirsten	+	+
	Säntis-Gebiet	+	+
V:	Ill-Gebiet	+	+
	Bregenzer Ach-Gebiet	+	+

Fundort: Schaan
Flurname: Äscher, 30. 06. 1985

Bemerkungen:
Diese *Dactylorhiza*-Art wurde bisher von den meisten Gewährsleuten als *D. maculata* geführt. Aufgrund neuerer Befunde aus der Nachbarschaft sind die Liechtensteiner Pflanzen aber *D. fuchsii* zuzuordnen. Vgl. vor allem SCHMID 1998.

Varietät:
var. alba

Fundortangaben:
RICHEN 1897: –
MURR 1923: –
GANSS 1953, 1954: –
SEITTER 1977 dazu: –
Weitere Angaben: –

Nachgewiesene Vorkommen:

Tal: –

Untere Hanglagen: –

Alpen:
VI   Gafadura 1330 m
VIII Sücka Dürraboden 1550 m

Nicht mehr nachgewiesen: –

Erloschen: –

Bemerkungen:
Diese rein weisse Form ist sehr selten anzutreffen.

Dactylorhiza maculata
Beobachtungsdaten:

Fundort	85	86	87	88	89	90	Datum
Ruggell Schneggenäule	xx	xx			xx.		14.6.
– Weienau	x				xx.		8.6.
– Hasabachmeder	xx						14.6.
– Witriet					xxx		4.6.
Schwabbrünnen Äscher	xx						5.6.
Eschen Bannriet					xxx		4.6.
Vorder-Schellenberg	xxx						24.6.
Schaanwald Rüfegass					x	x	15.6., 24.6.
Mühleholzrüfe Vaduz	xxx					xxx	3.6., 15.6.
Schaan-Dux			xx				22.5.
Vaduz Meierhof	x						3.6.
Triesen Matilaberg	xxxx				xxx	xx	12.6., 14.6., 23.6.
Triesen Forst	xxx						12.6.
Triesen Badtobelrüfe	x						6.6.
Rheindamm Triesen				x			27.6.
Balzers Zepfel					xxx		4.6.
Mäls Regel			xx				18.5.
Elltal Anaresch	xxx						9.6.
Schellenberg Borscht			xxx				17.5.
Kracherwald					x		15.6.
Planken			xxx				22.5.
Oberplanken			xxx				22.5.
Planken Rütti			xxx				22.5.
Vaduz Iraggellwald	xx					x	3.6., 15.6.
Frommenhaus Mattla	xx						13.6.
Erblewald	xx				xxx		13.6., 16.6.
Hinterprofatscheng				x			6.7.
Grüscha						x	Juni
Guggerboden	xxx						11.6.
Guggerboden Mattelti	xxx						11.6.
Triesen Scherriswis	xx						18.6.
Bad Vogelsang						xx	23.6.
Magrüel	xxxx	xxxx			xxx		6.6., 14.6.
Mäls Hölzle			xxx		xxxx	xxxx	18.5., 4.6., 14.6.
Elltal Anell	xxx	xxx		xx			18.5., 19.5., 3.6.
Gafadura	xxx						9.7.
Alpila						x	5.8.
Matu		xxx					11.6.
Foppa Tela						x	Juni
Silum Ferchen	xxx						14.6.
Silum Ober Färchanegg	xx						16.6.
Vorder Silum	xxx						5.7.
Garselli				xxx			24.7.
Kuhm gegen Weissfleck	xxx						13.6.
Älpleweg						xxx	18.6.

Fundort	85	86	87	88	89	90	Datum
Heuberg		xxx					29.6.
Wang		xxx					17.7.
Steg	xxx						9.6.
Valüna	xxxx		xxxx.				11.7.
Valüna Obersäss						xx	24.7.
Valüna Rettaweg						xx	24.7.
Malbun Schneeflucht	xxx						10.7.
Pradamee-Hahnenspiel				xx			27.7.
Malbun Sass	xxx						10.7.
Sareiserjoch					x		23.7.
Matta-Guschgfiel						xx	19.7.
Lawenatobel	x						6.6.

Fundort	91	92	93	94	95	96	Datum
Schellenberg Hofrütte			xxxx				2.6.
Schellenberg Feldrütte			x				1.5. Kn.
Hinter Schellenberg						xx	31.5.
Efiplankentobel					xxx		17.7.
Schaan Kröppel					xx		21.7.
Frommenhaus am Band			2				3.6.
Wildschloss			1				12.6.
Triesen A da Halda	x						23.6.
Balzers Eckerswald	xx						26.6.
Maurerberg Bäralöcher				1			25.8. vb.
Unter Gafadura			2	xxx			5.7., 5.7.
Triesenberg Weid			xx				28.6.
Triesenberg Jägerweg					xx		9.7.
Bargälla Mos					xxx		19.7.
Steg Rieter					xxx		2.7.
Saminatal Böda		xxx	xx				24.6., 29.7.
Saminatal Schindelholz					xxx		16.7.
Saminatal					xxx		16.7.
Malbun Schwemmi					xxx		6.7.
Mittlervalorsch obere Hütte	xx						16.8.
Valorsch Rietleböden	xx		xx				16.8., 19.6.
Lawena Rassla					xx		22.7.

Dactylorhiza maculata var. alba
Beobachtungsdaten:

Fundort	91	92	93	94	95	96	Datum
Gafadura					1		5.7.
Sücka Dürraboden			1				28.6.

GATTUNG: HERMINIUM L. (1758)*
HERMINIUM MONORCHIS (L.) R. BR. – EINKNOLLE

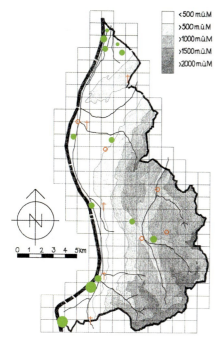

Rote Liste: –

Fundortangaben:
RICHEN 1897: zerstreut vom Tal bis in die Alpen
MURR 1923: Bangs (JM), Schellenberg (CB), Ruggell (AK), Saminatal, Stachlerkopf, Sücka
GANSS 1953, 1954: Rheindamm am Vaduzer Fussballplatz (in Hunderten), Ried bei Nendeln, Balzers usw., Binnendamm Bendern, Stachlerkopf (LL)
SEITTER 1977 dazu: Ruggell Bangserfeld, Ruggeller- und Schwabbrünner Riet, [SO Grossriet Vaduz 450 m], Eschen Bannriet, Triesen auf der Rheindamm-Aussenseite bis zur Kanalmündung (Gartnetsch), Steg gegen Bärgichöpf 1480 m
Weitere Angaben: Schellenberg (KEMP 1874), Stachlerkopf (28. 8. 1896, Herbar G. v. Beck), Ried bei Klein-Mels (Gsell 1936), Bendern Selemähder 440 m (HR um 1960), Ruggeller Riet (BZG '71 1972), Silum (UR um 1960), Vaduz Schlossstrasse 130 (RHEINBERGER 1976), Rheindamm (WALDBURGER 1983)

Geographische Verbreitung:
Europa von Skandinavien bis zu den Apenninen, östlich über Russland (Kaukasus) und China bis Japan

Standortangaben:
Sumpf- und Magerwiesen, Bergweiden, vorwiegend auf Kalk (pH 7.4-7.5)

Blütezeit:
Juni bis August

Höhenverbreitung:
430 m (Ruggeller Riet) bis 1480 m (Silum)

* Herkunft des Namens nicht sicher, vermutlich sich auf den Gott Hermes beziehend

Fundort: Schaan
Flurname: Äscher, 20. 07. 1984

Nachgewiesene Vorkommen:

Tal:
I Bangser Feld, Ruggellerriet Evimeder Ruggellerriet Witriet (JE), Schwabbrünnen Äscher, Eschen Bannriet W Kanal 442 m;
II Kanaldamm Ruggell (Au), Rheindamm Ruggell, Rheindamm Binnenseite Vaduz beim Sportplatz, Rheindamm Triesen-Balzers 470 m (WK), Rheindamm Balzers 490 m

Untere Hanglagen: –

Alpen:
VI Silum Stafel 1480 m;
VII Steg under da Bärgichöpf 1480 m

Nicht mehr nachgewiesen:
SO Grossriet Vaduz (Äscher Süd), Binnendamm Bendern, Saminatal, Stachlerkopf, Sücka

Erloschen:
Schellenberg, Bendern Selemähder, Vaduz Schlossstrasse, Triesen Gartnetsch, Ried bei Balzers-Mäls

Nachbarschaft:

		um 1920	um 1980
GR:	Churer Rheintal	+	(+)
	Bündner Herrschaft	+	(+)
SG:	Oberland	+	+
	Alvier-Churfirsten	+	+
	Säntis-Gebiet	+	+
V:	Ill-Gebiet	+	+
	Bregenzer Ach-Gebiet	+	+

Bemerkungen:
Aufgrund der Kleinheit ist *H. monorchis* oft nicht so leicht aufzufinden. Vor allem die Alpenstandorte bedürfen noch weiterer Erforschung. Auf den unteren Hanglagen fehlt die Einknolle. Karteneintrag «Schellenberg»: vermutliche Stelle.

Fundort: Schaan
Flurname: Äscher, 22. 06. 1986

Herminium monorchis
Beobachtungsdaten:

Fundort	85	86	87	88	89	90	Datum
Bangser Feld						x	24.6.
Ruggellerriet Evimeder	x						14.6.
Ruggell Witriet					xx		4.6.
Schwabbrünnen Äscher	xx				xx	xx.	4.6., 23.6.
Eschen Bannriet					xx	xx.	4.6.
Kanaldamm Ruggell (Au)					xx		23.6.
Rheindamm Ruggell					xx	xxx	23.6., 24.6.
Rheindamm Vaduz	xx					x	8.6., 7.8. vb.
Rheindamm Triesen	x					xxxx	29.6., 14.6.
Rheindamm Balzers	xxx				xxx	xxxx	7.7., 19.6., 24.6.
Silum Stafel				xx	xx	1	8.8., 2.7., 30.6.

Fundort	91	92	93	94	95	96	Datum
Steg under da Bärgichöpf					50	2	12.7., 7.9. vb.

143

GATTUNG: LISTERA R. BR. (1813)*
LISTERA OVATA (L.) R. BR. – GROSSES ZWEIBLATT

Rote Liste: –

Fundortangaben:
RICHEN 1897: häufig bis in die Alpen
MURR 1923: Auen, Laubwälder, feuchte Wiesen bis in die Alpen, auch auf den Moorwiesen des Rheintals
GANSS 1953, 1954: in feuchten, schattigen Laubwäldern; Erlengebüsche am Rhein, feuchte Wiesenstellen, Waldränder, Abzugsgräben im Ried, Waldrand im Schwefel Vaduz, Lawena, Steg, Malbun-Sareis
SEITTER 1977 dazu: Ruggeller- und Schwabbrünnerriet, Auen- und Riedwiesen von der Talebene bis 1200 m [Schellenberg 470-530 m im Wald, Ellhorn 500 m, Oberplanken 950 m]; Lawena 1650 m, Drei Schwestern 1600-1830 m, Schönberg E Seite 1900-2070 m, [Gaflei-Fürstensteig 1500-1700 m, Sücka-Älple 1300-1600 m, Alp Garselli 1800 m, Goldloch, südlich Gafleispitz 1830 m]; Triesen Matilaberg (SEITTER 1975); Eschen Bannriet (SEITTER 1976)
Weitere Angaben: Saminatal (KEMP 1874), Vaduz im Föhrenwald (1950, Herbar Lienert), Balzers Entamoos 470 m (WK 1970), Ruggeller Riet (BZG '71 1972), Sareis-Augstenberg 2010 m (EW 1983), Balzner Magerwiesen (KAUFMANN 1983), Rheindamm Triesen (EW 1982, WALDBURGER 1983)

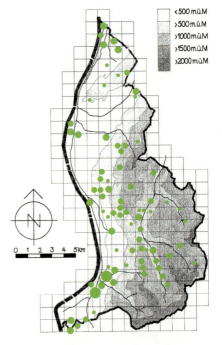

Geographische Verbreitung:
Europa bis Zentralsibirien und vom Kaukasus bis zum Westhimalaya

Standortangaben:
Laub- und Nadelwälder (besonders Zahnwurz-Buchenwald, Zweiblatt-Eschenmischwald, Zwergbuchs-Fichtenwald), Trockenrasen, Halbtrockenrasen und Sumpfwiesen, von der Ebene bis in die Alpen, vorwiegend auf Kalk (pH 6.4-8.5)

Blütezeit:
Ende April bis August

Höhenverbreitung:
430-2070 m, nachgewiesen von 430 m (Ruggeller Riet) bis 1950 m (Wang)

* nach dem englischen Arzt und Naturforscher Martin Lister, 1638-1711

Fundort: Balzers
Flurname: Rheindamm, 02. 06. 1988

Nachgewiesene Vorkommen:

Tal:
I   im ganzen Bereich des Ruggellerriets (Hasabachmeder, Schneggenäule, Weienau, Bangser Feld, Witriet, Im Ferler), Schwabbrünnen Äscher, Eschen Bannriet E und W Kanal 442 m;
II Rheindamm Ruggell Kanaleinmündung, Schellenberg Hofrütte 525 m, Hinter Schaanwald Hangwesa 495 m, Schaanwald Rüfegass 500 m, Rheindamm Schaan-Bendern, Duxwald ob Schaan, Vaduz Mühleholzrüfe 460-600 m, Vaduz Sonnenhof, Waldhotel Vaduz 560 m, Vaduz Schaanerau 455 m, Triesner Forst-Badtobelrüfe, Triesen Matilaberg, Triesen Alte Strasse 475 m, Triesen Bofel 570 m, Balzers Entamoos, Rheindamm Triesen-Balzers 470 m (WK und KW), Balzers Neugrütt-Fora, Balzers Zepfel und Senne, Balzers Eckerswald 550-600 m, Ellmulde Anaresch 500 m, Mäls Regel 480 m

Untere Hanglagen:
III Eschen Schönbühl ca. 600 m, Schellenberg Feldrütte 625 m, Schellenberg Borscht;
IV Planken-Oberplanken-Planken Rütti 770-1100 m, Wald gegen Iraggell Vaduz, Vaduz Tid 800-900 m, Vaduz Absteigquartier 615 m, Grüscha 720-780 m, Frommenhaus-Mattla 950-1000 m, Frommenhaus Band 800 m, Guggerboden-Mattelti 1100-1200 m, Triesen Poskahalda 670 m, Triesen Scherriswis 950-1050 m, Magrüel 920 m;
V   Mäls Hölzle 720 m, Elltal Anell 600-750 m

Alpen :
VI Gafadura 1400 m, Alpila um 1450 m, Masescha-Foppa-Gaflei 1200-1600 m, Silum Färcha 1500 m, Vorder Silum 1350 m, Triesenberg Weid 1400 m;
VII Bargella-Alp Säss 1430-1590 m (EW), Plankner Garselli 1300 m, Garselli 1600 m, Saminatal 1000-1250 m, Steg Rieter 1250 m, Schindelholz 1200-1300 m, Saminatal Chauf 1150 m;
VIII Underem Hanaspil 1400 m, Sücka-Älple 1460 m, Valüna, Valüna Rettaweg um 1500 m, Heuberg bis 1900 m, Wang bis 1950 m;
IX Malbun-Sass bis 1700 m, Sareis 1920 m (WK), Pradamee-Hahnenspiel 1700-1800 m;

Fundort: Schaan
Flurname: Äscher, 15. 06. 1987

X Vordervalorsch Fölitola 1400 m, Valorsch Rietleböden 1390 m, Matta zwischen den Bächen 1700 m, Hintervalorsch 1430 m

Nicht mehr nachgewiesen: –

Erloschen: –

Nachbarschaft:

		um 1920	um 1980
GR:	Churer Rheintal	+	+
	Bündner Herrschaft	+	+
SG:	Oberland	+	+
	Alvier-Churfirsten	+	+
	Säntis-Gebiet	+	+
V:	Ill-Gebiet	+	+
	Bregenzer Ach-Gebiet	+	+

Bemerkungen:
L. ovata ist bezüglich Standortvielfalt wohl unsere verbreitetste Orchidee. Nebst den nachgewiesenen an vielen weiteren Stellen, besonders in den Alpen. MURR 1923 erwähnt *L. ovata* als *var. platyglossa* PETERM. bei Nendeln und Schaan, als *var. coeloglossoides* MH. ob Schaan. Bei uns im «Zweiblatt-Eschenmischwald» (Auwald) kaum vertreten (SCHMIDER und BURNAND 1988).

Listera ovata
Beobachtungsdaten:

Fundort	85	86	87	88	89	90	Datum
Ruggellerriet	xxx	xxx			xxx		14.6., 22.5., 3.6.
Rheindamm Ruggell						x	24.6.
Schwabbrünnen Äscher	xx	xxx				xx	4.6., 7.6., 24.6.
Eschen Bannriet		xx			xxx		22.5., 26.5.
Schaanwald Hangwesa					xxx		3.6.
Duxwald		xx					22.5.
Vaduz Mühleholzrüfe	xx					xx	3.6., 15.6.
Vaduz Maree	xx						3.6.
Triesen Forst	xxxx						12.6.
Triesen Badtobelrüfe	xx						6.6.
Triesen Matilaberg	xxx	xxx			xxx		12.6., 19.5., 14.6.
Rheindamm Triesen-Balzers	x		x			xx	1.6., 2.6., 14.6.
Balzers Entamoos						xx	15.6.
Balzers Neugrütt-Fora	xxxx						7.6.
Balzers Zepfel und Senne					xxx		14.6.
Ellmulde Anaresch	xxx						9.6.
Mäls Regel		xx					18.5.
Schellenberg Borsch		xx					17.5.
Planken bis Rütti		xx					22.5.
Iraggell Vaduz	xxx	xxx					3.6., 20.5.
Grüscha	xxx	xxx					9.6., 21.5.
Frommenhaus Mattla	xx						13.6.
Guggerboden-Mattelti	xx						11.6.
Triesen Poskahalda						x	14.6.
Triesen Scherriswis	x						18.6.

Fundort	85	86	87	88	89	90	Datum
Magrüel	xxx	xxx					6.6.
Mäls Hölzle		xx				xx	18.5., 14.6.
Elltal Anell	xxx						9.6.
Gafadura	x						9.7.
Alpila						xx	5.8. vb.
Masescha-Foppa-Gaflei	xx						4.6.
Silum Färcha	xx						10.6.
Vorder Silum	x						5.7.
Bargella-Alp Säss					x		16.7.
Valüna	xx						11.7.
Valüna Rettaweg						xx	24.7.
Heuberg		xx					29.6.
Wang		xx					17.7.
Malbun-Sass	xx						10.7.
Sareis					x		23.7.
Pradamee-Hahnenspiel				xx			27.7.

Fundort	91	92	93	94	95	96	Datum
Ruggell im Ferler				x			29.4.
Schaanwald Rüfegass			x				28.6.
Schellenberg Hofrütte			1				2.6.
Rheindamm Schaan-Bendern	xx						6.4. Kn.
Waldhotel Vaduz			xxx				1.5.
Vaduz Schaanerau		xxx					28.4.
Triesen Alte Landstrasse		xx	x				25.4., 5.5.
Triesen Bofel					3		15.5.
Balzers Eggerswald	xx						24.6.
Eschen Schönbühl				1			20.3. Kn.
Schellenberg Feldrütte			x				1.5.
Vaduz Tid					x		19.6.
Vaduz Absteigquartier		x					17.5.
Frommenhaus am Band			2				3.6.
Triesenberg Weid			xx				28.6.
Plankner Garselli					xx		21.7.
Garselli			xx				5.8.
Saminatal			xx				29.7.
Steg Rieter					xx		2.7.
Saminatal Schindelholz					xx		16.7.
Saminatal Chauf					xxx		16.7.
Underem Hanaspil					xxx		6.9.
Sücka-Älple			x				28.6.
Vordervalorsch Fölitola	1						16.8.
Valorsch Rietleböden	x						16.8.
Matta zwischen d. Bächen			x				4.8.
Hintervalorsch			x				4.8.

GATTUNG: LISTERA R. BR. (1813)
LISTERA CORDATA (L.) R. BR. – HERZBLÄTTRIGES ZWEIBLATT

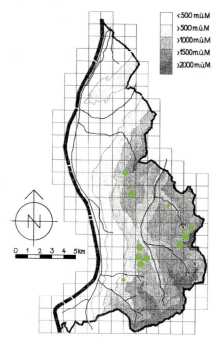

Rote Liste: –

Fundortangaben:
RICHEN 1897: –
MURR 1923: Sücka-Älple auf Buntsandstein (10. 7. 1921, MURR 1921 c)
GANSS 1953, 1954: Steg hinter dem Stauweiher bis hinauf gegen Sücka-Älple
SEITTER 1977 dazu: Gasenzawald (LL 1952), Älple gegen Heubühl von der Strasse bis 1610 m, Garselli bis 1650 m, Sass-Fürkle gegen Ochsenkopf unter Legföhren bis 1900 m
Weitere Angaben: Sücka, moosige Waldstelle (Mai [!] 1950, Herbar Lienert), unterhalb Krüppel (Ritboda) talseitig 1650 m (HR um 1960)

Geographische Verbreitung:
Europa von den Pyrenäen und dem Apennin bis Nord-Skandinavien, östlich bis Russland, Kaukasus, zirkumpolar: Nordasien, Nordamerika, Grönland, in Sibirien (Jakutien) fehlend

Standortangaben:
feuchte und schattige Nadelwälder und unter Legföhren im Moos (Ehrenpreis-Fichtenwald und subalpiner Fichtenwald mit Heidelbeere sowie Steinrosen-Bergföhrenwald), nur in höheren Lagen, auf sauren Böden (pH 4-6)

Blütezeit:
Juni bis August

Höhenverbreitung:
1400 m (Valorsch Rietle) bis 1900 m (Matta gegen Scheuenkopf)

Fundort: Triesenberg
Flurname: Hinterm Töbeli (Schwemmiwald),
24. 06. 1990

Fundort: Triesenberg
Flurname: Hinterm Töbeli (Schwemmiwald),
24. 06. 1990

Nachgewiesene Vorkommen:

Tal: –

Untere Hanglagen: –

Alpen:
VI   Alpila gegen Kuhgrat 1500-1600 m, Krüppel-Ritboda talseits 1650 m, Gasenzawald 1450 m;
VII Garselli-Tal um 1650 m, Garselli-Ifang 1730 m (EW);
VIII Älple Schwemmiwald 1490-1520 m, Sücka Krüppel bis 1700 m, Heubüal bis 1850 m, Älple Gmeindawald 1580 m;
IX   Sass Flua 1800 m;
X   Alp Matta gegen Scheuenkopf bis 1900 m, Sass-Fürkle gegen Ochsenkopf um 1800 m, Obergära vor dem Ries 1750 m, Valorsch Rietle 1400 m

Nicht mehr nachgewiesen: –

Erloschen: –

Nachbarschaft:

		um 1920	um 1980
GR:	Churer Rheintal	+	+
	Bündner Herrschaft	–	–
SG:	Oberland	+	+
	Alvier-Churfirsten	+	+
	Säntis-Gebiet	+	+
V:	Ill-Gebiet	+	+
	Bregenzer Ach-Gebiet	+	+

Bemerkungen:
L. cordata ist im Alpengebiet auf wenige Fundstellen beschränkt. Vor allem die rheintalseitigen Angaben können vielleicht noch weiter ergänzt werden. Die Art kommt in wenigen Waldtypen im subalpinen Bereich vor. Doch ist *L. cordata* nach den von uns angelegten Kriterien nicht als selten einzustufen.

Listera cordata
Beobachtungsdaten:

Fundort	85	86	87	88	89	90	Datum
Alpila gegen Kuhgrat						xx	5.8.
Krüppel-Ritboda			xxx			xxx	6.7., Juni
Garselli-Tal			xxx		xxx		24.7., 14.8.
Garselli-Ifang					x		16.7.
Älple Schwemmiwald	xxx	xxx		xx.	x		17.7., 26.6., 1.9.
Sücka Krüppel			xxx		xxx		23.7., 18.6.
Matta-Scheuenkopf			xx				7.8.
Sass Fürkle-Ochsenkopf				xxx.	xxx.		

Fundort	91	92	93	94	95	96	Datum
Gasenza unter Wang	1						5.8.
Heubüal bis 1850 m				xxx			24.6.
Älple Gmeindawald				xxx			3.7.
Sass Flua				xxx			28.6.
Obergöra vor dem Ries			5				4.8.
Valorsch Rietle					1		13.10. vb.

GATTUNG: NEOTTIA GUETT. (1754)*
NEOTTIA NIDUS-AVIS (L.) RICH. – VOGELNESTWURZ

Rote Liste: –

Fundortangaben:
RICHEN 1897: im Rheintal häufig
MURR 1923: Wälder, besonders Buchenwälder bis ins Mittelgebirge sehr häufig, auch zahlreich im Föhrenwald zwischen Erica ob Schaan, Tusshütten 1400 m
GANSS 1953, 1954: in unseren Wäldern recht häufig, Masescha, Gaflei, usw.
SEITTER 1977 dazu: von der Talebene bis Silum 480-1550 m [Föhrenwald Mühleholz 540 m, Strasse nach Gafadura 980 m, Tobel 1350 m], Saminatal 1300 m
Weitere Angaben: Triesen-Lawena (SCHWIMMER 1908), Steg im Grund (EW 1983), Schaan Oberer Forst (KW 1983)

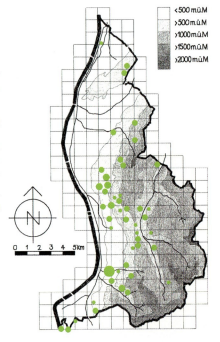

Geographische Verbreitung:
Europa, Nordafrika und Vorderasien, östlich bis Zentralsibirien, Kaukasus, Westpersien

Standortangaben:
Kalkbuchenwälder, sonstige Laub- und Nadelwälder (Lungenkraut-, Weissseggen-, Bergseggen-, Alpendost-, Blaugras-, Zahnwurz-, Tannen-Buchenwald, Aronstab-Buchenmischwald, Turinermeister-Ahornwald, Farn-Tannenmischwald, Alpendost-Fichten-Tannenwald, Zwergbuchs-Fichtenwald, Reitgras-Fichtenwald), auf humusreichen, basischen bis neutralen Böden (pH 7.2-8.1)

Blütezeit:
Mai bis Anfang September

Höhenverbreitung:
430 m (Ruggell Schneggenäule) bis 1700 m (Berglewald)

* neottia: griech. Vogelnest, wegen der Ähnlichkeit des dicht verzweigten Rhizoms mit einem Vogelnest

Fundort: Schaan
Flurname: Oberer Forst, 29. 05. 1983

Fundort: Schaan
Flurname: Oberer Forst, 29. 05. 1983

Nachgewiesene Vorkommen:

Tal:
I   Ruggell Schneggenäule 430 m, Schwabbrünnen Äscher Wald 440 m (EW/WK);
II Duxwald ob Schaan 560-600 m, Mühleholzrüfe im Föhrenwald 500-600 m, Vaduz Waldhotel 570 m, Vaduz Stieg gegen Schloss 500-560 m, Triesner Forst um 500 m, Badtobelrüfe 500-600m, Balzers Oksaboda um 540 m, Balzers Allmein beim Stall 540 m, Balzers Eggerswald 600 m, Balzers Freiaberg 510 m

Untere Hanglagen:
III Schellenberg Borscht, Schellenberg Gantenstein 700 m (WK);
IV Kracherwald ob Schaanwald um 1000 m, Plankner Efitobel 900-950 m, Vaduz Tid 880 m, Iraggell Vaduz 600-700 m, Wildschloss 800 m, Schlosswald bis Frommenhaus 640-800 m, Strasse nach Frommenhaus 760 m, Erblerüfe 900 m, Profatschengwald 1170 m (WK), Grüscha um 700 m, Triesen Wisscheld 750-850 m, Triesen Scherriswis um 1000 m, Weldhusegg unter Magrüel 550-800 m;
V   Elltal Anell im Wald gegen Schaflager um 700 m, Mäls Hölzle 720 m

Alpen:
VI Gafadura bis 1400 m, Alpila-Oberplanken 1300 m, Masescha-Philosophenweg um 1250 m, Matu um 1400 m, Foppa Tela 1370 m, Gaflei gegen Fürstensteig bis 1600 m, Silum gegen Altes Tunnel, Sücka Geisloch 1460 m, Triesenberg Weid 1400 m, Silum-Bargella 1550 m, Gasenzawald 1430-1540 m, Jägerweg-Heuberg 1400- 1500 m;
VII Plankner Garselli 1000-1300 m, Steg Schindelholz 1300 m, Steg under da Bärgichöpf 1480 m, Saminatal 1200-1300 m;
VIII Steg Berglewald 1400-1700 m, Valüna Rettaweg um 1500 m, Underem Hanaspil 1400 m;
X   Vordervalorsch Fölitola 1490 m;
XI Lawenatobel 1200 m, Lawena-Tuass 1420 m

Nicht mehr nachgewiesen: –

Nachbarschaft:

		um 1920	um 1980
GR:	Churer Rheintal	+	+
	Bündner Herrschaft	+	+
SG:	Oberland	+	+
	Alvier-Churfirsten	+	+
	Säntis-Gebiet	+	+
V:	Ill-Gebiet	+	+
	Bregenzer Ach-Gebiet	+	+

Bemerkungen:
Murr erwähnt *N. nidus-avis var. glandulosa* G. BECK am Schellenberg. Vor allem in den rheintalseitigen Wäldern ist *N. nidus-avis* überall anzutreffen, sowohl im Laub- als auch im Nadelwald, auch an vielen weiteren, nicht vermerkten Stellen.

Neottia nidus-avis
Beobachtungsdaten:

Fundort	85	86	87	88	89	90	Datum
Ruggell Schneggenäule					x		5.5.
Schwabbrünnen Äscher				x		xx	9.8. vb., 24.6.
Duxwald ob Schaan		xx				xx	22.5., 6.8. vb.
Vaduz Mühleholzrüfe	xxx					xx	3.6., 15.6.
Vaduz Waldhotel						xxx.	
Vaduz Stieg	xx						1.6.
Triesner Forst	xxxx						12.6.
Badtobelrüfe	xxx						6.6.
Balzers Oksaboda					xx		11.6.
Schellenberg Borscht		xx					17.5.
Schellenberg Gantenstein		xx					18.6.
Schaanwald Kracherwald					xx		15.6.
Vaduz Iraggell-Barahalde	xxx					xx	3.6., 15.6.
Schlosswald-Frommenhaus	xxx					xx	4.6., 15.6.
Strasse Frommenhaus	xx						5.6.
Erblerüfe	xxx						13.6.
Profatschengwald					x.		
Triesen Wisscheld						x	23.6.
Triesen Scherriswis	xx						18.6.
Wedhusegg unter Magrüel						xx	14.6.
Elltal Anell	xx						9.6.
Gafadura	xx						9.7.
Masescha-Philosophenweg	xx						5.7.
Matu	xx						21.6.
Gaflei-Fürstensteig	x						3.8.
Silum-Altes Tunnel						x.	
Sücka Geisloch						x.	
Saminatal				xx			24.7.
Steg Berglewald				xx			29.7.
Valüna Rettaweg						x	24.7.
Lawenatobel	xxx						6.6.

Fundort	91	92	93	94	95	96	Datum
Balzers Allmein beim Stall	3						13.5.
Balzers Eggerswald					3		14.5.
Balzers Freiaberg					xx		24.5.
Planken Efitobel		1			xx		14.6., 17.7.
Vaduz Tid					xxx		19.6.
Vaduz Wildschloss				xx			15.5.
Grüscha	x						26.6.
Mäls Hölzle	xx						8.7.
Alpila gegen Oberplanken					xx		21.8.
Foppa Tela				1			5.8. vb.
Triesenberg Weid				x			28.6.
Silum Bargella				xx			25.6.
Gasenzawald				xx			25.6.
Jägerweg-Heuberg					xx		9.7.
Plankner Garselli/Fall					xx		19.7.
Steg Schindelholz					xx		16.7.
Steg under da Bärgichöpf						x	7.9.
Underem Hanaspil					xx		6.9.
Vordervalorsch Fölitola		1					16.8.
Lawena-Tuass				xx			5.8.

GATTUNG: EPIPACTIS ZINN (1757)*
EPIPACTIS ATRORUBENS (HOFFM. EX BERNH.) BESSER – BRAUNROTE STENDELWURZ

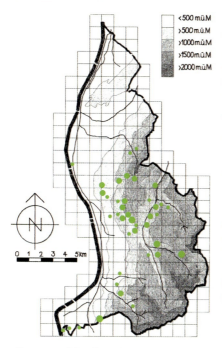

Rote Liste: –

Fundortangaben:
RICHEN 1897: sehr häufig
MURR 1923: häufig bis in die Voralpen, besonders auf Kalk, Typus der Föhrenbestände, z.B. noch zwischen dem Krummholz vor Malbun
GANSS 1953, 1954: Kiefernwald zwischen Schaan-Vaduz, Masescha, Silum, Gaflei
SEITTER 1977 dazu: Schwabbrünnerriet 446 m, auf den unteren Hängen an geeigneten Stellen auch heute noch verbreitet von 600 bis 1500 m, Saminatal beidseits bis 1700 m, E Schönberg bis 2000 m, Malbun in Föhrenwäldem 1350-1740 m, Älple bis Gapfahl 1800 m, S Galinakopf bis 1900 m, Lawena 1235 m, Drei Schwestern-Garselli-Fürstensteig bis 2030 m, [Mockawald ob Tid 1385 m]
Weitere Angaben: Vaduz Barahalde (Juli 1950, Herbar Lienert), Schlosswald Vaduz (HR um 1960), Lawena 1500 m (WK 1972), Rheindamm Balzers (EW 1976, 3 Pfl.), Rheindamm (WALDBURGER 1983), Schaan Gaschlo, Alpila, Kulm Silum (KW 1983-1984)

Geographische Verbreitung:
Europa von der borealen zur submeridionalen Zone, ostwärts bis Zentralsibirien, selten im Kaukasus

Standortangaben:
lichte Laub- und Nadel-(Föhren)wälder (Zahnwurz-Buchenwald, Alpendost-Fichten-Tannenwald, Zwergbuchs-Fichtenwald, Schneeheide-Föhrenwald, Bergföhrenwald), Mager- bis Halbmagerwiesen, an überwachsenen Stellen zwischen Geröll, auf lockeren, trockenen Böden auf Kalk oder anderem basischem Gestein (pH 7.5-9)

Blütezeit:
Mitte Juni bis August

Höhenverbreitung:
445-2030 m, nachgewiesen 445 m (Rheindamm Schaan) bis 2000 m (Kuhgrat)

* altgriechischer Name einer Schmarotzerpflanze, vielleicht Orobanche

Fundort: Triesenberg
Flurname: Bleika (Silumer Kulm), 11. 08. 1985

Fundort: Vaduz
Flurname: Quaderröfi, 16. 07. 1984

Nachgewiesene Vorkommen:

Tal:
II Duxweg Schaan-Vaduz und Rüfen 560-600 m, Rheindamm Schaan (KW), Rheindamm Balzers 490 m, Balzers Eggerswald 550-600 m

Untere Hanglagen:
IV Schaan oberhalb Krüppel um 1100 m, Vaduz Mühleholzrüfe 600 m aufwärts, Frommenhaus Laubloch 790 m, Lawenastrasse 800-1200 m, Triesen Forsthaus bis Vogelsang 600-800 m, Balzers Andwegle 600 m aufwärts (WK), Hettabörgle 740 m;
V Mäls Hölzle 720 m, Ellwald 600 m

Alpen:
VI Weg nach Gafadura, Oberplanken-Matona 1200-1400 m, Alpila bis 1500 m (KW), Gnalp 1250 m, Matu 1380 m, Gaflei Fallaboda 1380 m, Foppa-Tela 1360-1400 m, Fürstensteig bis 1700 m, Silum 1500 m, Silum gegen Bargella 1500-1650 m, Silum gegen Altes Tunnel 1420-1470 m;
VII gegen Kuhgrat bis 2000 m, Silumer Kulm Bleika 1530 m (KW), Saminatal 1000-1200 m, Branntweintobel 1000-1050 m, Sieben-Eggen-Weg 1350 m, Steg gegen Bergle bis 1800 m;
VIII Sücka-Schwemmi 1440 m, Underem Hanaspil 1400 m;
IX Malbun gegen Sass 1600-1700 m;
X Vordervalorsch Fölitola 1390 m, Mittlervalorsch Brandeck 1400 m, Valorsch Rietle 1400 m;
XI Lawena um Kolplatz 1400 m

Nicht mehr nachgewiesen: –

Erloschen: –

Nachbarschaft:

		um 1920	um 1980
GR:	Churer Rheintal	+	+
	Bündner Herrschaft	+	+
SG:	Oberland	+	+
	Alvier-Churfirsten	+	+
	Säntis-Gebiet	+	+
V:	Ill-Gebiet	+	+
	Bregenzer Ach-Gebiet	+	+

Bemerkungen:
E. atrorubens hat besonders in den Alpen ein ziemlich verbreitetes Vorkommen. An den angegebenen und vielen weiteren Stellen. In den unteren Hanglagen kommt sie nur spärlich vor.

Epipactis atrorubens
Beobachtungsdaten:

Fundort	85	86	87	88	89	90	Datum
Duxweg Schaan-Vaduz	xx						20.7.
Vaduz auf der Rüfe		x					31.7.
Schaan Rheindamm			x				5.7.
Rheindamm Balzers						1	24.6.
Balzers Eggerswald			xx				9.8.
Schaan oberhalb Krüppel						xx	5.8.
Vaduz Mühleholzrüfe						x	15.6. Kn.
Balzers Andwegle				xxx			24.7.
Weg nach Gafadura	x						18.8.
Alpila		x				xx	15.8., 5.8.
Poppa-Tela		xx		xx.	xx.		1.8.
Gaflei-Fürstensteig		xx		xx.	xx.		3.8.
gegen Kuhgrat						xx	5.8.
Silumer Kulm (Bleika)		x					11.8.
Saminatal				xx		x	24.7., 18.8.
Sücka-Schwemmi					x		1.9. vb.
Steg gegen Bergle				xxx			11.8.

Fundort	85	86	87	88	89	90	Datum
Malbun gegen Sass		xxx		xxx.	xxx.	xx	11.8., 19.7.
Lawena Kolplatz						x	29.8. vb.

Fundort	91	92	93	94	95	96	Datum
Frommenhaus Laubloch		1					12.7.
Lawenastrasse	5				xx		5.8., 10.9. vb.
Triesen Forsthaus-Vogelsang					xx		24.7.
Balzers Hettabörgle			xx				27.7.
Balzers Hölzle	x						8.7.
Ellwald		1					14.6.
Oberplanken-Matona			x				8.8.
Gnalp	2						27.7.
Matu Vorderer Bach			x				3.8.
Gaflei Fallaboda			x				3.8.
Silum	xxx						9.7.
Silum gegen Bargella					xx		9.8.
Silum gegen Altes Tunnel					xx		15.8.
Branntweintobel			xx				2.8.
Sieben-Eggen-Weg		2					7.7. Kn.
Underem Hanaspil					xx		6.9. vb.
Vordervalorsch Fölitola	x						16.8.
Mittlervalorsch Brandeck	x						16.8.
Valorsch Rietle						3	14.7.

GATTUNG: EPIPACTIS ZINN (1757)
EPIPACTIS HELLEBORINE (L.) CRANTZ – BREITBLÄTTRIGE STENDELWURZ

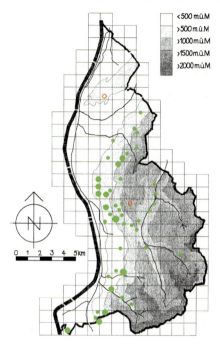

Rote Liste: –

Fundortangaben:
RICHEN 1897: häufig in den Wäldern bis in die Voralpen
MURR 1923: in Wäldern sehr häufig bis in die Voralpen
GANSS 1953, 1954: häufig, Schlosswald, Schwefel gegen Triesen
SEITTER 1977 dazu: Schwabbrünnen im Auenwald 446 m, auf der Westabdachung der Westkette, besonders im Rüfenwald verbreitet 500-1300 m [Schaanwald Bürstenwald 600-900 m, Lattenwald ab 1200 m, Mülleholz 500-600 m, Schaan-Planken 620 m, Letze gegen Schloss Vaduz 560-800 m], Eschnerberg 640 m, Gafadura bis 1500 m, Lawena 500-1250 m, unteres Saminatal 950-1100 m, Sücka-Heubühl bis 1600 m, [Bargella 1890 m]
Weitere Angaben: Triesenberg (28. 8. 1896, Herbar G. v. Beck), Balzner Allmeind (WALDBURGER 1984), Schwabbrünnen-Äscher (BIEDERMANN 1988, dort als atrorubens bezeichnet), Äscher (KW)

Geographische Verbreitung:
Europa von der meridionalen bis zur borealen Zone, östlich bis Zentralsibirien, Kaukasus bis Pakistan und Turkestan

Standortangaben:
Laub- und Nadelwälder (Lungenkraut-, Zahnwurz-, Tannen-Buchenwald, subalpiner Ahorn-Buchenwald, Farn-Tannenmischwald, Alpendost-Fichten-Tannenwald, Zwergbuchs-Fichtenwald, Schneeheide-Föhrenwald, Bergföhrenwald), auch auf halbtrockenen Wiesen, nicht zu saure bis schwach basische Böden (pH 5.4-8.2)

Blütezeit:
Juli bis September

Höhenverbreitung:
446-1890 (?) m, nachgewiesen 446 m (Schwabbrünnen) bis 1650 m (Weg zum Fürstensteig)

Nachgewiesene Vorkommen:

Tal:
I   Schwabbrünnen-Äscher (JB, KW);
II Naturlehrpfad ob Schaanwald 550 m, Schaan Forstwald (KW), Vaduz Waldhotel-Dux 560-600 m, Vaduz Schlosswald, Vaduz Schwefel 580 m, Triesner Forst um 500 m, Balzers Eggerswald 560-600 m

Untere Hanglagen:
IV Kracherwald ob Schaanwald 700-1000 m, Efiplanken 930 m, Ob Oberplanken 1050-1150 m, Schaan ob Krüppel um 1100 m, Vaduz Mühleholzrüfe 600-700 m, Vaduz Barahalde 800 m, Erblerüfe 750 m, Erble 970 m, Rotabodnerwald 1000-1080 m, Profatscheng 1150 m, Wangerberg 883 m, Triesen Scheris 800-900 m, Triesen Forsthaus 600 m, Weldhusegg unter Magrüel 600-800 m, Balzers Grashalda (KW), Balzers Hettabörgle 740 m, Balzers Tobel Uszog 1000 m;
V   Ellwald 600-700 m

Alpen:
VI Gafadura, Oberplanken Matona 1200-1400 m, Weg nach Matu 1380 m, Weg zum Fürstensteig bis 1650 m, Profatschenger Halda 1360 m, Masescha Philosophenweg 1250 m, Foppa Tela 1370 m, Silumer Kulm 1530 m, Silum Alpelti 1450 m;
VII Saminatal 950-1100 m, Steg Wisli 1320 m, Steg im Verbotna 1340 m, Branntweintobel 1000-1050 m;
IX Malbun Sassweg 1650 m;
XI Lawena Rinderwald 1300 m, Lawenatobel vor Tuasswand 1200 m

Nicht mehr nachgewiesen:
ob Bargella bei 1890 m, Eschnerberg 640 m

Erloschen: –

Fundort: Balzers
Flurname: Eggerswald, 13. 07. 1990

Fundort: Schaan
Flurname: Forsthalde, 31. 07. 1986

Nachbarschaft:

		um 1920	um 1980
GR:	Churer Rheintal	+	+
	Bündner Herrschaft	+	+
SG:	Oberland	+	+
	Alvier-Churfirsten	+	+
	Säntis-Gebiet	+	+
V:	Ill-Gebiet	+	+
	Bregenzer Ach-Gebiet	+	+

Bemerkungen:
Als *var. viridiflora* RCHB. Vaduz-Schwefel (SEITTER 1977 unter Bezug auf Murr), vgl. auch GANSS 1954: Schwefel unterhalb Absteigquartier. Des weiteren *E. atropurpurea x E. latifolia* (MURR 1923 rev. MS). *E. helleborine* ist vielgestaltig und sehr verbreitet (auch an weiteren nicht vermerkten Stellen), kommt jedoch meist vereinzelt vor. Ein Fundvermerk Seitters für Bargella bei 1890 m wäre noch zu bestätigen. Das Vorkommen der *E. helleborine* nahestehenden Art *Epipactis leptochila* ist für Liechtenstein noch abzuklären.

Epipactis helleborine
Beobachtungsdaten:

Fundort	85	86	87	88	89	90	Datum
Schwabbrünnen-Äscher		10	x	x.			14.8., 15.8.
ob Schaanwald					x		3.9. vb.
Schaan Forstwald			x				31.7.
Waldhotel-Duxweg	xx		xx.	xx.	xx.	xxx	3.8., 6.8.
Vaduz Schlosswald				xx			19.8.
Vaduz Schwefel					x		13.6. Kn.
Triesner Forst				x			19.8.
Balzers Eckerswald				x			9.8.
Kracherwald					x		15.6. Kn.
Schaan ob Krüppel						x	5.8.
Vaduz Mühleholzrüfe						xx	15.6. Kn.
Barahalde						x	15.6. Kn.
Profatscheng				x			8.8.
Weldhusegg unter Magrüel					xx		14.6. Kn.
Balzers Grashalda						x	13.7.

Fundort	85	86	87	88	89	90	Datum
Ellwald			xx				31.7.
Gafadura	x						18.8.
Weg gegen Matu		x					10.8.
Weg zum Fürstensteig		x					6.8.
Saminatal			x			x	24.7., 18.8.
Malbun Sassweg				x			6.8.

Fundort	91	92	93	94	95	96	Datum
Efiplanken					xx		7.8.
Ob Oberplanken					xx		19.8.
Frommenhaus Erblerüfe		2					5.8.
Erble		1					20.8.
Rotabodnerwald					xxx		16.8.
Wangerberg Kehre		x					11.8.
Triesen Scheris					xxx		11.8.
Triesen Forsthaus					x		25.7.
Balzers Hettabörgle		xx					27.7.
Balzner Tobel, Uszog	xx						25.8.
Oberplanken-Matona		x					8.8.
Profatschenger Halda					2		24.8.
Masescha Philosophenweg	2						27.7. kn.
Foppa Tela			1				18.8.
Silumer Kulm				1			5.8.
Silum Alpelti				1			18.8.
Steg Wisli				3			4.8.
Steg im Verbotna					5		10.9.
Branntweintobel		x					2.8.
Lawenatobel Tuasswand						x	18.8.
Lawena Rinderwald				8	5		10.9., 18.8.

GATTUNG: EPIPACTIS ZINN (1757)
EPIPACTIS MUELLERI GODFERY – MÜLLERS STENDELWURZ

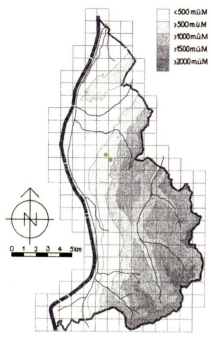

Rote Liste:
vom Aussterben bedrohte Art

Fundortangaben:
RICHEN 1897: –
MURR 1923: –
GANSS 1953, 1954: –
SEITTER 1977: –

Geographische Verbreitung:
West-, Mittel- und nördliches Südeuropa, ostwärts bis in die Slowakei

Standortangaben:
Waldränder, an Wegrändern in lichten Mischwäldern, bevorzugt auf Kalk

Blütezeit:
Juli bis August

Höhenverbreitung:
630 m (Schaan Fosthalde) bis 700 m (Efisalf-Fanola)

Fundort: Schaan
Flurname: Forstrüfe, 1997
(Foto: Louis Jäger)

Fundort: Schaan
Flurname: Forstrüfe, 29. 07. 1986

Nachgewiesene Vorkommen:

Tal: –

Untere Hanglagen:
IV Schaan Forsthalde (Efiplankentobel) 630 m,
    Schaan Efisalf-Fanola 700 m

Alpen: –

Nicht mehr nachgewiesen: –

Erloschen: –

Nachbarschaft:

		um 1920	um 1980
GR:	Churer Rheintal	–	+
	Bündner Herrschaft	–	+
SG:	Oberland	–	–
	Alvier-Churfirsten	–	+
	Säntis-Gebiet	–	–
V:	Ill-Gebiet	–	–
	Bregenzer Ach-Gebiet	–	–

Bemerkungen:
Die Art wurde neu in diese Auflage aufgenommen. Bisher nur zwei zuverlässige Angaben aus Liechtenstein (KW 1986; PR 1996). Weitere Vorkommen sind bisher nicht bekannt geworden.

Epipactis muelleri
Beobachtungsdaten:

Fundort	85	86	87	88	89	90	Datum
Schaan Forsthalde		2					29.7., 5.8.

Fundort	91	92	93	94	95	96	Datum
Schaan Forsthalde						10	22.7.
Schaan Efisalf-Fanola						1	30.7.

GATTUNG: EPIPACTIS ZINN (1757)
EPIPACTIS PURPURATA SMITH – VIOLETTE STENDELWURZ

Rote Liste:
vom Aussterben bedrohte Art

Fundortangaben:
RICHEN 1897: –
MURR 1923: ob Vaduz eine wahrscheinlich hierher gehörende Pflanze (JM rev. MS)
GANSS 1953, 1954: über Triesen (Anfang August 1954), Kiefernwälder nördlich von Vaduz (Ende August)
SEITTER 1977 dazu: –

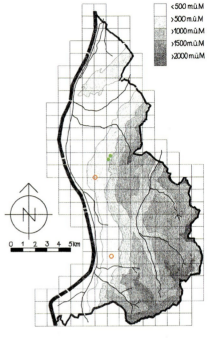

Geographische Verbreitung:
Mittel- und Südosteuropa, östlich bis Litauen, Polen und Moldaurepublik

Standortangaben:
Schattige Laubwälder, auf Kalkböden (pH 5.4-8.2)

Blütezeit:
August

Höhenverbreitung:
758 m (Schaan Efisalf) bis 800 m (Schaan Tschagälries)

Nachgewiesene Vorkommen:

Tal: –

Untere Hanglagen:
IV   Schaan Efisalf 758 m, Schaan Tschagälries 800 m

Alpen: –

Nicht mehr nachgewiesen:
ob Vaduz, über Triesen

Erloschen: –

Nachbarschaft:

		um 1920	um 1980
GR:	Churer Rheintal	–	–
	Bündner Herrschaft	–	–
SG:	Oberland	–	–
	Alvier-Churfirsten	–	(+)
	Säntis-Gebiet	–	–
V:	Ill-Gebiet	–	–
	Bregenzer Ach-Gebiet	–	–

Bemerkungen:
E. purpurata soll an gleichen Standorten deutlich später als *E. helleborine* blühen, vor allem im tieferen Wald. Sie wird von einigen Autoren (z.B. SUNDERMANN 1980) als Subspezies von *E. helleborine* geführt. Wir fanden 1985-1990 eine einzige Pflanze, die vielleicht *E. purpurata* zuzuordnen ist (Quaderrüfedamm 590 m, 6. 8. 1990). Auch sonst gibt es aus der Region nur eine, ebenfalls nicht gesicherte Angabe am Alvier (SEITTER 1989). Jeweils zwei sichere Funde stammen jedoch aus 1995 und 1996.

Fundort: Schaan
Flurname: Plankner Efisalf, 08. 08. 1999
(Foto: Jürgen Deuble)

Epipactis purpurata
Beobachtungsdaten:

Fundort	91	92	93	94	95	96	Datum
Schaan Efisalf					2	3	8.8., 12.8.
Schaan Tschagälries					2	4	8.8., 12.8.

GATTUNG: EPIPACTIS ZINN (1757)
EPIPACTIS PALUSTRIS (L.) CRANTZ – SUMPF-STENDELWURZ

Rote Liste: –

Fundortangaben:
RICHEN 1897: im Rheintal häufig
MURR 1923: auf Sumpfwiesen sehr häufig und oft in grosser Menge
GANSS 1953, 1954: zu Hunderten auf dem Binnendamm bei Bendern unter der Rheinbrücke (Juli 1952), sehr häufig im Ried, am Rand des Fussballplatzes Vaduz
SEITTER 1977 dazu: stellenweise reichlich in allen noch vorhandenen Riedwiesen der Talebene [Ruggellerriet, SO Grossriet Vaduz] und auf dem Rheindamm von Balzers bis Ruggell, Triesen Matilaberg 520-560 m, Saminatal unterhalb Steg 1200 m; Eschner Bannriet (SEITTER 1976)
Weitere Angaben: Schaaner Au (27. 6. 1896, Herbar G. v. Beck); Triesen Maschlina 465 m, Bendern Selemähder 440 m (HR um 1960); Ruggeller Riet (BZG '71 1972), Schwabbrünnen-Äscher (BZG '72 1973), Saminatal gegen Schindelholz (UR um 1980), Rheindamm Schaan Rheinau (KW 1982)

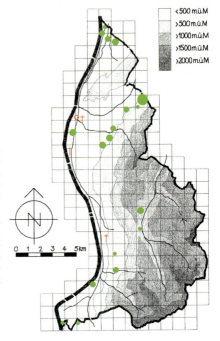

Geographische Verbreitung:
Europa und Vorderasien, östlich bis Zentralsibirien, Kaukasus, Westpersien

Standortangaben:
Sumpfwiesen, Quellhänge, zuweilen auch trockene Standorte, schwach saure bis basische Böden (pH 6.5-8.5)

Blütezeit:
Ende Mai bis Juli

Höhenverbreitung:
430 m (Ruggellerriet) bis 1270 m (Saminatal Schindelholz)

Fundort: Schaan
Flurname: Äscher, 20. 07. 1984

Nachgewiesene Vorkommen:

Tal:
I   Bangser Feld, Ruggeller Riet, Schwertwüerts Zepfel, Schwabbrünnen, Äscher Süd 445 m, Eschen Bannriet;
II Rheindamm Ruggell Kanaleinmündung, Mittler Schaanwald Rüfegass 500-510 m (EW), Hinter Schaanwald Hangwesa 495 m, Schaanwald Waldhof 450 m, Bahndamm bei der Nendler Rüfe, Triesen Matilaberg, Triesen Poskahalda 580 m, Rheindamm Triesen-Balzers 470 m (WK), Rheindamm Balzers 490 m

Untere Hanglagen:
V   Mäls Hölzle 720 m

Alpen:
VII Saminatal Rieter 1260 m (EW), Saminatal Schindelholz 1220-1270 m

Nicht mehr nachgewiesen:
Binnendamm Bendern

Erloschen:
Bendem, Selemähder, Schaaner Au, Triesen Maschlina bei St. Wolfgang

Nachbarschaft:

		um 1920	um 1980
GR:	Churer Rheintal	+	+
	Bündner Herrschaft	+	+
SG:	Oberland	+	+
	Alvier-Churfirsten	+	+
	Säntis-Gebiet	+	+
V:	Ill-Gebiet	+	+
	Bregenzer Ach-Gebiet	+	+

Bemerkungen:
Mit dem Rückgang des Riedes ist auch *E. palustris* an vielen Stellen zurückgegangen. An Fundstellen in den Alpen ist bisher nur das Saminatal bekannt geworden.

171

Fundort: Schaan
Flurname: Äscher, 07. 07. 1985

Epipactis palustris
Beobachtungsdaten:

Fundort	85	86	87	88	89	90	Datum
Bangser Feld						x	24.6. Kn.
Ruggeller Riet	xxx						26.6.
Schwabbrünnen	xxx	xxx			xxx		20.7., 23.6.
Äscher Süd				xxx		xx	15.7., 24.6.
Eschen Bannriet					xxx		4.6.
Rheindamm Ruggell						xx	24.6. Kn.
Schaanwald Rüfegass			xx			x	18.5., 24.6.
Schaanwald Hangwesa					xx	xxxx	3.6. Kn., 24.6.
Bahndamm Nendeln						xx	24.6.
Triesen Matilaberg		xx			xx	xx	30.6., 2.9. vb. 23.6. Kn.
Rheindamm Triesen		x				xx	28.7., 23.6. Kn.
Rheindamm Balzers						x	7.8. vb.
Saminatal Rieter					x		5.7.

Fundort	91	92	93	94	95	96	Datum
Schwertwüerts Zepfel				xx		2.6. Kn.	
Schaanwald Waldhof		xx				28.6.	
Triesen Poskahalda			4			29.6.	
Mäls Hölzle			5			26.6.	
Saminatal Schindelholz				xxx	xxx	2.8., 16.7.	

GATTUNG: EPIPACTIS ZINN (1757)*
EPIPACTIS MICROPHYLLA (EHRH.) SW. – KLEINBLÄTTRIGE STENDELWURZ

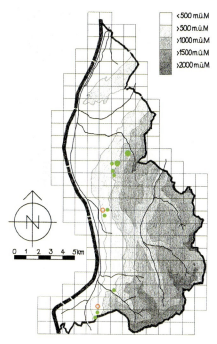

Rote Liste:
seltene Art

Fundortangaben:
RICHEN 1897: –
MURR 1923: im Buchenwalde, im Schlosswald ob Vaduz, ob Triesen am Weg nach Lawena; ob Schloss Liechtenstein (MURR 1908 c)
GANSS 1953, 1954: ob Triesen am Weg nach Lawena, Schlosswald (ca. 12 Exemplare August 1954), Frommenhaus im Buchenwald am Waldweg nach Vaduz
SEITTER 1977 dazu: heute: Balzers am südlichen Rand der Balzner Rüfe im Buchenwald ca. 20 Pflanzen, Eckerswald am Hettabörgleweg lokal reichlich 700-760 m (Juli 1975)
Weitere Angaben: Waldweg vom alten Frommenhausweg zum Erble 780 m, Vaduz Stieg 520 m, ob Balzner Allmeind 540 m (HR um 1960); Schaan Krüppel 820 m und Gaschlo-Alpilaecken 900-1065 m (6. 8. 1981 reichlich, EW; vgl. auch WALDBURGER 1982)

Geographische Verbreitung:
Europa ohne den Norden, im Osten bis Kaukasus und Nordpersien

Standortangaben:
trockene vegetationsarme Buchenwälder (Zahnwurz-, Weisseggen-, Tannen-Buchenwald), auf Kalk (pH 7.5-7.9)

Blütezeit:
Mitte Juni bis August

Höhenverbreitung:
520-1230 m, nachgewiesen 580 m (Ipsweg Vaduz) bis 1230 m (Oberplanken gegen Matona)

Fundort: Balzers
Flurname: Grashalde, 23. 06. 1999
(Fotos: Jürgen Deuble)

Nachgewiesene Vorkommen:

Tal:
II Vaduz beim Ipsweg-Schlossweiherweg 580 m

Untere Hanglagen:
IV Efiplanken 900 m, Efiplankentobel 900-950 m, Schaan Vorder Gaschlo 700 m, Schaan Kröppel-Gaschlo 800-900 m, Schaan Fanola 700 m, Schaan Alpila-Ecken 980 m, Waldweg Frommenhaus gegen Erble 780 m, Tuasstobel 1000-1100 m, Balzers Grashalde 670 m (EW), Balzers Eggerswald am Hettabörgleweg um 700 m

Alpen:
VI Oberplanken gegen Matona 1200-1230 m

Nicht mehr nachgewiesen:
Vaduz Stieg, Balzner Rüfe

Erloschen: –

Nachbarschaft:

		um 1920	um 1980
GR:	Churer Rheintal	–	+
	Bündner Herrschaft	(+)	+
SG:	Oberland	–	–
	Alvier-Churfirsten	+	(+)
	Säntis-Gebiet	+	+
V:	Ill-Gebiet	+	+
	Bregenzer Ach-Gebiet	–	–

Bemerkungen:
E. microphylla ist selten, es sind jedoch eine ganze Reihe neuer Fundstellen bekannt geworden.

Epipactis microphylla
Beobachtungsdaten:

Fundort	85	86	87	88	89	90	Datum
Vaduz Ipsweg					2		13.6.
Alpilaecken			3			15	19.8., 5.8. vb.
Frommenhaus-Erble						1	15.6. Kn.
Balzers Grashalde					1		12.7.
Balzers Eggerswald				x	1		9.8., 11.6.

Fundort	91	92	93	94	95	96	Datum
Efiplanken					25	20	21.7., 20.6.
Efiplankentobel					2		17.7.
Schaan Fanola						1	20.6.
Schaan Vorder Gaschlo					1		23.8.
Schaan Kröppel-Gaschlo					12	5	21.7., 26.8. vb.
Lawena Tuasstobel	1				2	1	5.8., 10.9. vb. 18.8.
Oberplanken-Matonahütte				10	30		8.8., 21.7.

GATTUNG: CEPHALANTHERA RICH. (1818)*
CEPHALANTHERA DAMASONIUM (MILLER) DRUCE – BLEICHES WALDVÖGLEIN

Rote Liste:
seltene Art

Fundortangaben:
RICHEN 1897: selten im Rheintal; ober Vaduz (Herbar Ohnesorge) (RICHEN 1897 b)
MURR 1923: kalkliebend, besonders im Buchenwald, sehr verbreitet bis ins Elltal am Fläscherberg (SK) und gegen Lawena
GANSS 1953, 1954: Vaduz-Triesenberg oder der Strasse beim Fürst Johann Denkmal, Buchen- und Mischwälder bis gegen 1000 m
SEITTER 1977 dazu: ob Vaduz (TO 1890-1900), in Föhrenwäldern der unteren Hänge von Schaan bis Balzers 500-780 m [Andstein, Duxplatz ob Schaan 610 m, über Triesenbergerstrasse 760 m, Vaduz Schlosswald über Friedhof], Strasse nach Planken 620-750 m zerstreut, [Maseschagrat 1200 m]
Weitere Angaben: Saminatal (DALLA TORRE 1906 [HSch 1892]), Balzers Senne am Waldrand 600 m (WK 1971), Ellhorn am Waldweg 558 m, Balzers Gamslafina, Oberplanken Hirschenhag 1055 m, Scherriswis-Maschera 1100-1150 m (EW 1982); Schaaner Forst (KW 1984)

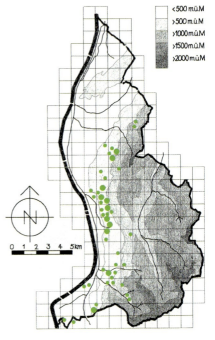

Geographische Verbreitung:
Europa und Vorderasien von der meridionalen bis zur temperaten Zone, Kaukasus, Nordpersien

Standortangaben:
Kalkbuchenwälder, auch in Gebüschen und Nadelwäldern (besonders Bergseggen-, Alpendost- und Blaugras-Buchenwald, Orchideen- und Schneeheide-Föhrenwald), neutrale bis schwach basische Böden (pH 7-8)

Blütezeit:
Ende Mai bis Anfang Juli

Höhenverbreitung:
465 m (Vaduz Quäderle) bis 1480 m (Tuasteil)

* kephalos, Kopf, und anthera: beides griech., wohl wegen der Anthere, die der Columna wie ein Kopf, durch das Filament wie durch einen Hals abgesetzt, aufsitzt

Fundort: Vaduz
Flurname: Eigena Wald, 01. 05. 1990

Nachgewiesene Vorkommen:

Tal:
II Schaan Forsthalda 540 m (KW), Vaduz im Quäderle 465 m, Vaduz Rheinbergerstrasse 540 m (HpS), Vaduz Letzi 590 m, Vaduz Waldrand Schlosswiese 570 m, Vaduz über Friedhof Ipsweg, Vaduz Absteigquartier 600 m, Vaduz Schwefel, Triesen Matschils 580 m (HpS), Triesen Forst um 500 m, Badtobelrüfewald 500-600 m, Auwald beim Rheindamm Triesen-Balzers 470 m, Rheindamm Triesen-Balzers 470 m (EW/ WK), Balzers Oksaboda 550 m

Untere Hanglagen:
IV Kracherwald ob Schaanwald 800-1000 m, Strasse nach Planken 620-750 m, Planken Rundweg 760 m, Oberplanken 940 m, Efiplankentobel 750-950 m, Alpilaecken um 1000 m, Vaduz Zepfelwald 730 m (KW), Grüschaweg vor der ersten Wiese 700 m, Vaduz Schlosswald und Eigena Wald 650-900 m, Vaduz Unterforst 600-640 m, Vaduz Iraggell 600-700 m, Vaduz ob Platz 730 m, Strasse gegen Frommenhaus 760 m, Strasse gegen Triesenberg beim Fürst Johann Denkmal 760 m, Triesenberg Eichholz 680 m, Frommenhaus am Band 800 m, Frommenhaus Mattla 910 m, Frommenhaus Bühel 800 m, Erblerüfe 950 m, überm Erble 980 m, Wangerberg underem Bord 840 m, Scherriswis Triesen 980 m, Triesen Steinbruch 620 m (EW), Weldhusegg unter Magrüel 600-800 m, Wisscheld bis Magrüel 750-920 m, Weg nach Lawena um 1000 m, Balzers Grashalda 690 m (KW);
V Ellholz 605 m (KW), Matheid 760 m

Alpen:
VI Alpila bis 1400 m, Strasse nach Steg vorm Tunnel 1260 m;
XI Lawena Rinderwald 1350 m, Lawena Wiss Röfi 1400 m, Tuasteil 1480 m (MB)

Nicht mehr nachgewiesen:
Saminatal

Erloschen: –

177

Fundort: Schaan
Flurname: Obera Forst, 11. 06. 1984

Nachbarschaft:

		um 1920	um 1980
GR:	Churer Rheintal	+	+
	Bündner Herrschaft	+	+
SG:	Oberland	+	(+)
	Alvier-Churfirsten	+	+
	Säntis-Gebiet	+	+
V:	Ill-Gebiet	+	+
	Bregenzer Ach-Gebiet	+	+

Bemerkungen:
C. damasonium kommt bei uns an vielen geeigneten Stellen, jedoch immer nur verstreut vor, vorwiegend auf den unteren Hanglagen. Bisher nur wenige Angaben für das Alpengebiet und keine jenseits des Kamms der Westkette, jedoch 1892 einmal für das Saminatal erwähnt. Karteneintrag «Saminatal»: ungenau wegen fehlender näherer Angaben.

Cephalanthera damaonium
Beobachtungsdaten:

Fundort	85	86	87	88	89	90	Datum
Schaan Forsthalda	4						1.6.
Vaduz Letzi	xx			x			20.5., 2.6.
Vaduz Schloss Waldrand		x					13.6.
Vaduz Ipsweg				1			13.6.
Vaduz Absteigquartier	1						1.6.
Vaduz Schwefel				1			13.6.
Triesen Forst	x						12.6.
Badtobelrüfewald	xx						6.6.
Auwald Balzers						1	14.7.
Rheindamm Triesen			x.				
Balzers Oksaboda			xx.	x.	x		11.6.
Schaanwald Kracherwald					x		15.6.
Strasse nach Planken				x			28.7. vb.
Alpilaecken						6	5.8. vb.
Vaduz Zepfelwald		x					14.6.
Grüschaweg	4				x.		2.6.
Vaduz Schlosswald					x	xx	17.6., 15.6.
Vaduz Unterforst	xx						9.6.
Vaduz Iraggell	xx						8.6.
Strasse Frommenhaus	xx					3.	5.6.
Strasse Triesenberg	x						9.6.
Frommenhaus Bühel		x			x		23.5., 2.6.
Frommenhaus Mattla	x						13.6.
Erblerüfe	xx						13.6.
überm Erble im Wald	xxx						13.6.
Wangerberg Bord						2	17.6. vb.
Triesen Scherriswis	x						18.6.
Triesen Steinbruch		x					3.6.
Weldhusegg unter Magrrüel					x		14.6.
Wisscheld-Magrüel					x	2	14.6., 23.6. vb.
Strasse nach Lawena				1			26.6.
Balzers Grashalda					x		15.6.
Balzers Ellholz					x		23.5.
Alpila		x					12.7.

Fundort	85	86	87	88	89	90	Datum
Strasse nach Steg/Tunnel					x		16.6.
Lawena Rinderwald					1		14.6.
Lawena Wiss Röfi					1		14.6.

Fundort	91	92	93	94	95	96	Datum
Vaduz im Quäderle		2			1		15.5., 8.5.
Vaduz Rheinbergerstrasse						2	15.5.
Triesen Matschils						1	15.5.
Planken vor Rundweg		xx					3.6.
Oberplanken		xx					3.6.
Efiplankentobel		/			xx		17.7. vb.
Vaduz ob Platz					6		12.6.
Triesenberg Eichholz	1						5.6.
Frommenhaus am Band			1				4.6.
Mäls Matheid					2		26.5.
Tuasteil						x	21.7.

GATTUNG: CEPHALANTHERA RICH. (1818)
CEPHALANTHERA LONGIFOLIA (L.) FRITSCH – SCHWERTBLÄTTRIGES WALDVÖGLEIN

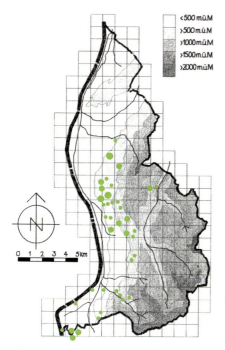

Rote Liste: –

Fundortangaben:
RICHEN 1897: im Rheintal häufig
MURR 1923: verbreitet, auch auf den Moorwiesen
GANSS 1953, 1954: in unseren Wäldern recht häufig, Laubwald von Vaduz bis Planken, von Triesen-Balzers bis Lawena, im Unterland
SEITTER 1977 dazu: Steg (IG 1950), von Schaan bis Lawena in Föhrenwäldern stellenweise reichlich 580-1400 m [Dux, Mühleholz 540 m, Letze-Wildschloss 610 m], überm Schloss 670 m, [Iraggell 650-700 m, Tidrüfe 720-1000 m, Maseschagrat 1000 m], Balzers Allmendwald 540 m [und Eckerswald 600-700 m], Eschnerberg Westseite 540 m, über die Strasse nach Planken 720 m, Silum 1400 m, Saminatal 1310 m
Weitere Angaben: Vaduz Föhrenwald (1951, Herbar Lienert), Balzers Senne 500 m (WK 1972), Schellenberg Gantenstein (EW 1972), Balzner Magerwiesen (KAUFMANN 1983), Balzers Allmeind (WALDBURGER 1984)

Geographische Verbreitung:
Europa, Nordafrika und Vorderasien, östlich vom Kaukasus über Persien bis Westhimalaya

Standortangaben:
Wälder (besonders Bergseggen- und Zahnwurz-Buchenwald), Gebüsche, Trocken- und Halbtrockenrasen, vorwiegend auf Kalk (pH 6.5-8.6)

Blütezeit:
Mai bis Juni

Höhenverbreitung:
445 m (Schwabbrünnen Äscher) bis 1480 m (Silum)

Fundort: Schaan
Flurname: Forst, 02. 05. 1985

Fundort: Schaan
Flurname: Duxwald, 24. 05. 1989

Nachgewiesene Vorkommen:

Tal:
I   Schwabbrünnen Äscher 445 m (EW/WK);
II Schaan Forstwald (KW), Vaduz Maree 550 m, beim Waldhotel Vaduz 570-580 m, Duxweg bis Schaan 560-600 m, Mühleholzrüfe 500-600 m, Balzers Lang Wesa 500 m, Rheindamm Triesen-Balzers 470 m (EW/WK), Rheindamm bei Balzers 490 m und bei der Brücke, Elltal 560-600 m

Untere Hanglagen:
IV Efiplanken 930 m, Vaduz Zepfelwald (KW), Vaduz Tid (KW), Iraggell 600-700 m, Vaduz Wildschloss (KW), Vaduz Absteigquartier 620 m, Vaduz Platz 700 m, Strasse nach Frommenhaus 760 m, Erblerüfe 950 m, Profatscheng (KW), Abzweigung nach Masescha bei 1120 m, Gnalp 1180 m, Unter-Guggerboden 1100 m, Guggerboden-Mattelti 1160 m, Magrüel 900-950 m, Lawenatobel bis 1200 m, Balzers Eggerswald 600-700 m (KW), Balzers Grashalda 670 m;
V   Elltal Anell im Wäldchen 680 m, Mäls Hölzle 720 m

Alpen:
VI Maseschastein 1200-1240 m, Silum Under Färchanegg 1400-1480 m, Silum Alpelti 1440 m, Matu-Gaflei 1400 m, Gaflei-Falloch 1380 m;
VII Garselli-Säss 1100-1200 m, Branntweintobel 980 m;
XI Hintertuass 1440 m

Nicht mehr nachgewiesen: –

Erloschen: –

Nachbarschaft:

		um 1920	um 1980
GR:	Churer Rheintal	+	+
	Bündner Herrschaft	+	+
SG:	Oberland	+	+
	Alvier-Churfirsten	+	+
	Säntis-Gebiet	+	+
V:	Ill-Gebiet	+	+
	Bregenzer Ach-Gebiet	+	+

Bemerkungen:
Die häufigste unserer *Cephalanthera*-Arten ist vom Tal bis in die Alpen verbreitet und auch an vielen weiteren nicht nachgewiesenen Stellen anzutreffen.

Cephalanthera longifolia
Beobachtungsdaten:

Fundort	85	86	87	88	89	90	Datum
Schwabbrünnen Äscher				x.	x.		
Schaan Forstwald	xxx						2.5.
Vaduz Maree	1	3					25.5., 20.5.
Waldhotel Vaduz	xxx	xxx				xxx.	26.5., 20.5.
Duxweg bis Schaan	xx	xx					26.5., 22.5.
Mühleholzrüfe	xx						3.6.
Elltal	xx	xx		xx			9.6., 19.5., 10.5.
Rheindamm Triesen				x.			
Rheindamm Balzers	4	x				x.	18.5., 19.5.
Vaduz Zepfelwald			x				7.6.
Vaduz Tid	x						26.5.
Vaduz Iraggell	xx	xxx					3.6., 20.5.
Vaduz Wildschloss						x	23.5.
Strasse Frommenhaus	xx	xx					5.6.
Erblerüfe	x						13.6.
Profatscheng						7	23.5.

183

Fundort	85	86	87	88	89	90	Datum
Abzweigung Masescha	xx						5.6.
Gnalp		x					18.5.
Unter-Guggerboden	x						11.6.
Guggerboden-Mattelti	x						11.6.
Magrüel	x						6.6.
Lawenatobel	x						6.6.
Balzers Eggerswald						xx	15.6.
Elltal Anell	xx	xx		xx			9.6., 19.5., 10.5.
Mäls Hölzle		xx					25.6.
Maseschastein	xx						4.6.
Silum Under Färchanegg	xx						2.6.
Silum Alpelti	6						10.6.
Matu-Gaflei	x						21.6.
Garselli-Säss						xx	Juni
Hintertuass	x						6.6.

Fundort	91	92	93	94	95	96	Datum
Balzers Lang Wesa			1				6.5.
Balzers Rheindamm Brücke		4					11.5.
Efiplanken		xx			x		26.5., 30.5.
Vaduz Absteigquartier	1			3			17.5., 22.5.
Vaduz Platz					xx	10	15.5., 24.5.
Balzers Grashalda				1			14.5.
Gaflei Fallaloch		1					1.6.
Saminatal Branntweintobel	1						24.6.

GATTUNG: CEPHALANTHERA RICH. (1818)
CEPHALANTHERA RUBRA (L.) RICH. – ROTES WALDVÖGLEIN

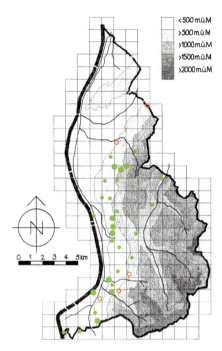

Rote Liste:
seltene Art

Fundortangaben:
RICHEN 1897: zerstreut im Rheintal
MURR 1923: ob Schaan auf Lärchenwiesen, ob Gallmist Schaanwald; Dux (MURR 1921 b)
GANSS 1953, 1954: zerstreut in den Laubwäldern, Wald über dem Erble am Weg Profatscheng-Triesenberg, auf den Rüfen um Balzers und im Unterland (Schaanwald-Nendeln)
SEITTER 1977 dazu: beim Waldhotel (IG 1944), Triesenberg, Guggerboden-Lavadina (IG 1953), Balzers Magrüel (RB), Balzers Neugrütt bis Andstein 470-700 m, Balzers Badtobel 600 m und Grashalde 550-650 m, Vaduz vom Schloss gegen Triesenberg 780 m, Schaan am Wald- und Rüferand der Forsttobelrüfe 620 m, über der Strasse nach Planken 720 m, Nord Schwabbrünnerriet 450 m; Balzers Entamoos (SEITTER 1973)
Weitere Angaben: Zipfelwald (1950, Herbar Lienert), Balzner Allmeind 540 m, Schlosswald 700 m, Profatscheng-Gaflei 1240 m (HR um 1960); Grüscha Eichholz 700 m, Scherriswis-Maschera 1145 m, Münz-Gorn 1270 m, gegen Alpila bis 1420 m (EW 1982-84); Schaan Forstwald, Gaschlo, Alpila (KW 1982-1984)

Geographische Verbreitung:
Europa, Nordafrika und Vorderasien, östlich bis Kaukasus und Persien

Standortangaben:
trockene Laub- und Nadelwälder (besonders Lungenkraut-, Weisseggen- und Zahnwurz-Buchenwald), vorzugsweise auf Kalk (pH 5.9-8.2)

Blütezeit:
Juni bis August

Höhenverbreitung:
450-1440 m, nachgewiesen 470 m (Rheindamm Triesen-Balzers) bis 1440 m (Silum)

Fundort: Schaan
Flurname: Forst, 01. 07. 1984

Nachgewiesene Vorkommen:

Tal:
II Schaan Forsthalda (KW), Duxwald Schaan 580 m, Mühleholzrüfe 540-600 m, Badtobelrüfewald rechts 560 m, Triesner Forst um 500 m, Balzers Eggerswald 550-600 m (WK), Balzers Allmein beim Stall 540 m, Rheindamm Vaduz (KW), Rheindamm Triesen-Balzers 470 m (MB) Rheindamm Balzers 490 m

Untere Hanglagen:
IV Schaan Obera Forst 600-700 m, Efiplankentobel 750-950 m, Planken-Gafadura 960 m, Alpilaecken um 1000 m, Weg zum Wildschloss ob Platz 800 m, Unterforst unter Grüscha 620 m, Vaduz-Triesenberg beim Fürst Johann Denkmal 780 m, Strasse nach Frommenhaus 760 m, Absteigquartier bis Erble 650-900 m, Hinterprofatscheng-Tönikopf 1160 m, Grüschaweg 600-700 m, Triesenberg beim Fussballplatz 790 m, Guggerboden-Lavadina (EW), Triesen Röfiwald 630 m, Weldhusegg unter Magrüel 600-800 m;

V Mäls Hölzle 720 m

Alpen:
VI Alpila gegen Oberplanken 1200 m, Silum Weg zum Alten Tunnel 1440 m;
VII Fall unter Plankner Garselli 1000-1200 m, Sieben-Eggen-Weg Breiteck 1350 m

Nicht mehr nachgewiesen:
ob Schaanwald, Nendler Rüfe, Schwabbrünnen Äscher, Magrüel, Scherriswis, Münz, Balzers Entamoos

Erloschen: –

Nachbarschaft:

		um 1920	um 1980
GR:	Churer Rheintal	+	+
	Bündner Herrschaft	+	+
SG:	Oberland	+	+
	Alvier-Churfirsten	+	+
	Säntis-Gebiet	+	(+)
V:	Ill-Gebiet	+	+
	Bregenzer Ach-Gebiet	+	+

Fundort: Schaan
Flurname: Alpila, 01. 09. 1984

Bemerkungen:
C. *rubra* blüht in der Regel vereinzelt und verstreut. An den meisten nicht nachgewiesenen Orten wohl weiter vorhanden. Vorkommen auf untere Hanglagen konzentriert, nur einzelne Funde in höheren Lagen.

Cephalanthera rubra
Beobachtungsdaten:

Fundort	85	86	87	88	89	90	Datum
Schaan Forsthalda			x				20.6.
Duxwald Schaan					1	4	1.9. !, 6.8. vb.
Mühleholzrüfe	4					2	7.6., 15.6.
Badtobelrüfewald	1						6.6.
Triesner Forst		x		xx			30.6., 26.6.
Balzers Eggerswald	x				xx		30.6., 11.6.
Rheindamm Vaduz	x						29.6.
Rheindamm Triesen					xx.		
Rheindamm Balzers				1		3	19.6., 24.6.
Alpilaecken						4	5.8., vb.
Weg zum Wildschloss	6						3.7.
Unterforst Grüscha	1						9.6.
Fürst Johann Denkmal	xx						9.6.
Strasse Frommenhaus	xx	xx					23.6.
Absteigquartier-Erble					x	xx	16.6., 15.6.
Hinterprofatscheng				1			22.7.
Grüschaweg			x				5.7.
Triesenberg Fussballplatz				x			5.7.
Guggerboden-Lavadina					x.		
Triesen Röfiwald						1	23.6.
Weldhusegg unter Magrüel					xx		14.6.
Silum gegen Altes Tunnel				3			1.8.

Fundort	91	92	93	94	95	96	Datum
Balzers Allmein beim Stall		1					12.6.
Schaan Obera Forst		xx					16.6.
Efiplankentobel					xx	x	17.7., 21.7.
Planken nach Gafadura				2			5.7.
Mäls Hölzle	3						8.7.
Alpina gegen Oberplanken					xx		21.7.
Fall unter Plankner Garselli					8		19.7.
Sieben-Eggen-Weg Breiteck			1		5		7.7., 19.7.

GATTUNG: LIMODORUM BOEHMER (1760)*
LIMODORUM ABORTIVUM (L.) SW. – ABTREIBENDER DINGEL

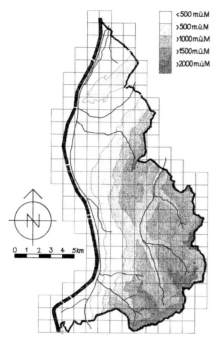

Rote Liste:
vom Aussterben bedrohte Art

Fundortangaben:
RICHEN 1897: –
MURR 1923: –
GANSS 1953, 1954: im Juni 1952 von einem Schüler (N) in einem Kiefernwäldchen bei Balzers (jenseits der heutigen Südgrenze Liechtensteins) gefunden, hier auch 1953 und 1954 um Mitte Juni etwa 15 Stück vereinzelt und 6 Stück beisammen
SEITTER 1977 dazu: noch da südlich des Ellhorns unter der Felswand 480-500 m (1972)
Weitere Angaben: am selben Ort (HR 11. 6. 1961 und BR seit 1975)

Geographische Verbreitung:
Mittelmeergebiet bis Mitteleuropa, Kaukasus-Gebiet bis Südpersien

Standortangaben:
Kiefernwälder, selten Laubwälder oder Trockenrasen am Rande von Wäldern, auf warmen Standorten, im Norden nur auf Kalk (pH 6.6-9.2)

Blütezeit:
Mai bis Juni

Höhenverbreitung:
bei uns nur im Tal 480-520 m (Balzers Ellhorn)

* leimon und doron, griech.: hieraus ergibt sich die Übersetzung «Wiesengeschenk»

Nachgewiesene Vorkommen:

Tal:
II südlich Ellhorn oberhalb und unterhalb Weg nach Fläsch 500-520 m

Untere Hanglagen: –

Alpen: –

Nicht mehr nachgewiesen: –

Erloschen: –

Nachbarschaft:

		um 1920	um 1980
GR:	Churer Rheintal	+	+
	Bündner Herrschaft	+	+
SG:	Oberland	–	–
	Alvier-Churfirsten	+	–
	Säntis-Gebiet	–	–
V:	Ill-Gebiet	–	–
	Bregenzer Ach-Gebiet	–	–

Bemerkungen:
Am Ellhorn befindet sich die einzige aktuelle Fundstelle von *L. abortivum* unserer Gegend, es ist zugleich die einzige Fundstelle fur die Bündner Herrschaft (BRAUN-BLANQUET und RÜBEL 1932). Es blühen dort in unregelmässigen Abständen jeweils wenige Exemplare.

Fundort: Fläsch GR
Flurname: Freiaberg Ellhorn, 22. 06. 1984

Fundort: Fläsch GR
Flurname: Freiaberg Ellhorn, 22. 06. 1984

Limodorum abortivum
Beobachtungsdaten:

Fundort	84	85	86	87	88	89	90	Datum
beim Ellhorn	4.	0	0	0	0	3	0	11.6.

Fundort	91	92	93	94	95	96	Datum
beim Ellhorn					4		23.5.

GATTUNG: EPIPOGIUM S. GMELIN EX BORKH. (1792)*
EPIPOGIUM APHYLLUM SW. – BLATTLOSER WIDERBART

Rote Liste:
gefährdete Art

Fundortangaben:
RICHEN 1897: –
MURR 1923: Triesen-Lawena (HH), unter dem Goppaschrofen im Saminatal (FW), im Saminatal auch linksseitig unter dem Gaudentiusälple (AR)
GANSS 1953, 1954: Nähe Wildschloss (August 1952), Schlosswald Vaduz (2. Julihälfte 1954), Maurerberg bei der Eibe (bei 900 m, LL 1950)
SEITTER 1977 dazu: von uns nicht mehr gefunden
Weitere Angaben: Wildschloss gegen Stauweiher um 850 m, Profatschengwald gegen gelben Stein 1240 m, Alpila 1440 m (HR um 1960); Wildschloss Mulde südlich der Ruine 850 m (HR 4. 8. 1961), Schwarzwald-Krüppel-Alpilaecken bis Alpilahütte 800-1415 m (UR und HSe 1977-78; BZG '78 1979), ebendort über 100 (EW 1981), Gafadura, Heubühl zwischen Geisloch und Dürraboden 1550 m (BR 1977, BZG'78 1979)

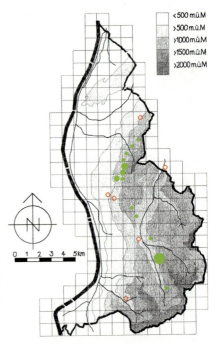

Geographische Verbreitung:
Europa, nördlich bis Skandinavien, nicht mediterran, östlich durch ganz Asien

Standortangaben:
schattige, feuchte und vegetationsarme Laub- und Nadelwälder mit starken Moderschichten (vorwiegend Alpendost-Fichten-Tannenwald sowie typischer Tannen-Buchenwald), vorzugsweise auf Kalkböden (pH 6.0-7.6)

Blütezeit:
August bis September

Höhenverbreitung:
800-1550 m, nachgewiesen 1100 m (Alpila) bis 1505 m (Rettaweg)

* epi und pogon: griech., wohl wegen des bartartig nach oben stehenden Labellums

Nachgewiesene Vorkommen:

Tal: –

Untere Hanglagen:
IV Alpilaecken 1100-1200 m

Alpen:
VI Wald unter Gafadura 1200-1300 m, Eschnerberg oberhalb Uli-Marisshütte 1350 m (HM, WALDBURGER 1990), Oberrütti-Matona 1200-1380 m, Matona-Efiplankentobel 1320 m, Alpila-Oberplanken 1370-1390 m, Krüppel-Brandegg um 1250 m, Alpila um 1400 m (bis 1470 m, WK);
VII Schindelholz-Säss vor Balmtobel 1360 m, Steg under da Bärgichöpf 1480 m, Hinter-Bargella Witti um 1500 m;
VIII Valüna Underem Hanaspil 1350-1400 m, Valüna-Untersäss Anfang Rettaweg im Fichtenwald 1505 m (WALDBURGER 1987)

Nicht mehr nachgewiesen:
Maurerberg, Schlosswald beim Wildschloss, Profatschengwald, Sücka-Geisloch, Triesen-Lawena, unteres Saminatal

Erloschen: –

Nachbarschaft:

		um 1920	um 1980
GR:	Churer Rheintal	+	+
	Bündner Herrschaft	–	–
SG:	Oberland	+	(+)
	Alvier-Churfirsten	+	+
	Säntis-Gebiet	+	+
V:	Ill-Gebiet	+	–
	Bregenzer Ach-Gebiet	+	+

Fundort: Schaan
Flurname: Alpila, 02. 09. 1984

Fundort: Schaan
Flurname: Alpila, 02. 09. 1984

Bemerkungen:
E. aphyllum gehört zu den gefährdeten Orchideen Liechtensteins. Nebst grösseren Populationen um Alpila und Valüna Underem Hanaspil mehrere weitere Fundstellen mit kleinen Beständen. Die vor 30-40 Jahren um das Wildschloss herum existierenden Bestände sind stark zurückgegangen oder ganz verschwunden (keine Angaben mehr seit 1961). Auch von Lawena sowie dem unteren Saminatal gibt es keine neueren Angaben. *Epipogium aphyllum* blüht stark intermittierend, sodass oft jahrelang keine Pflanzen oberirdisch zu beobachten sind.

Epipogium aphyllum
Beobachtungsdaten:

Fundort	85	86	87	88	89	90	Datum
Alpilaecken			xx				19.8.
Wald unter Gafadura			4				22.8.
Oberhalb Uli-Marisshütte				x.			
Krüppel-Brandeck			xx				19.8.
Alpila			xx	12		42	19.8., 21.8., 6.8.
Hinter-Bargella			2				6.9.
Valüna Rettaweg			2			6	28.8., 5.8.

Fundort	91	92	93	94	95	96	Datum
Planken Oberrütti Matona				1	11		10.8., 19.8.
Matona Efiplankentobel					10		19.8.
Alpila gegen Oberplanken					81		23.8.
Schindelholz-Säss					8		10.9.
Steg under da Bärgichöpf						1	7.9.
Valünatal Underem Hanaspil					112	15	2.9., 31.8.

GATTUNG: GOODYERA R. BR. (1813)*
GOODYERA REPENS (L.) R. BR. – KRIECHENDES NETZBLATT

Rote Liste: –

Fundortangaben:
RICHEN 1897: –
MURR 1923: z.B. Schaan-Gaflei (GR, JS)
GANSS 1953, 1954: Efiplanken (LL 1951), vom Waldhotel Vaduz etwa bis Iraggell hinauf und noch weiter
SEITTER 1977 dazu: Vaduz Bannholz und Barahalde bis in die Nähe des Grates 1015 m, Vaduz Maree gegen Schloss 610-710 m, Landstrasse nach Planken 720 m, über Rotenboden 1030 m, im Ellhornwald beidseits der heutigen Grenze
Weitere Angaben: Älplewald moosige Stelle (August 1950, Herbar Lienert), ob Stauweiher gegen Wildschloss 820 m, Profatschengwald gegen gelben Stein 1240 m, Rotenbodenwald 1040-1080 m (HR um 1960); Efiplanken (EW 1972), Alpilaweg 1050-1370 m (EW 1981)

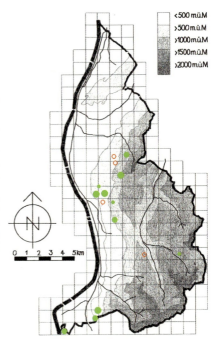

Geographische Verbreitung:
Europa westlich bis Frankreich, nördlich bis Skandinavien, östlich bis Krim, Kaukasus, Persien, Gesamtareal zirkumpolar

Standortangaben:
Wälder auf moosigen Stellen von der Ebene bis in höhere Lagen (besonders Weisseggen-Buchenwald und Schneeheide-Föhrenwald), vorzugsweise auf Kalk (pH 4.6-7.5)

Blütezeit:
Juli bis August

Höhenverbreitung:
560 m (Vaduz Waldhotel) bis 1650 m (Sassweg Malbun)

* nach dem englischen Botaniker John Goodyer, 1592-1664

Fundort: Vaduz
Flurname: Uf der Röfi, 12. 08. 1984

Nachgewiesene Vorkommen:

Tal:
II Schaan Quaderrüfe 580-600 m, ums Waldhotel Vaduz 560-600 m, Balzers Eckerswald 550-600 m

Untere Hanglagen:
IV Vaduz Iraggell 600-650 m, Barahalde ob Iraggell 700-800 m, Wald über Rotenboden 1040 m, Balzers Grashalda um 700 m;
V   Ellhornwald 650-750 m

Alpen:
VI Matona Kenzile 1334 m, Brandeck-Alpila um 1250 m, Profatschengwald beim Gelben Stein 1250 m;
IX Malbun Sassweg 1650 m

Nicht mehr nachgewiesen:
Landstrasse nach Planken, Efiplanken, Vaduz Maree gegen Schloss, Älplewald

Erloschen: –

Nachbarschaft:

		um 1920	um 1980
GR:	Churer Rheintal	+	+
	Bündner Herrschaft	+	+
SG:	Oberland	+	+
	Alvier-Churfirsten	+	+
	Säntis-Gebiet	+	(+)
V:	Ill-Gebiet	+	+
	Bregenzer Ach-Gebiet	+	–

Bemerkungen:
Die vereinzelten Funde in den höheren Alpenregionen können vielleicht noch ergänzt werden.

Fundort: Vaduz
Flurname: Uf der Röfi, 02. 08. 1991

Goodyera repens
Beobachtungsdaten:

Fundort	85	86	87	88	89	90	Datum
Schaan Quaderrüfe						x	6.8. vb.
Waldhotel Vaduz	xxx	xxx.	xxx.	xxx.	xxx.		20.7.
Balzers Eggerswald			xx				11.8.
Vaduz Iraggell	xxx						20.7.
Barahalde					xx.		
Wald über Rotenboden			xx	xx.			8.8.
Balzers Grashalda			xxx	xxx.	xxx.		11.8.
Ellhornwald			xx				31.7.
Brandeck-Alpila			xxx			xx	19.8., 5.8.
Profatscheng Gelber Stein			x				8.8.
Malbun Sassweg				1			6.8.

Fundort	91	92	93	94	95	96	Datum
Planken Matona Kenzile					25		18.8.

198

GATTUNG: SPIRANTHES RICH. (1818)[*1]
SPIRANTHES SPIRALIS (L.) CHEVALL. – HERBSTDREHÄHRE[*2]

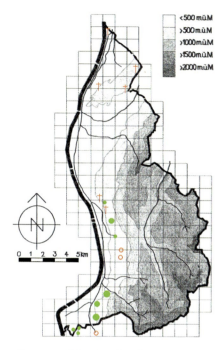

<500 m.ü.M
>500 m.ü.M
>1000 m.ü.M
>1500 m.ü.M
>2000 m.ü.M

Rote Liste:
vom Aussterben bedrohte Art

Fundortangaben:
RICHEN 1897: Älple ober Amerlügen (JRo) (RICHEN 1897 b)
MURR 1923: im ganzen Bereich des Schellenbergs (TS, JM), Bangs, Ruggell (GH); bei der Egg am Schellenberg ober Fresch (S), also wohl auch noch auf liechtensteinischem Boden an dem unmittelbar anschliessenden Vorder-Schellenberg [muss heissen: Hinter-Schellenberg] zu finden (MURR 1910 a und b); sehr zahlreich beim Rennhof am Schellenberg, Scholberg (MURR 1914)
GANSS 1953, 1954: Vaduz im Wald hinter dem Waldhotel, unterm Waldhotel (2. Septemberhälfte 1954)
SEITTER 1977 dazu: Triesen und Triesenberg (RG 1949), heute: Ellhornmulde ca. 580 m (3. 9. 1972)
Weitere Angaben: Luzisteig (BRAUNBLANQUET und RÜBEL 1932), Vaduz Maree (HR um 1960, UR 1975), Vaduz Letzi 580 m (BR um 1965)

Geographische Verbreitung:
Europa westlich bis Spanien und Nord-Afrika, ohne den Norden, östlich bis Kaukasus und Persien

Standortangaben:
Trocken- bis Halbtrockenrasen, vorzugsweise an Waldrändern, auch Schafweiden, bei uns vorwiegend auf saurem Substrat (pH 3.8- 6.1)

Blütezeit:
Ende August bis Oktober

Höhenverbreitung:
500 m (Balzers Zepfel) bis 800 m (Frommenhaus Band)

[*1] griech. speira = Spirale und anthos = Blüte, wegen der spiraligen Anordnung der Blüten
[*2] Synonym: *Spiranthes autumnalis RICH.*

Fundort: Balzers
Flurname: Senne-Zepfel, 21. 08. 1988

Nachgewiesene Vorkommen:

Tal:
II Vaduz Maree 555 m, Balzers Zepfel-Senne 500-520 m (WK, WALDBURGER 1987), Balzers Biederle 500-510 m, Balzers Allmeind Oksaboda 520-550 m (WK, WALDBURGER 1987), Balzers Ellmulde am unteren östlichen Waldrand 540 m

Untere Hanglagen:
IV Frommenhaus Band 800 m, Grüschawiese 740 m;
V   Mäls Hölzle 720 m, Mäls Matheid 740 m

Alpen: –

Nicht mehr nachgewiesen:
Triesen und Triesenberg, Luzisteig

Erloschen:
im ganzen Bereich des Schellenbergs: Fresch, Rennhof, Scholberg; Bangs, Ruggell, Vaduz ums Waldhotel, Vaduz Letzi

Nachbarschaft:

		um 1920	um 1980
GR:	Churer Rheintal	+	+
	Bündner Herrschaft	+	+
SG:	Oberland	+	+
	Alvier-Churfirsten	+	+
	Säntis-Gebiet	–	–
V:	Ill-Gebiet	+	–
	Bregenzer Ach-Gebiet	+	–

Bemerkungen:
S. spiralis ist eine unserer sehr seltenen Orchideen, die noch die letzten Magerwiesenbestände der unteren Hanglagen besiedelt. Sie wird mit diesen immer weiter zurückgedrängt und gilt laut Roter Liste als vom Aussterben bedroht. Karteneintrag «Triesen und Triesenberg» sowie «Luzisteig»: ungenau aufgrund fehlender näherer Angaben.

Fundort: Balzers
Flurname: Senne-Zepfel, 21. 08. 1988

Spiranthes spiralis
Beobachtungsdaten:

Fundort	85	86	87	88	89	90	Datum
Vaduz Maree	6	x.	x.				4.9.
Balzers Zepfel-Senne		xxx		20 +			8.10., 3.9.
Balzers Biederle					35 +		2.9.
Balzers Oksaboda		xxx		20+	75+		8.10., 2.9.
Balzers Ellmulde		6					5.9.
Frommenhaus Band					30+		1.9.
Grüschawiese		2					2.9.
Mäls Hölzle		10					6.9.
Mäls Matheid		12					6.9.

GATTUNG: SPIRANTHES RICH. (1818)
SPIRANTHES AESTIVALIS (POIRET) RICH. – SOMMERDREHÄHRE

Rote Liste:
ausgestorbene oder verschollene Art

Fundortangaben:
RICHEN 1897: Feldkirch (AKM in litt. ad Sarnthein [bei DALLA TORRE und SARNTHEIN 1900 ff. heisst es «in litt. ad Schönach»]), bei Maria Grün (FW); Sumpf zwischen Tisis und Fellengatter (Herbar Wachter, RICHEN 1897 b)
MURR 1923: Moorwiesen, meist im Aussterben, Amerlügen (CB), Maria Grün (FW), ob Gallmist jetzt ausgestorben; ganz vereinzelt auf Sumpfboden ober Gallmist an der liechtensteinischen Grenze (MURR 1912)
GANSS 1953, 1954: –
SEITTER 1977 dazu: –
Weitere Angaben: Ried bei Kleinmels 480 m, 1933 (GSELL 1935), Klein-Mels 490 m «ziemlich starke Kolonie» (GSELL 1936), wahrscheinlich bereits 1945 zerstört (GSELL 1945)

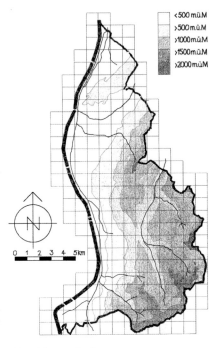

Geographische Verbreitung:
westliches und zentrales Mittelmeergebiet, West- und Mitteleuropa, östlich bis Jugoslawien

Standortangaben:
Sumpfwiesen und Flachmoore, auf kalkhaltigen, aber nicht notwendig basischen Böden (pH um 6.8)

Blütezeit:
Juni bis August

Höhenverbreitung: –

Nachgewiesene Vorkommen:

Tal: –

Untere Hanglagen: –

Alpen: -

Nicht nachgewiesen: -

Nicht mehr vorhanden:
Gallmist bei Schaanwald an der Grenze, Ried bei Mäls

Nachbarschaft:

		um 1920	um 1980
GR:	Churer Rheintal	–	–
	Bündner Herrschaft	+	–
SG:	Oberland	–	–
	Alvier-Churfirsten	+	+
	Säntis-Gebiet	(+)	–
V:	Ill-Gebiet	+	–
	Bregenzer Ach-Gebiet	+	–

Bemerkungen:
In Liechtenstein seit etwa 60 Jahren nicht mehr beobachtet. Auch aus dem grenznahen Gebiet um Feldkirch gibt es keine neueren Angaben. Die nächste noch bestehende Fundstelle liegt wohl am Walenstadtberg (SEITTER 1989).

GATTUNG: CORALLORRHIZA GAGNEBIN (1755)*
CORALLORRHIZA TRIFIDA CHÂTEL. – KORALLENWURZ

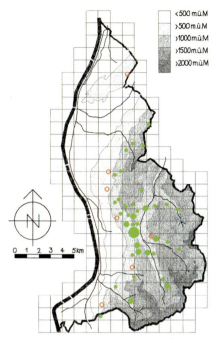

Rote Liste: –

Fundortangaben:
RICHEN 1897: Saminatal (FW), Amerlügen Vorder- und Hinterälple (CB); Schellenberg, Felsengallerie (EHM) (RICHEN 1902)
MURR 1923: Wildschloss (JS), Gulm (AK); Schellenberg, Schaan (MURR 1909 a)
GANSS 1953, 1954: Fichtenwald zwischen Sücka-Älple, Guggerboden, Steg vom unteren zum oberen Weg nach Valüna
SEITTER 1977 dazu: [Nähe Wildschloss, Samina Südende Rotenbodenwald 1020 m, Balzers am Weg zum Blauen Kopf 700 m (1 Pflanze), Scherriswis-Walserberg 1460 m, beim Gelben Stein 1235 m], Gafadura 1300-1620 m, N Silum Ferchen 1480 m, Heubühl 1600 m, zwischen Steg und Malbun N Strasse 1400 m, Steg gegen Bärgichöpf 1400-1500 m, Saminatal E Seite unterhalb Steg 1100 m, Hintervalorsch-Rietboden 1550 m, Lawena Umgebung Kohlplatz 1350-1400 m, [Lawena bei der Jägerhütte]
Weitere Angaben: Valüna (1. 9. 1896, Herbar G. v. Beck), Alpila 1440 m, Bargella Lattenhöhe und Sebi 1720 m, Foppa Tela 1420-1440 m, Silumer Kulm Saminatalseite 1480 m (HR um 1960); Krüppel-Alpila 820-1420 m, ob Guggerboden Fichtenwald 1200 m (EW)

Geographische Verbreitung:
Mittel-, Nord- und Osteuropa, Vorderasien, zirkumpolar

Standortangaben:
Nadelwälder (besonders Farn-Tannenmischwald), auch Laubwälder in höheren Lagen, vorzugsweise humose Böden (pH 6.5-7.5)

Blütezeit:
Mai bis August

Höhenverbreitung:
700-1700 m, nachgewiesen 850 m (Andwald) bis 1700 m (Silum-Platta)

* griech.: korallion = Koralle und rhiza = Wurzel, wegen der Ausbildung des Rhizoms

Fundort: Triesenberg
Flurname: Wiega, 24. 06. 1990

Nachgewiesene Vorkommen:

Tal: –

Untere Hanglagen:
IV Rütti gegen Matona 1100-1200 m, Alpilaecken 1100 m, Tuasstobel ob Magrüel 990 m, Andwald 850 m

Alpen:
VI Maurerberg Tolastotz 1350 m, unter Gafadura 1260 m, Gafadura-Sarojasattel um 1600 m, Alpila 1400-1500 m, Profatscheng Selewald 1200-1300 m, Guggerboden-Rungg 1250 m, Gaflei beim Aussichtsturm 1450 m, Weg nach Bargella 1650 m, Masescha Philosophenweg 1240 m, Foppa-Tela um 1450 m, Silum Färcha bim Chalchofa 1490 m, Silum Alpelti im Wald unterm Tunnelweg 1440 m, Silum Weg zum Alten Tunnel 1420 m, Silum Kulm südlich vom Alten Tunnel 1440-1450 m, Gasenzawald 1450 m;
VII Garselli 1650 m, Hinter Bargella Wiss Fleck 1500-1550 m, Silum Platta bis 1700 m, Saminatal 950-1100 m, Schindelholz 1290-1380 m;
VIII Steg unterer Schwemmiwald 1330 m, Valüna unteres Hahnenspiel 1370 m, um Sükka-Dürraboda 1400 m, Heubüal bis 1650 m, Valünasäss 1420 m, Valüna Rettaweg um 1500 m;
IX Steg-Malbun Rüfen, Malbun Sassweg um 1650 m, Malbun Guschgerbach 1500-1600 m;
X Mittlervalorsch 1380 m, Valorsch Rietle 1430-1540 m, Hintervalorsch Schmelziboda 1430 m;
XI Lawena Rinderwald 1300-1400 m

Nicht mehr nachgewiesen:
Schellenberg, Schaan, Krüppel, um Wildschloss, Samina-Rotenboden, Scherriswis-Walserberg, Balzers Weg zum Blauen Kopf, Steg gegen Bärgichöpf

Erloschen: –

Fundort: Triesenberg
Flurname: Wiega, 30. 06. 1985

Nachbarschaft:

		um 1920	um 1980
GR:	Churer Rheintal	+	+
	Bündner Herrschaft	+	(+)
SG:	Oberland	+	+
	Alvier-Churfirsten	+	+
	Säntis-Gebiet	+	+
V:	Ill-Gebiet	+	+
	Bregenzer Ach-Gebiet	+	+

Bemerkungen:
C. trifida kommt bei uns vor allem in den höheren Lagen relativ häufig vor, besonders im Gebiet Samina-Valüna und um Silum-Kulm. Die tiefsten Lagen sind noch zu ergänzen. Karteneintrag «Schaan»: ungenau, Stelle vermutet.

Corallorhiza trifida
Beobachtungsdaten:

Fundort	85	86	87	88	89	90	Datum
Tuasstobel ob Magrüel	8	x					6.6., 23.5.
unter Gafadura	x						18.8. vb.
Gafadura-Sarojasattel		x					6.8. vb.
Alpila						x	5.8. vb.
Profatscheng-Selewald			x				22.7.
Guggerboden-Rungg	3						11.6.
Gaflei Aussichtsturm	2						21.6.
Masescha Philosophenweg	1	xx					5.7., 24.5.
Foppa Tela					x.		
Silum Färcha Chalchofa	8	x					10.6.
Silum unter Alpelti	x						13.6.
Silum-Altes Tunnel	xxxx	xxxx.	xxxx.	xxxx.	xxxx.		13.6.
Silum Kulm	xxx						13.6.
Garselli		1					17.7.
Bargella Wiss Fleck			x				6.9. vb.
Silum Platta			xx				11.7.
Saminatal			xx	x.			24.7.
Steg Schwemmiwald				xx			8.8.
Valüna unter Hahnenspiel	x						11.7.
Sücka-Dürraboda	xx						2.7.
Heubüal			xx				29.6.
Valüna Rettaweg				xx	xx.		8.8.
Steg-Malbun Rüfen	xx						2.7.
Malbun Sassweg	2				x.		10.7.
Lawena Rinderwald					xx		14.6.

Fundort	91	92	93	94	95	96	Datum
Planken Rütti Matona				5	2		15.6., 19.8. vb.
Alpilaecken					1		21.7.
Andwald	5						26.6.
Maurerberg Tolastotz					2		25.8. vb.
Weg nach Bargella			x				2.8. vb.
Gasenzawald unter Wang	1						5.8.
Schindelholz			6	x	8		7.7., 2.8. vb.
							15.7.
Valünasäss						x	8.9. vb.
Malbun Guschgerbach					5		22.6.
Mittlervalorsch			10				19.6.
Valorsch Rietle	x						16.8.
H.-Valorsch Schmelziboda			1				8.6.

GATTUNG: LIPARIS RICH. (1818)*
LIPARIS LOESELII (L.) RICH. – TORF-GLANZKRAUT

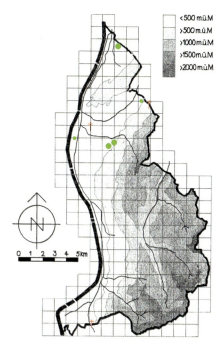

Rote Liste:
vom Aussterben bedrohte Art

Fundortangaben:
RICHEN 1897: Maria Grün (FW)
MURR 1923: nur ein Exemplar bei Bendern; im Ried zwischen Schaan und Bendern häufig; ganz vereinzelt auf Sumpfboden ober Gallmist an der liechtensteinischen Grenze (MURR 1912)
GANSS 1953, 1954: Schwabbrünnen recht häufig (Sommer 1952, 1954)
SEITTER 1977 dazu: zwischen Schaan und Bendern häufig (GB 1896), heute: Ruggeller- und Schwabbrünnerriet
Weitere Angaben: Ried bei Kleinmels 480 m, 200 Exemplare am 9. 6. 1934 (GSELL 1935), dort «stattliche Kolonie» 1933-1935, vereinzelt auch im Ried auf Bündnerseite (GSELL 1936), Ruggeller Riet (BZG '71 1972)

Geographische Verbreitung:
Europa nördlich bis Süd-Skandinavien, östlich bis Mittelsibirien, Nordost-Staaten der USA

Standortangaben:
nasse Riedwiesen in Moospolstern, vorzugsweise auf basischen Böden (pH 7.3-8.5)

Blütezeit:
Mai bis Juni

Höhenverbreitung:
430 m (Ruggeller Riet) bis 495 m (Schaanwald Hangwesa)

* griech.: liparos = fettig, blank, in bezug auf die bei vielen Arten etwas glänzende Blattoberfläche

Fundort: Schaan
Flurname: Äscher, 16. 06. 1985

Nachgewiesene Vorkommen:

Tal:
I   Ruggellerriet Nordwestecke beim Jägerstand 430 m, Schwabbrünnen nördlich Mittelweg 442 m, Äscher südlich Mittelweg 442 m, Eschen Bannriet Parzelle nördlich Pferdewiese (EW);
II Schaanwald Hangwesa 495 m

Untere Hanglagen: –

Alpen: –

Nicht mehr nachgewiesen: –

Erloschen:
Gallmist bei Schaanwald an der Grenze, bei Bendern, Ried bei Mäls

Nachbarschaft:

		um 1920	um 1980
GR:	Churer Rheintal	–	–
	Bündner Herrschaft	+	+
SG:	Oberland	+	–
	Alvier-Churfirsten	+	(+)
	Säntis-Gebiet	–	–
V:	Ill-Gebiet	+	+
	Bregenzer Ach-Gebiet	+	+

Bemerkungen:
L. loeselii ist nur im Ried anzutreffen und existiert bei uns noch in vier Feuchtgebieten. Karteneintrag «bei Bendern»: gemäss SCHREIBER 1910.

Fundort: Schaan
Flurname: Äscher, 12. 06. 1988

Liparis loeselii
Beobachtungsdaten:

Fundort	85	86	87	88	89	90	Datum
Ruggellerriet	18	xx					14.6., 22.5.
Schwabbrünnen-Äscher	xx	3			xx.	xx	5.6., 7.6., 17.6.
Eschen Bannriet				6		1	5.6., 17.6.

Fundort	91	92	93	94	95	96	Datum
Schaanwald Hangwesa		20	1				13.6., 28.6. vb.

GATTUNG: MALAXIS SOL. EX SW. (1788)*
MALAXIS MONOPHYLLOS (L.) SW. – EINBLATT

Rote Liste:
vom Aussterben bedrohte Art

Fundortangaben:
RICHEN 1897: –
MURR 1923: –
GANSS 1953, 1954: einmal für das Schaaner Riet notiert gefunden (?)
SEITTER 1977 dazu: –

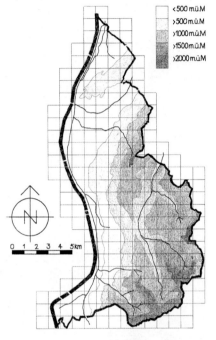

Geographische Verbreitung:
Europa Alpen und südliches Skandinavien, östlich bis Sibirien und Kamtschatka, China, zirkumpolar

Standortangaben:
nasse Wiesen im Moos, im feuchten Quellgrund an Bächen (pH 6.9-7.7)

Blütezeit:
Juli

Höhenverbreitung:
1020 m (Saminatal) bis 1570 m (Älple)

* griech.: malaxis = weich, zart, in bezug auf die weiche Textur der Blätter

Fundort: Triesenberg
Flurname: Alpeltigatter, 01. 08. 1986

Fundort: Triesenberg
Flurname: Alpeltigatter, 01. 08. 1986

Nachgewiesene Vorkommen:

Tal: –

Untere Hanglagen: –

Alpen:
VII unteres Garselli gegen Johanneshütte bei 1520 m, Saminatal im Branntweintobel bei 1020 m;
VIII Sücka-Älple am Weg bei 1570 m im Moos auf einer bewachsenen Mauer (ET)

Nicht mehr nachgewiesen: –

Erloschen:
Schaaner Riet (wenn dort jemals vorhanden)

Nachbarschaft:

		um 1920	um 1980
GR:	Churer Rheintal	+	+
	Bündner Herrschaft	+	–
SG:	Oberland	+	+
	Alvier-Churfirsten	+	+
	Säntis-Gebiet	–	–
V:	Ill-Gebiet	+	+
	Bregenzer Ach-Gebiet	+	+

Bemerkungen:
M. monophyllos wurde im Beobachtungszeitraum erstmals für Liechtenstein nachgewiesen (ET; vgl. auch RHEINBERGER 1987, WALDBURGER 1987). Auch 1991-1996 am Älpleweg und im Branntweintobel. Mögliche weitere Fundstellen in den Alpen sind noch abzuklären.

Malaxis monophyllos
Beobachtungsdaten:

Fundort	85	86	87	88	89	90	Datum
Garselli			2	2			24.7., 8.9. vb.
Samina Branntweintobel				8			24.7.
Älpleweg		3	3	4	3.	1.	26.7., 23.7.

5. Ausgewählte Areale und Bereiche

Folgende Bezeichnungen aus der Roten Liste finden Verwendung:
RA = rare – selten
VU = vulnerable – gefährdet
EN = endangered – vom Aussterben bedroht
EX = extinct – ausgestorben oder verschollen

n oder (+) = im Beobachtungszeitraum nicht nachgewiesen
e oder ((+)) = im Areal erloschen
– = im Areal nicht gefunden
*, + = siehe Anmerkung

5.1. Talraum - Feuchtgebiete

Zweifellos verdanken wir die Erhaltung einiger vom Aussterben bedrohter *(Orchis palustris, Dactylorhiza incarnata ssp. ochroleuca)* und gefährdeter *(Liparis loeselii, Dactylorhiza traunsteineri)* Arten der relativ frühen (1961 als erstes Feuchtbiotop zusammen mit dem Gampriner Seelein) Unterschutzstellung des S c h w a b b r ü n n e r r i e t s und der noch rechtzeitigen (1978) des R u g g e l l e r R i e t e s. Auf den trockenen Streueflächen konnten sich vereinzelt noch Ophrys-Arten halten. Vom ehemaligen E s c h n e r B a n n r i e t sind nur noch einige Ried-Parzellen übrig (vgl. BROGGI 1986). Wenn es gelänge, hier noch ein repräsentatives Streuegebiet zu erhalten, könnte ein drittes Refugium geschaffen werden. Die Artenvielfalt ist zwar bereits eingeschränkt, aber noch interessant: *Ophrys holoserica, Liparis loeselii*. Es ist erstaunlich, dass sich auf einer Ried-Restfläche von ca. 5% möglicherweise alle bis auf eine *(Spiranthes aestivalis)* der feuchtliebenden Orchideen halten konnten, wenn auch die meisten von ihnen mit kritischer Schrumpfung der Bestände.

Ob Schaanwald gibt es noch Reste von einem Hangmoor, das von *Liparis loeselii* und den häufiger vorkommenden Riedorchideen bevölkert ist. Ein weiteres orchideologisch wertvolles Hangmoor mit Trockenrasenresten ist der M a t i l a b e r g bei Triesen. Hier ist einer der wenigen im Tal noch erhaltenen Standplätze von *Ophrys insectifera*. Bei Balzers gibt es noch etwas feuchte Stellen um N e u g r ü t t, E n t a m o o s und H ä l o s. Hier wuchs vor 30 Jahren unter Bäumen *Cypripedium calceolus*. Dieses ist hier jedoch verschollen. Der Trockenlegung praktisch des ganzen Balzner Riedgebietes ist die heute bei uns ausgestorbene Art *Spiranthes aestivalis* zum Opfer gefallen (Balzers-Mäls). Ungeachtet dessen sind die letzten Reste des Feuchtgebietes beidseits der Landstrasse unbedingt schutzwürdig.

1. Ruggeller Riet

Gymnadenia conopsea
Gymnadenia odoratissima
Platanthera bifolia
Platanthera chlorantha n
Ophrys holoserica n⁺ VU
Ophrys apifera n EN
Anacamptis pyramidalis n⁺ VU
Orchis mascula n
Orchis morio
Orchis ustulata
Orchis militaris
Orchis militaris var. albiflora
Traunsteinera globosa n
Dactylorhiza incarnata
Dactylorhiza majalis
Dactylorhiza traunsteineri VU
Dactylorhiza fuchsii ⁺
Herminium monorchis
Listera ovata
Neottia nidus-avis ⁺ *
Epipactis palustris
Liparis loeselii EN

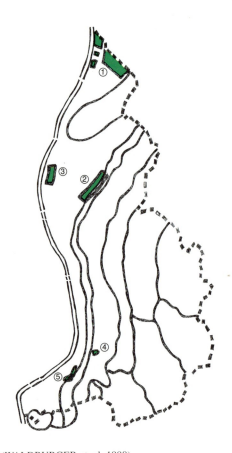

+ Nicht in der Gefässpflanzenliste von 1989 (WALDBURGER et. al. 1990)
* Nur im Schneggenäule

2. Schwabbrünnen-Äscher

Cypripedium calceolus n* RA
Gymnadenia conopsea
Gymnadenia odoratissima
Platanthera bifolia
Platanthera chlorantha
Ophrys holoserica VU
Anacamptis pyramidalis VU
Orchis palustris EN
Orchis mascula n*
Orchis morio
Orchis morio var. albiflora
Orchis ustulata
Orchis militaris
Traunsteinera globosa n

Dactylorhiza incarnata
Dactylorhiza incarnata ssp. ochroleuca EN
Dactylorhiza majalis
Dactylorhiza traunsteineri VU
Dactylorhiza fuchsii
Herminium monorchis
Listera ovata
Neottia nidus-avis *
Epipactis atrorubens n*
Epipactis helleborine
Epipactis palustris
Cephalanthera longifolia
Cephalanthera rubra n* RA
Liparis loeselii EN

* Diese z.T. von uns nicht nachgewiesenen Arten sind nicht im Ried, sondern im angrenzenden Forstwäldli und / oder Schwabbrünner Wald anzusiedeln.

3. Eschen Bannriet

Gymnadenia conopsea
Gymnadenia odoratissima
Gymnadenia odoratisima var. albiflora
Platanthera bifolia
Ophrys holoserica VU
Anacamptis pyramidalis VU
Orchis morio
Orchis ustulata n
Orchis militaris

Dactylorhiza incarnata
Dactylorhiza majalis
Dactylorhiza traunsteineri n VU
Dactylorhiza fuchsii
Herminium monorchis
Listera ovata
Epipactis palustris
Liparis loeselii EN

4. Triesen Matilaberg

Gymnadenia conopsea
Gymnadenia conopsea var. ornithis
Gymnadenia odoratissima
Platanthera bifolia
Platanthera chlorantha
Ophrys insectifera RA
Orchis mascula
Orchis morio

Orchis militaris
Traunsteinera globosa
Dactylorhiza incarnata n*
Dactylorhiza majalis
Dactylorhiza fuchsii
Listera ovata
Epipactis palustris

* Wahrscheinlich Fehlangabe bei SEITTER 1977

5. Balzers Neugrütt-Entamoos-Hälos

Cypripedium calceolus e RA
Gymnadenia conopsea
Gymnadenia odoratissima n
Coeloglossum viride n*
Platanthera bifolia
Anacamptis pyramidalis VU
Orchis pallens n⁺ EN

Orchis mascula n⁺
Orchis pallens x Orchis mascula n⁺
Orchis morio
Orchis ustulata
Orchis militaris
Listera ovata

* Eines der zwei bekannt gewordenen Vorkommen von Coeloglossum viride im Tal
⁺ Im angrenzenden nördlichen Auengehölz

Föhrenbestandene Streuewiese im Schneggenäule in Ruggell (Foto: Mario F. Broggi)

Ausschnitte aus den Naturschutzgebieten Ruggeller Riet (oben) und Schwabbrünnen-Äscher nördlich von Schaan (unten) (Fotos: Mario F. Broggi)

Talraum – Feuchtgebiete mit angrenzenden Streuwiesen und Auenwald: Vergleich

Art	Areal 1	2	3	4	5	nachge-wiesen
Cypripedium calceolus	-	(+)	–	–	((+))	–
Gymnadenia conopsea	+	+	+	+	+	5
Gymnadenia odoratissima	+	+	+	+	(+)	4
Coeloglossum viride	–	–	–	–	(+)	–
Platanthera bifolia	+	+	+	+	+	5
Platanthera chlorantha	+	+	–	+	–	3
Ophrys insectifera	–	–	–	+	–	1
Ophrys holoserica	(+)	+	+	–	–	2
Ophrys apifera	(+)	–	–	–	–	–
Anacamptis pyramidalis	(+)	+	+	–	+	3
Orchis palustris	–	+	–	–	–	1
Orchis pallens	–	–	–	–	(+)	–
Orchis pallens x Orchis mascula	–	–	–	–	(+)	–
Orchis mascula	(+)	(+)	–	+	(+)	1
Orchis morio	+	+	+	+	+	5
Orchis ustulata	+	+	(+)	–	+	3
Orchis militaris	+	+	+	+	+	5
Traunsteinera globosa	(+)	(+)	–	+	–	1
Dactylorhiza incarnata	+	+	+	(+)	–	3
Dactylorhiza ochroleuca	–	+	–	–	–	1
Dactylorhiza majalis	+	+	+	+	–	4
Dactylorhiza traunsteineri	+	+	(+)	–	–	2
Dactylorhiza fuchsii	+	+	+	+	–	4
Herminium monorchis	+	+	+	–	–	3
Listera ovata	+	+	+	+	+	5
Neottia nidus-avis	+	+	–	–	–	2
Epipactis atrorubens	–	(+)	–	–	–	–
Epipactis helleborine	–	+	–	–	–	1
Epipactis palustris	+	+	+	+	–	4
Cephalanthera longifolia	–	+	–	–	–	1
Cephalanthera rubra	–	(+)	–	–	–	–
Liparis loeselii	+	+	+	–	–	3
insgesamt (von 32)	21	27	16	14	13	
davon nachgewiesen	(17)	(22)	(15)	(13)	(7)	

5.2 Talraum - Trockenstandorte

Bis auf zwei Stellen sind die Magerwiesen im Talraum verschwunden. Die erste liegt bei der M a r e e in Vaduz, ist aber so klein, dass man das Schlimmste befürchten muss. Diese Wiese mit dem dazugehörigen Waldrand, der heute durch Zufahrtsstrassen zerstört ist, war vor vierzig Jahren der Standort von drei der vier bei uns vorkommenden *Ophrys*-Arten: *insectifera, holoserica* und *apifera*. *Ophrys insectifera* ist hier erloschen, und *Ophrys apifera* fristet noch ein kümmerliches Dasein. Unbedachte Hobbybotaniker zertrampeln die Wiese auf der Suche nach der botanischen Kostbarkeit mehr und mehr. Ausserdem wachsen hier noch ein paar wenige Exemplare von *Ophrys holoserica*, und im Herbst kann man vereinzelt *Spiranthes spiralis* finden.

Das zweite Magerwiesenrelikt verläuft zwischen Triesen und Balzers entlang dem Waldrand von L a n g W e s a über F o k s w i n k e l, Z e p f e l zum B i e d e r l e. Hier gab es 1982 noch 8.3 ha Magerwiesen, von denen jedoch bereits 1986 nur noch 3.4 ha ungedüngt waren (BROGGI 1986). Ein paar Flecken der Allmeind können noch hinzugerechnet werden (Oksaboda). Leider ist auch hier schon längst keine durchgehende Fläche mehr vorhanden. Diesen Raum als Magerwiesenraum im Tal zu erhalten und wenn möglich wieder zu erweitern ist von höchster Bedeutung. Hier kann man noch *Orchis pallens* (gebüschnah) und die vom Aussterben bedrohte *Spiranthes spiralis* finden. Einst, heute nicht mehr, war hier *Ophrys holoserica* und am nördlichen Rand jenseits der Rüfe auch *Ophrys apifera* zu finden. Ein neuer Fundort für letztere ist beim Allmeinstall (EW).

Nachdem annähernd 99% aller Magerwiesen im Tal verschwunden sind, ist der R h e i n d a m m zu dem Refugium der trockenliebenden Orchideen im Tal geworden. Leider haben es nicht alle geschafft, rechtzeitig hierherzuflüchten. So fehlen zum Beispiel *Ophrys sphegodes* und wohl auch *Ophrys apifera*. *Ophrys sphegodes* hat den Schwund der Magerwiesen nicht überstanden und gilt heute als erloschen.

6. Vaduz Maree

Gymnadenia conopsea
Gymnadenia odoratissima
Ophrys insectifera e RA
Ophrys holoserica VU
Ophrys apifera EN
Anacamptis pyramidalis VU
Orchis morio
Orchis militaris
Dactylorhiza fuchsii
Listera ovata
Cephalanthera longifolia
Spiranthes spiralis EN

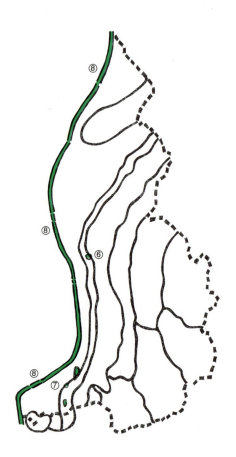

7. Balzers Lang Wesa-Zepfel-Biederle-Oksaboda

Gymnadenia conopsea
Platanthera bifolia
Platanthera chlorantha
Ophrys holoserica e VU
Ophrys apifera EN
Anacamptis pyramidalis VU
Orchis mascula
Orchis pallens EN
Orchis morio
Orchis morio var. albiflora
Orchis ustulata

Orchis militaris
Traunsteinera globosa
Dactylorhiza fuchsii
Listera ovata
Neottia nidus-avis *
Epipactis atrorubens *
Epipactis helleborine *
Cephalanthera damasonium RA *
Cephalanthera longifolia
Cephalanthera rubra * RA*
Spiranthes spiralis EN

* Am Waldrand

*Die letzten trockenen Magerwiesen des
Talraumes finden sich im Raum Zepfel-Lang
Wesa nördlich von Balzers
(Foto: Mario F. Broggi)*

8. Rheindamm Ruggell-Balzers

Gymnadenia conopsea
Gymnadenia conopsea var. ornithis
Gymnadenia odoratissima
Platanthera bifolia
Platanthera chlorantha n
Ophrys insectifera RA
Ophrys holoserica VU
Ophrys apifera e EN
Ophrys xdevenensis
Anacamptis pyramidalis VU
Orchis morio
Orchis militaris

Orchis militaris var. albiflora
Dactylorhiza incarnata
Dactylorhiza majalis
Dactylorhiza fuchsii
Herminium monorchis
Listera ovata
Epipactis atrorubens
Epipactis palustris
Cephalanthera damasonium RA
Cephalanthera longifolia
Cephalanthera rubra RA

Rheindamm bei Balzers

Talraum – Trockenstandorte: Vergleich

Art	Areal 6	7	8	nachge-wiesen
Gymnadenia conopsea	+	+	+	3
Gymnadenia odoratissima	+	–	+	2
Platanthera bifolia	–	+	+	2
Platanthera chlorantha	–	+	(+)	1
Ophrys insectifera	((+))	–	+	1
Ophrys holoserica	+	((+))	+	2
Ophrys apifera	+	+	((+))	2
Ophrys xdevenensis	–	–	+	1
Anacamptis pyramidalis	+	+	+	3
Orchis mascula	–	+	–	1
Orchis pallens	–	+	–	1
Orchis morio	+	+	+	3
Orchis militaris	+	+	+	3
Orchis ustulata	–	+	–	1
Traunsteinera globosa	–	+	–	1
Dactylorhiza incarnata	–	–	+	1
Dactylorhiza majalis	–	–	+	1
Dactylorhiza fuchsii	+	+	+	3
Herminium monorchis	–	–	+	1
Listera ovata	+	+	+	3
Neottia nidus-avis	–	+	–	1
Epipactis atrorubens	–	+	+	2
Epipactis helleborine	–	+	–	1
Epipactis palustris	–	–	+	1
Cephalanthera damasonium	–	+	+	2
Cephalanthera longifolia	+	+	+	3
Cephalanthera rubra	–	+	+	2
Spiranthes spiralis	+	+	–	2
insgesamt (von 28) davon nachgewiesen	12 (11)	21 (20)	21 (19)	

5.3 Wälder der unteren Hänge

Das W a l d g e b i e t, das sich über S c h a a n nach Va d u z und von Alpila bis nach Profatscheng erstreckt, bildet heute noch, obwohl aufgrund forstwirtschaftlicher Massnahmen längst nicht mehr durchgehend, ein Refugium für unsere waldbewohnenden Orchideen. Wir finden hier, über verschiedene Stellen verstreut, allein sechs von der Roten Liste erfasste Arten: *Cypripedium calceolus, Ophrys insectifera, Orchis pallens, Epipactis microphylla, Cephalanthera damasonium* und *Epipogium aphyllum*. Rüfe- und waldrandnah wurden – allerdings nicht im Beobachtungszeitraum – vereinzelt auch Funde zweier weiterer Ophrys-Arten: *Ophrys holoserica* und *Ophrys apifera* berichtet. An sonstigen selteneren Arten beherbergt dieses Waldgebiet *Epipactis purpurata, Epipactis muelleri, Cephalanthera rubra* und *Goodyera repens*. Aufgrund forstlicher Veränderungen sind jedoch auch früher noch vorhandene Orchideenstandorte verschwunden. Das gilt besonders für *Cypripedium calceolus, Ophrys insectifera, Orchis pallens* und *Epipogium aphyllum*.

Ein zweiter orchideologisch vielfaltiger Waldbereich grenzt an die Balzner Allmeind und umfasst E g g e r s w a l d, G r a s h a l d a und A n d. Hier kommen an Orchideen der Roten Liste vor: *Ophrys insectifera, Orchis pallens* (beide And), *Epipactis microphylla* und *Cephalanthera damasonium*. An weiteren selteneren Orchideen sind hier beheimatet: *Cephalanthera rubra, Goodyera repens und Corallorrhiza trifida*.

9. Vaduz-Schaan
Bannholz-Iraggell-Wildschloss-Barahalde-Duxwald-Alpilaecken

Cypripedium calceolus RA
Gymnadenia conopsea
Platanthera bifolia
Ophrys insectifera RA
Ophrys holoserica n VU
Ophrys apifera n EN
*Anacamptis pyramidalis * VU*
Orchis mascula
Orchis pallens EN
Orchis militaris n
Dactylorhiza fuchsii
Listera ovata

Neottia nidus-avis
Epipactis atrorubens
Epipactis helleborine
Epipactis muelleri EN
Epipactis purpurata EN
Epipactis microphylla RA
Cephalanthera damasonium RA
Cephalanthera longifolia
Cephalanthera rubra RA
Epipogium aphyllum VU
Goodyera repens
Corallorrhiza trifida

* Waldhotel beim ehemaligen Schwimmbad

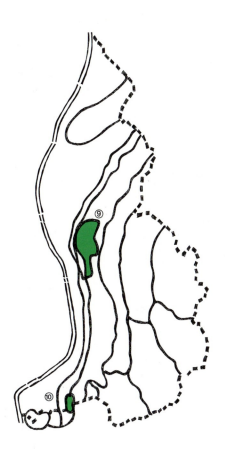

10. Balzers Eggerswald-Grashalda-And

Gymnadenia conopsea
Platanthera bifolia
Ophrys insectifera RA
Orchis mascula
Orchis pallens EN
Orchis militaris
Dactylorhiza fuchsii
Listera ovata
Neottia nidus-avis

Epipactis atrorubens
Epipactis helleborine
Epipactis microphylla RA
Cephalanthera damasonium RA
Cephalanthera longifolia
Cephalanthera rubra RA
Goodyera repens
Corallorrhiza trifida

*Föhrenwälder am Ellhorn
(oben, Foto: Hubert Wenzel) und Barahalde-
Vaduz (unten, Foto: Mario F. Broggi)*

*Buchenwald im Bereich der Balzner Rüfe
(Foto: Mario F. Broggi)*

Wälder der unteren Hänge: Vergleich

Art	Areal 9	10	nachge-wiesen
Cypripedium calceolus	+	–	1
Gymnadenia conopsea	+	+	2
Platanthera bifolia	+	+	2
Ophrys insectifera	+	+	2
Ophrys holoserica	(+)	–	–
Ophrys apifera	(+)	–	–
Anacamptis pyramidalis	+	–	1
Orchis mascula	+	+	2
Orchis pallens	+	+	2
Orchis militaris	(+)	+	1
Dactylorhiza fuchsii	+	+	2
Listera ovata	+	+	2
Neottia nidus-avis	+	+	2
Epipactis atrorubens	+	+	2
Epipactis helleborine	+	+	2
Epipactis muelleri	+	–	1
Epipactis purpurata	+	–	1
Epipactis microphylla	+	+	2
Cephalanthera damasonium	+	+	2
Cephalanthera longifolia	+	+	2
Cephalanthera rubra	+	+	2
Epipogium aphyllum	+	–	1
Goodyera repens	+	+	2
Corallorrhiza trifida	+	+	2
insgesamt (von 24)	24	17	
davon nachgewiesen	(21)	(17)	

5.4 Untere Hanglagen – Magerwiesen

Die Magerwiesen der talseitigen unteren Hanglagen teilen das gleiche Schicksal wie die Trockenareale im Tal: sie sind bis auf wenige Ausnahmen und kleine Restflächen verschwunden. Ehemals erstreckten sich die montanen Magerwiesen vom Schellenberg über Oberplanken und Planken Rütti, Frommenhaus und Erble, Hinterprofatscheng, Guggerboden, Grüscha, Lavadina-Wangerberg, Scherriswis und Magrüel bis nach Lida und Anell.

Am Schellenberg, auf Planken, Frommenhaus, Profatscheng, Guggerboden, Lavadina, Wangerberg und der Scherriswis sind die Orchideenareale weitgehend vernichtet.

Von dem ehemals grossen Bereich, der vom Meierhof Richtung Triesen und über die Grüschawiesen bis nach Triesenberg reichte, ist heute nur noch ein Zipfel der G r ü s c h a w i e s e oberhalb des Weges übriggeblieben. Dennoch konnten sich hier *Ophrys apifera* und *Spiranthes spiralis* in winzigen Beständen halten, sind aber vom Erlöschen unmittelbar bedroht. *Cephalanthera damasonium* ist am Waldrand zu finden, ebenso *Cephalanthera rubra*. Hier ist auch der höchst gelegene Standort von *Orchis morio*. Vor 40 Jahren konnte man hier auch noch *Ophrys insectifera* antreffen.

Das E l l t a l gegen A n e l l hat besonders am ostseitigen Hang jenseits der Landesgrenze noch eine schöne Magerwiese, mit kleinen Feuchtstellen durchsetzt. Hier findet man eines der reichhaltigsten Vorkommen von *Ophrys insectifera*. Am Waldrand diesseits der Grenze hat sich *Spiranthes spiralis* gehalten. *Traunsteinera globosa* steigt hier fast bis ins Tal herab. Im westseitigen Wald blüht *Goodyera repens*. Von Murr wird aus dem Elltal ein Fund von *xGymnigritella heufleri* (leg. K) berichtet; vielleicht beherbergte das Elltal einmal *Nigritella nigra* als Glazialrelikt.

Ebenfalls jenseits der Landesgrenze gegen Lida hinauf ist noch das H ö l z l e als intakte und höchst schützenswerte Magerwiese auf Balzner Boden erhalten, mit Vorkommen von *Ophrys insectifera, Spiranthes spiralis, Orchis morio* und *Epipactis palustris*.

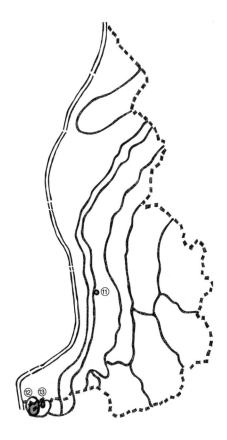

11. Grüschawiesen

Gymnadenia conopsea
Platanthera bifolia
Ophrys insectifera e RA
Ophrys apifera EN
Orchis mascula
Orchis morio
Orchis ustulata n
Orchis militaris
Dactylorhiza fuchsii
Listera ovata
Cephalanthera damasonium RA
Cephalanthera rubra RA
Spiranthes spiralis EN

12. Elltal-Anell

Gymnadenia conopsea
Gymnadenia odoratissima
Platanthera bifolia
Platanthera chlorantha
Ophrys insectifera RA
Orchis mascula
Orchis morio
Orchis ustulata
Orchis militaris
Traunsteinera globosa

Dactylorhiza majalis
Dactylorhiza fuchsii
Listera ovata
Neottia nidus-avis *
Epipactis atrorubens *
Epipactis helleborine *
Cephalanthera damasonium * RA
Cephalanthera longifolia
Goodyera repens *
Spiranthes spiralis EN

* Im angrenzenden Ellwald

*Magerwiesen Zipfel-Eichholz, Triesenberg,
oberhalb des Grüschaweges
(Foto: Mario F. Broggi)*

13. Hölzle und Matheid ob Mäls

Gymnadenia conopsea
Gymnadenia conopsea var. ornithis
Gymnadenia odoratissima
Platanthera bifolia
Platanthera chlorantha
Ophrys insectifera RA
Orchis mascula
Orchis mascula var. albiflora
Orchis morio
Orchis ustulata

Dactylorhiza majalis
Dactylorhiza fuchsii
Neottia nidus-avis
Listera ovata
Epipactis atrorubens
Epipactis palustris
Cephalanthera damasonium RA
Cephalanthera longifolia
Spiranthes spiralis EN

... und Reckholtera in südlicher Fortsetzung
(Foto: Mario F. Broggi)

Untere Hanglagen – Magerwiesen: Vergleich

Art	Areal 11	12	13	nachge- wiesen
Gymnadenia conopsea	+	+	+	3
Gymnadenia odoratissima	–	+	+	2
Platanthera bifolia	+	+	+	3
Platanthera chlorantha	–	+	+	2
Ophrys insectifera	((+))	+	+	2
Ophrys apifera	+	–	–	1
Orchis mascula	+	+	+	3
Orchis morio	+	+	+	3
Orchis ustulata	(+)	+	+	2
Orchis militaris	+	+	–	2
Traunsteinera globosa	–	+	–	1
Dactylorhiza majalis	–	+	+	2
Dyctylorhiza fuchsii	+	+	+	3
Listera ovata	+	+	+	3
Neottia nidus-avis	+	+	+	3
Epipactis atrorubens	–	+	+	2
Epipactis helleborine	–	+	–	1
Epipactis palustris	–	–	+	1
Cephalanthera damasonium	+	+	+	3
Cephalanthera longifolia	–	+	+	2
Cephalanthera rubra	+	–	+	2
Goodyera repens	–	+	–	1
Spiranthes spiralis	+	+	+	3
insgesamt (von 23) davon nachgewiesen	14 (12)	20 (20)	18 (18)	

5.5 Alpengebiet

Durch Düngung, Schafalpung und Zersiedlung sind auch in den Alpen die Magerwiesen erheblich zurückgegangen. Dennoch haben sich hier noch einzelne, grössere oder kleinere zusammenhängende intakte Alpenwiesen und Waldgebiete erhalten, besonders in den höheren Lagen. Wir haben davon einige ausgewählt und stellen sie besonders vor.

Auf Gafadura wächst *Ophrys insectifera* nicht so selten. Im Wald bei Gafadura kommen *Epipogium aphyllum* sowie *Corallorrhiza trifida* und auch *Cypripedium calceolus* vor.

Das Gebiet zwischen Masescha und Gaflei ist in den letzten Jahrzehnten stark zersiedelt und teils auch erheblich gedüngt worden. Einzig der Hang Foppa-Tela und Teile von Matu sind heute noch als Orchideenrückzugsgebiet interessant mit *Orchis pallens, Orchis ustulata* und *Ophrys insectifera*, sowie *Cypripedium calceolus* und *Corallorrhiza trifida* im Waldbereich. Einmal fanden wir auch *Anacamptis pyramidalis*, und auch *Orchis militaris* ist bis hier hochgestiegen.

Die Magerwiesen und Waldränder von Silum beherbergen *Ophrys insectifera, Orchis pallens* und *Cypripedium calceolus*. *Corallorrhiza trifida* gibt es hier im Wald häufig. Ausserdem hat Silum einen Alpenstandort von *Herminium monorchis* und *Cephalanthera rubra*. *Nigritella nigra*, einst häufig, ist sehr selten geworden. Hier gab es auch einmal *Nigritella rubra* (Fotobeleg von 1960 im Fotoarchiv BR & HR).

Die meisten Rote Liste-Orchideen in den Alpen hat das Gebiet vom Steg das Saminatal hinunter und die Hänge hinauf zum Garselli. Hier kommen vor: *Cypripedium calceolus* (Massenvorkommen), *Ophrys insectifera, Listera cordata, Epipogium aphyllum* und die erst vor kurzem bei uns gefundene *Malaxis monophyllos*. Im Saminatal sind auch einige Alpenstandorte von *Epipactis palustris* und von *Dactylorhiza incarnata*.

Für das Waldgebiet Sücka-Älple sind charakteristisch *Listera cordata, Corallorrhiza trifida* sowie ein Fundplatz von *Malaxis monophyllos*. Nicht bestätigte Angaben nennen auch *Goodyera repens* und *Cypripedium calceolus*.

Das Gratgebiet Goldlochspitz-Rappenstein sowie das Gebiet Pradamee-Hahnenspiel weist die *Gymnadenia x Nigritella* und *Leucorchis x Nigritella* Bastarde *xGymnigritella suaveolens, xGymnigritella heufleri* und *xLeucotella micrantha* auf. Hier wächst auch *Chamorchis alpina* als typisch alpine Orchidee. Auf Wang-Goldlochspitze, wie auch auf der Nospitze ob Pradamee befinden sich Fundstellen von *Nigritella rubra*.

Tuass-Lawena schliesslich hat einen ähnlichen Stellenwert wie das Saminatal-Garselli. Es kommen dort vor: *Cypripedium calceolus*, häufiger *Orchis pallens*, *Cephalanthera damasonium*, *Nigritella*-Bastarde, *Chamorchis alpina*, *Corallorrhiza trifida* sowie, einer alten, nicht bestätigten Angabe zufolge, *Epipogium aphyllum*.

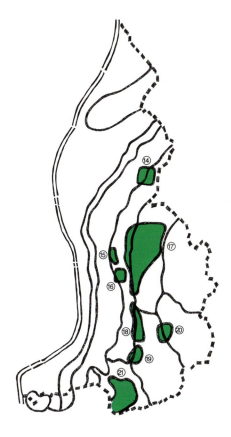

14. Gafadura

Cypripedium calceolus RA
Gymnadenia conopsea
Gymnadenia odoratissima
Leucorchis albida
Coeloglossum viride
Platanthera bifolia
Platanthera chlorantha
Ophrys insectifera RA
Orchis mascula
Orchis ustulata
Traunsteinera globosa
Dactylorhiza fuchsii
Listera ovata
Neottia nidus-avis
Epipactis atrorubens
Epipactis helleborine
Epipogium aphyllum VU
Corallorrhiza trifida

15. Foppa-Tela-Matu

Cypripedium calceolus RA
Gymnadenia conopsea
Gymnadenia odoratissima
Leucorchis albida
Coeloglossum viride
Platanthera bifolia
Platanthera chlorantha
Ophrys insectifera RA
Anacamptis pyramidalis VU
Orchis mascula
Orchis pallens EN

Orchis ustulata
Orchis militaris
Traunsteinera globosa
Dactylorhiza majalis
Dactylorhiza fuchsii
Listera ovata
Neottia nidus-avis
Epipactis atrorubens
Epipactis helleborine
Corallorrhiza trifida

233

16. Silum

Cypripedium calceolus RA
Gymnadenia conopsea
Gymnadenia conopsea var. ornithis
Gymnadenia odoratissima
Nigritella nigra
Nigritella rubra e EN
Leucorchis albida
Coeloglossum viride
Platanthera bifolia
Platanthera chlorantha
Ophrys insectifera RA
Orchis mascula
Orchis pallens EN

Orchis ustulata
Orchis militaris
Traunsteinera globosa
Dactylorhiza majalis
Dactylorhiza fuchsii
Herminium monorchis
Listera ovata
Neottia nidus-avis
Epipactis atrorubens
Epipactis helleborine
Cephalanthera longifolia
Cephalanthera rubra RA
Corallorrhiza trifida

17. Garselli-Saminatal

Cypripedium calceolus RA
Cypripedium calceolus var. flavum
Gymnadenia conopsea
Gymnadenia odoratissima
Nigritella nigra
xGymnigritella heufleri
Leucorchis albida
Coeloglossum viride
Platanthera bifolia
Platanthera chlorantha
Ophrys insectifera RA
Orchis ustulata
Traunsteinera globosa
Dactylorhiza incarnata

Dactylorhiza majalis
Dactylorhiza fuchsii
Listera ovata
Listera cordata
Neottia nidus-avis
Epipactis atrorubens
Epipactis helleborine
Epipactis palustris
Cephalanthera longifolia
Cephalanthera rubra RA
Epipogium aphyllum VU
Corallorrhiza trifida
Malaxis monophyllos EN

18. Sücka-Älple

Cypripedium calceolus n RA
Gymnadenia conopsea
Gymnadenia odoratissima
Gymnadenia odoratissima var. albiflora
Nigritella nigra
Leucorchis albida
Coeloglossum viride
Platanthera bifolia
Platanthera chlorantha
Orchis mascula

Dactylorhiza majalis
Dactylorhiza fuchsii
Listera ovata
Listera cordata
Epipactis atrorubens
Epipactis helleborine n
Goodyera repens n
Corallorrhiza trifida
Malaxis monophyllos EN

19. Goldlochspitz-Rappenstein

Chamorchis alpina
Gymnadenia conopsea
Gymnadenia odoratissima
Gymnadenia odoratissima var. albiflora
Nigritella nigra
xGymnigritella suaveolens
xGymnigritella heufleri
xLeucotella micrantha
Nigritella rubra EN

Leucorchis albida
Coeloglossum viride
Platanthera bifolia
Platanthera chlorantha n
Traunsteinera globosa
Dactylorhiza majalis
Dactylorhiza fuchsii
Listera ovata

20. Pradamee-Hahnenspiel

Chamorchis alpina
Gymnadenia conopsea
Gymnadenia odoratissima
Nigritella nigra
xLeucotella micrantha
Nigritella rubra EN
Leucorchis albida

Coeloglossum viride
Orchis ustulata
Traunsteinera globosa
Dactylorhiza majalis
Dactylorhiza fuchsii
Listera ovata

21. Tuass-Lawena

Cypripedium calceolus RA
Chamorchis alpina
Gymnadenia conopsea
Nigritella nigra
xGymnigritella heufleri
Leucorchis albida
Coeloglossum viride
Platanthera bifolia
Orchis mascula
Orchis pallens EN
Orchis ustulata

Traunsteinera globosa
Dactylorhiza majalis
Dactylorhiza fuchsii
Neottia nidus-avis
Epipactis atrorubens
Epipactis helleborine
Epipactis microphylla
Cephalanthera damasonium RA
Cephalanthera longifolia
Epipogium aphyllum n VU
Corallorrhiza trifida

*Unteres Saminatal mit
Triesenberger- und Plankner Garselli
(Foto: Hubert Wenzel)*

Alpine Matten

Alpengebiet: Vergleich

Art	Areal 14	15	16	17	18	19	20	21	nachgewiesen
Cypripedium calceolus	+	+	+	+	(+)	–	–	+	5
Chamorchis alpina	–	–	–	–	–	+	+	+	3
Gymnadenia conopsea	+	+	+	+	+	+	+	+	8
Gymnadenia odoratissima	+	+	+	+	+	+	+	–	7
Nigritella nigra	–	–	+	+	+	+	+	+	6
x*Gymnigritella suaveolens*	–	–	–	–	–	+	–	–	1
x*Gymnigritella heufleri*	–	–	–	+	–	+	–	+	3
x*Leucotella micrantha*	–	–	–	–	–	–	+	–	1
Nigritella rubra	–	–	((+))	–	–	+	+	–	2
Leucorchis albida	+	+	+	+	+	+	+	+	8
Coeloglossum viride	+	+	+	+	+	+	+	+	8
Platanthera bifolia	+	+	+	+	+	+	–	+	7
Platanthera chlorantha	+	+	+	+	+	(+)	–	–	5
Ophrys insectifera	+	+	+	+	–	–	–	–	4
Anacamptis pyramidalis	–	+	–	–	–	–	–	–	1
Orchis mascula	+	+	+	–	+	–	–	+	5
Orchis pallens	–	+	+	–	–	–	–	+	3
Orchis ustulata	+	+	+	+	–	–	+	+	6
Orchis militaris	–	+	+	–	–	–	–	–	2
Traunsteinera globosa	+	+	+	+	+	+	+	+	8
Dactylorhiza incarnata	–	–	–	+	–	–	–	–	1
Dactylorhiza majalis	–	+	+	+	+	+	+	+	7
Dactylorhiza fuchsii	+	+	+	+	+	+	+	+	8
Herminium monorchis	–	–	+	–	–	–	–	–	1
Listera ovata	+	+	+	+	+	+	+	–	7
Listera cordata	–	–	–	+	+	–	–	–	2
Neottia nidus-avis	+	+	+	+	–	–	–	+	5
Epipactis atrorubens	+	+	+	+	+	–	–	+	6
Epipactis helleborine	+	+	+	+	(+)	–	–	+	5
Epipactis palustris	–	–	–	+	–	–	–	–	1
Epipactis microphylla	–	–	–	–	–	–	–	+	1
Cephalanthera damasonium	–	–	–	–	–	–	–	+	1
Cephalanthera longifolia	–	–	+	+	–	–	–	+	3
Cephalanthera rubra	–	–	+	+	–	–	–	–	2
Epipogium aphyllum	+	–	–	+	–	–	–	(+)	2
Goodyera repens	–	–	–	–	(+)	–	–	–	–
Corallorhiza trifida	+	+	+	+	+	–	–	+	6
Malaxis monophyllos	–	–	–	+	+	–	–	–	2
insgesamt (von 38)	18	21	25	26	19	15	13	22	
davon nachgewiesen	(18)	(21)	(24)	(26)	(16)	(14)	(13)	(21)	

6. Verteilung der Arten auf Standorte (Vegetationstypen)

Für diese – vereinfachte – Verteilungstabelle haben wir – nach SUNDERMANN 1980 – sieben Standorte unterschieden: Ried, Magerwiesen des Tals, Bergwiesen der talseitigen Hänge, Matten der Alpen, Nadelwälder und Laubwälder (des Westhangs der Westkette) sowie Bergwälder.

Art	Ried	Magerwiesen	Bergwiesen	Matten	Nadelwald	Laubwald	Bergwald	Σ
Cypripedium calceolus					+	+	+	3
Chamorchis alpina				+				1
Gymnadenia conopsea	+	+	+	+	+	+	+	7
Gymnadenia odoratissima	+	+	+	+			+	5
Nigritella nigra				+				1
Nigritella rubra				+				1
Leucorchis albida			+	+			+	3
Coeloglossum viride			+	+				2
Platanthera bifolia	+	+	+	+	+	+	+	7
Platanthera chlorantha	+	+	+	+	+	+	+	7
Ophrys insectifera		+	+	+	+		+	5
Ophrys holoserica	+	+						2
Ophrys apifera	+	+	+					3
Anacamptis pyramidalis	+	+		(+)				2
Orchis palustris	+							1
Orchis mascula		+	+	+	+	+	+	6
Orchis pallens		+	+	+	+	+	+	6
Orchis morio	+	+	+					3
Orchis ustulata	+	+	+	+				4
Orchis militaris	+	+	+	+				4
Traunsteinera globosa		+	+	+				3
Dactylorhiza incarnata	+	+						2
D. incarnata ssp. *ochroleuca*	+							1
Dactylorhiza majalis	+	+	+	+				4
Dactylorhiza traunsteineri	+							1
Dactylorhiza fuchsii	+	+	+	+	+	+	+	7
Herminium monorchis	+	+		+				3
Listera ovata	+	+	+	+	+	+	+	7
Listera cordata							+	1
Neottia nidus-avis	(+)				+	+	+	3
Epipactis atrorubens		+		+	+	+	+	5
Epipactis helleborine			+	+	+	+	+	5
Epipactis muelleri					+	+		2
Epipactis purpurata						+		1
Epipactis palustris	+	+						2
Epipactis microphylla						+		1
Cephalanthera damasonium					+	+	+	3
Cephalanthera longifolia	+	+	+	+	+	+	+	7
Cephalanthera rubra		+			+	+	+	4
Limodorum abortivum						+		1

Traunsteinera globosa row: sum shown as 4 (+ in Magerwiesen, Bergwiesen, Matten).

Art	Ried	Mager-wiesen	Berg-wiesen	Mat-ten	Nadel-wald	Laub-wald	Berg-wald	Σ
Epipogium aphyllum					+		+	2
Goodyera repens					+		+	2
Spiranthes spiralis		+	+					2
Corallorhiza trifida					+		+	2
Liparis loeselii	+							1
Malaxis monophyllos				+			+	2
Anzahl vorkommender Arten:	22	24	20	23	21	16	22	
Anzahl Arten Rote Liste:	7	7	4	3	9	5	7	

Aus der Übersicht geht hervor, dass sich die Arten insgesamt ziemlich regelmässig auf die einzelnen Standorte verteilen. Auch bezüglich der Anzahl an Arten der bestehenden Roten Liste auf den einzelnen Standorten gibt es keine extremen Differenzen. Wohl jedoch ist festzustellen, dass viele Arten der Roten Liste stark eingeschränkten Standortbedingungen unterliegen.

Standortvariable Arten
(5 Standorte und mehr) sind:
   Gymnadenia conopsea
   Gymnadenia odoratissima
   Platanthera bifolia
   Platanthera chlorantha
RA *Ophrys insectifera*
   Orchis mascula
EN *Orchis pallens*
   Dactylorhiza fuchsii
   Listera ovata
   Epipactis atrorubens
   Epipactis helleborine
   Cephalanthera longifolia

Arten mit stark eingeschränkten Standorten sind:

Ausschliessliche Riedbewohner:
EN *Orchis palustris*
EN *Dactylorhiza incarnata*
    ssp. *ochroleuca*
VU *Dactylorhiza traunsteineri*
EN *Liparis loeselii*

Beschränkt auf Ried und Magerwiesen im Tal und den unteren Hängen:
VU *Ophrys holoserica*
EN *Ophrys apifera*
VU *Anacamptis pyramidalis*
   Orchis morio
EN *Spiranthes spiralis*

Beschränkt auf Wälder des Tals und der unteren Hänge:
EN *Epipactis muelleri*
EN *Epipactis purpurata*
RA *Epipactis microphylla*
EN *Limodorum abortivum*

Nur auf unbewaldeten Standorten der Alpen:
   Chamorchis alpina
   Nigritella nigra
EN *Nigritella rubra*

Nur in den Wäldern der unteren Hänge und Alpen:
   Listera cordata
VU *Epipogium aphyllum*
   Corallorhiza trifida

In dieser Aufzählung der Arten mit stark eingeschränkten Standorten sind 16 von insgesamt 22 der in der Roten Liste aufgeführten Arten vertreten. Selten, aber weiter verbreitet sind nur:

RA *Cypripedium calceolus*
RA *Ophrys insectifera*
EN *Orchis pallens*
RA *Cephalanthera damasonium*

7. Höhenverteilung

Da die Höhenverteilung interessante Aufschlüsse pflanzengeographischer Natur, über den Lebensraum der einzelnen Arten sowie dessen zunehmende Einschränkung gibt, soll diese im einzelnen näher beleuchtet werden.

Cypripedium calceolus: Bei uns wahrscheinlich postglazial. Steigt vom Tal bis etwa 1700 m, mit Schwerpunkt um 1200 bis 1500 m. Das spärliche Vorkommen im Tal ist durch forstwirtschaftliche Veränderungen bedingt (vor allem Verschwinden der Auenwälder), der Höhenschwerpunkt daher wohl als Rückzugsphänomen zu deuten.

Chamorchis alpina: Nur im alpinen Bereich von 1900 bis 2350 m.

Gymnadenia conopsea: Kontinuierlich von 430 bis 2100 m, mit Häufungen um 450-550 m und dann wieder 1400-2000 m. Von MURR 1923 wird ihr Vorkommen im Tal als Glazialrelikt angesehen.

Gymnadenia odoratissima: Kommt im Talbereich bis etwa 700 m und dann erst wieder ab 1000 bis 2400 m vor. Die Talstandorte werden oft als Glazialreliktvorkommen angesprochen. Da jedoch die Tal- und die Gebirgssippe in ihrem Habitus deutlich verschieden ist, kann auch nicht ausgeschlossen werden, dass die Gebirgsstandorte voreiszeitlich sind und die Talstandorte postglazial besiedelt wurden.

Nigritella nigra: Vorkommen von 1400 bis 2400 m. Aufgrund eines Hybridenfundes kann ein früheres Glazialreliktvorkommen am Ellhorn vermutet werden.

Nigritella rubra: Nur um 2000 m nachgewiesen. Ein erloschener Fundort lag bei 1450 m (Silum).

Leucorchis albida: Mit Schwerpunkt zwischen 1600 und 2400 m wie Nigritella nigra, im Gegensatz zu dieser jedoch gelegentlich bis ca. 300 m tiefer steigend.

Coeloglossum viride: Mit Vorkommen zwischen 1300 und 2200 m. Einzelfunde liegen auch tiefer (950 m bei Oberplanken). Nicht nachgewiesene Funde auch aus dem Talraum (Triesner Forst und Balzers Entamoos). Custer fand sie um 1800 noch im Bodenseeried. Es ist unklar, ob diese frische Wiesen liebende Art früher kontinuierlich weiter herabgestiegen ist, oder ob vielleicht alpine Sippen an geschützten Standorten die Eiszeit überlebt haben und die nacheiszeitliche Besiedlung des Talraums von Norden sich nicht gehalten hat.

Platanthera bifolia: Vom Tal bis 1900 m, jedoch mit zwei Schwerpunkten zwischen 430-800 und 1400-1800 m. Der Grund für die Existenz eines schwach besiedelten Gürtels zwischen 800 und 1400 m ist unklar, zumal *P. bifolia* als Waldorchidee hier keinen Mangel an Standorten hätte.

Platanthera chlorantha: Vom Tal bis 1600 m, aber ebenfalls mit zwei Schwerpunkten zwischen 500-800 und 1300-1600 m. Beide Arten scheinen nur gelegentlich den Kamm der Westkette zu überschreiten.

Ophrys insectifera: Höhenverbreitung von 470 bis 1650 m. Auch *O. insectifera* kommt in zwei Häufungen zwischen 500-700 und 1300-1500 m vor. Ein Grund könnten hier fehlende oder vernichtete Standorte zwischen 800 und 1200 m sein.

Ophrys holoserica: Nur im Tal bis 550 m. Höher gelegene Fundstellen wurden nie bekannt. Für St.Gallen berichtet SEITTER 1989 einen Fund am Furtberg bei 890 m.

Ophrys apifera: Bei uns bis 760 m nachgewiesen. Bevorzugt etwas höher gelegene Hänge als die aufs Tal beschränkte *O. holoserica*. MURR 1923 berichtet einen Fund vom Triesenberg bei 1150 m, die Stelle ist unklar. Die Vorkommen bei Triesen reichten früher sicher bis Triesenberg.

Anacamptis pyramidalis: Kommt nur im Tal vor, bis auf gelegentliche Streufunde: 1360 m (Foppa-Tela). Auch MURR 1923 gibt eine Stelle bei 1200 m an.

Orchis palustris: Bei uns nur im Schwabbrünner Riet zu finden.

Orchis mascula: Vom Tal bis 1800 m kontinuierlich steigend, oberhalb 1600 m nur noch sporadisch.

Orchis pallens: Vom Tal bis über 1500 m. Keine neueren Angaben zwischen 650 und 1300 m.

Orchis morio: Hauptsächlich im Tal, steigt bis 750 m.

Orchis ustulata: Kommt einmal zwischen 430-720 m und dann erst wieder von 1350 bis 1900 m vor. Der Grund für diese Höhengliederung ist unklar, aber vielleicht auf Mangel an Standorten im Zwischenbereich zurückzuführen.

Orchis militaris: Hauptsächlich im Tal, mit Streufunden gelegentlich bis in die Alpen (1560 m auf Silum).

Traunsteinera globosa: Hat ihr Hauptvorkommen zwischen 1400 und 2000 m, jedoch mit einzelnen Fundstellen bis ins Tal, wo sie als Glazialrelikte angesehen werden.

Dactylorhiza incarnata: Bei uns hauptsächlich im Tal, obwohl aus dem benachbarten St.Gallen Fundorte bis über 1500 m bekannt sind (SEITTER 1989). Neuerdings im Saminatal-Steg bei 1200 m gefunden.

Dactylorhiza incarnata ssp. ochroleuca: Nur im Schwabbrünner Riet und im Schaanwald ein Reliktstandort.

Dactylorhiza majalis: Auch *D. majalis* besiedelt zwei getrennte Höhenbereiche, einmal von 430-700 und dann wieder von 1000 bis 1900 m. Vermutlich fehlen geeignete Standorte im Zwischenbereich.

Dactylorhiza traunsteineri: Wir haben sie nur im Riet als solche identifiziert. Ob sie an höher gelegenen Stellen mit *D. majalis* vorkommt bzw. nicht von letzterer unterschieden wurde, ist noch abzuklären.

Dactylorhiza fuchsii: Kontinuierlich vom Tal bis gegen 2000 m, gehäuft um 500 bis 600 und 1400 bis 1500 m.

Herminium monorchis: Hauptvorkommen im Tal. Es sind aber auch Alpenstandorte bekannt. Dazwischen, d.h. von 500 m bis 1400 m, kommt sie nicht vor. Im benachbarten St.Gallen (SEITTER 1989) sind etliche Funde aus mittleren Lagen bekannt. Auch hier ist der Grund für ihr Fehlen bei uns in diesem Gürtel unklar.

Listera ovata: Überall vom Ried bis an den Rand der alpinen Zone bei 1900 m.

Listera cordata: Auf 1400 bis etwa 1900 m beschränkt.

Neottia nidus-avis: Von 430 bis 1700 m ziemlich kontinuierlich, aber mit Schwerpunkten zwischen 500-700 und 1200-1500 m, selten jenseits des Kamms der Westkette.

Epipactis atrorubens: Kontinuierlich, aber Schwerpunkt von 500-700 m und wieder von 1400-1700 m. Auch für *E. atrorubens* existiert also ein schwächer besiedelter Gürtel zwischen 700 und 1400 m. *E. atrorubens* reicht als einzige der Epipactis-Arten bis in den alpinen Bereich. Vielleicht haben die Gebirgssippen hier die Eiszeit überstanden.

Epipactis helleborine: Von 450 bis 1300 m mit Schwerpunkt im Tal, gelegentlich bis 1650 m steigend.

Epipactis muelleri: Bisher nur zwei Fundorte an den unteren Hängen der Westkette.

Epipactis purpurata: Bei uns bisher nur an den unteren Hängen in vereinzelten Exemplaren gefunden.

Epipactis palustris: Fast ausschliesslich im Tal von 430-500 m. Bisher wurden zwei Alpenfundorte bei 1250 m bekannt. Im benachbarten St.Galler Oberland und Alvier-Churfistengebiet häufiger bis 1600 m (SEITTER 1989).

Epipactis microphylla: Zwischen 500 und 1250 m, nur am Westhang der Westkette.

Cephalanthera damasonium: Von 500 bis 1000 m, gelegentlich bis 1800 m, keine Angaben für jenseits des Kamms der Westkette.

Cephalanthera longifolia: Von 450 bis 1500 m auf den rheintalseitigen Hängen, bisher nur zwei Fundangaben für das Saminatal.

Cephalanthera rubra: Vorwiegend von 500-900 m, gelegentlich bis 1450 m, bisher zwei Angaben für jenseits des Kamms der Westkette. Alle drei Cephalanthera-Arten sind wärmeliebend und dringen nicht bis in den alpinen Bereich vor.

Limodorum abortivum: Nur im Tal an einer einzigen Stelle.

Epipogium aphyllum: Zwischen 1100 und 1500 m. Früher bis 800 m herab, wo heute geeignete Standorte fehlen.

Goodyera repens: Von 500 bis 1250 m, selten auch im Alpenbereich (1650 m bei Sass). Der Status der Alpenstandorte, ob reliktisch oder neu besiedelt, ist unklar.

Spiranthes spiralis: Bei uns von 500-800 m.

Corallorrhiza trifida: Schwerpunkt von 1000 bis 1700 m, selten auch tiefer angetroffen.

Liparis loeselii: Bei uns nur im Ried. Wird hier von MURR 1923 als Nacheiszeitrelikt angesehen.

Malaxis monophyllos: Fundstellen zwischen 1000 und 1600 m, bis jetzt nur jenseits des Kamms der Westkette gefunden.

Diese Beobachtungen können wie folgt zusammengefasst werden:

1) Einige Arten wachsen bei uns nur in der Rheintalebene und an den angrenzenden Hängen: *Ophrys holoserica, Ophrys apifera, Orchis palustris, Orchis morio, Epipactis muelleri, Epipactis purpurata, Epipactis microphylla, Limodorum abortivum; Dactylorhiza traunsteineri, Liparis loeselii; Spiranthes spiralis.* Sie werden unseren Raum postglazial vom Süden und Südosten (1. Gruppe), vom Nordosten (2. Gruppe) sowie vom Südwesten her (*S. spiralis*) besiedelt haben. Warum *L. loeselii* nur im Tal vorkommt, ist unklar. Für *D. traunsteineri* sind eventuelle Gebirgsstandorte nicht abgeklärt.

2) Eine Reihe von Arten kommt vorwiegend im Tal vor und besiedelt gelegentlich einen Höhenstandort. Zu ihnen gehören: *Anacamptis pyramidalis, Orchis militaris, Dactylorhiza incarnata, Herminium monorchis* und *Epipactis palustris.* Für die aus dem Süden eingewanderte *A. pyramidalis* und die aus dem Osten kommende *O. militaris* ist die Höhenbesiedlung sicher rezent.

E. palustris und *D. incarnata* könnten nacheiszeitlich das Saminatal hinaufgewandert sein. Für *H. monorchis* ist das scharf getrennte Vorkommen in der Rheintalebene und im Gebirge unerklärt. Hier ist auch *Goodyera repens* zu erwähnen, die vorwiegend an den rheintalseitigen Hängen bis 1200 m wächst, aber punktuell auch in den Alpen wie im Malbun anzutreffen ist.

3) Eine Reihe von Arten steigt höher, überschreitet aber nicht oder nur selten den Kamm der Westkette: *Epipactis microphylla* und alle drei *Cephalanthera*-Arten.

4) Eine Reihe von nördlichen bis zirkumpolaren Arten besiedelt vorwiegend den subalpinen Bereich: zu ihnen gehören *Listera cordata, Epipogium aphyllum, Corallorrhiza trifida* und *Malaxis monophyllos*.

5) Einige ursprünglich wohl alpine Arten kommen nur im subalpinen bis alpinen Gürtel vor: *Chamorchis alpina*, beide *Nigritella*-Arten und *Pseudorchis albida*.

6) Einige montanalpine Arten kommen glazial reliktisch auch im Tal vor: *Gymnadenia odoratissima, Coeloglossum viride, Traunsteinera globosa*. Jedoch ist eine eventuelle Doppelbesiedlung sowohl für *G. odoratissima* als auch für *C. viride* nicht ganz auszuschliessen.

7) Ein interessantes Phänomen ist, dass die meisten Arten, die eine breite Höhenverteilung vom Tal bis an die alpine Zone heran haben, bevorzugt in zwei getrennten Höhenbereichen wachsen, ohne dass im einzelnen die Gründe dafür immer klar sind. Zu ihnen gehören: beide *Platantheren*, *Ophrys insectifera, Orchis pallens, Orchis ustulata* und *Dactylorhiza majalis*. Der fundortarme Gürtel liegt zwischen 750 und 1300 m. Zählt man alle Arten, die hier nicht oder kaum vorkommen, auch die unter 6 und unter 2 erwähnten, zusammen, so kommt man auf eine Zahl von 14 bis 15, was einem Drittel aller bei uns vorkommenden Arten entspricht. Unter ihnen befinden sich Arten der verschiedensten Standortansprüche, von Wald bis Magerwiesen liebenden Arten. Selbst einige «Allrounder» sind hier in der Regel spärlicher vertreten: *Gymnadenia conopsea, Listera ovata, Neottia nidus-avis* und *Epipactis atrorubens*. Auch sind oft gelegentliche Vorkommen im Zwischenbereich nicht am Westhang der Westkette, sondern im unteren Saminatal. Sicher spielt hier die Bewirtschaftung der Wiesen des Höhensiedlungsgürtels von Wangerberg bis Planken eine gewichtige Rolle. Vielleicht sind jedoch dafür auch allgemeine klimatische Faktoren des Rheintals wie Inversionsschichten und Nebelgürtel und damit verbundene Immissionen mitverantwortlich. Ähnliche Beobachtungen hat auch Leo Lienert in Obwalden gemacht (pers. Mitteilung). Das Phänomen verdient sicher eine eingehendere Untersuchung auch in bezug auf andere Pflanzengruppen.

Höhenverteilung (m)*

	400	500	600	700	800	900	1000	1100	1200	1300	1400	1500	1600	1700	1800	1900	2000	2100	2200	2300	2400
Cypripedium calceolus		•	•	●	•	•	•	•	•	•	●	●	●	•							
Chamorchis alpina												•	•	•	●	•	•	●	●	●	●
Gymnadenia conopsea	●	●	●	•	•	●	•	•	•	•	●	•	•	●	●	●	●	●	•	•	•
Gymnadenia odoratissima	•													●	●	●	●	●	•		
Nigritella nigra																•	•	●	•	•	•
Nigritella rubra															•	•	•	•	•		
Leucorchis albida			•	•	•	•	•	•	•	•	•	•	•	•	●	●	●	●	●	•	•
Coeloglossum viride									•	•	•	•	•	•	●	●	●	•	•	•	•
Platanthera bifolia	●	•	•	•	•	•	•	•	•	•	•	•	●	•	•	•	•				
Plantanthera chlorantha	•	•	•	•	•	•	•	•	•	●	•	•	•	•	•	•					
Ophrys insectifera		•	•	•	•	•	•	•	•	•	●	•	•	•							
Ophrys holoserica		•	•	•	•																
Ophrys apifera		•	•	•																	
Anacamptis pyramidalis							•				•										
Orchis palustris			•																		
Orchis mascula		●	●	●	●	●	●	●	●	●	●	●	•	•	•						

246

Höhenverteilung (m)*

	400	500	600	700	800	900	1000	1100	1200	1300	1400	1500	1600	1700	1800	1900	2000	2100	2200	2300	2400
Orchis pallens		•	•							•	•										
Orchis morio	•	●	●	●	•																
Orchis ustulata	•	●	●	●	●	•					•	•	●	•	•						
Orchis militaris		●	●	●	•	•															
Traunsteinera globosa						•	•			•	●	●	●	●	●	●	•				
Dactylorhiza incarnata		•	•						•	•											
Dactylorhiza chroleuca	•																				
Dactylorhiza majalis		•		•			•	•	•	●	●	●	●	●	•						
Dactylorhiza traunsteineri											•										
Dactylorhiza fuchsii	●	●	●	●	●	●	•	•	•	●	●	●	●	●	•	•					
Herminium monorchis	●	•	●	●	●						•										
Listera ovata	●	●	●	●	●	●	•	•	•	●	●	●	●	●	•	•	•				
Listera cordata											•	•	•	•	•						
Neottia nidus-avis		●	●	●	●	●	•	•	•	●	●	●	●	•	•						
Epipactis atrorubens	•	●	●	●	●	●	•	•	•	●	●	●	●	•	•	•	•				
Epipactis helleborine	•	•	●	●	●	●	•	•	•	•	●	●	●	●	•						

Höhenverteilung (m)*

	400	500	600	700	800	900	1000	1100	1200	1300	1400	1500	1600	1700	1800	1900	2000	2100	2200	2300	2400
Epipactis muelleri		•	•	•																	
Epipactis purpurata					•																
Epipactis palustris	●		•	•	••																
Epipactis microphylla			•	••	•	•			•												
Cephalanthera damasonium			●	●	●	●	●	●	●	•	•										
Cephalanthera longifolia		•	●	●	●	●	●	●	●	•	•										
Cephalanthera rubra			●	●	●	●	●	●	●	•	•										
Limodorum abortivum				•																	
Epipogium aphyllum								•	•	●	●	•									
Goodyera repens				•	•		•	•	•	•		•		•							
Spiranthes spiralis				•	•																
Corallorhiza trifida									•	●	●	•	●	•							
Liparis loeselii	●	•																			
Malaxis monophyllos													•		•						

* Die Gewichtung entspricht den Beobachtungsdaten

8. Rote Liste:
Seltene, gefährdete, bedrohte und erloschene Arten

Um die Gefährdung der einzelnen Arten nach objektivierbaren Kriterien beurteilen zu können, wurden folgende Parameter berücksichtigt:

1) Anzahl der Standorte
Hier wurden (nach SUNDERMANN 1980) sieben standörtliche Vegetationstypen unterschieden: 1. Ried (Nasswiesen), 2. Magerwiesen (Halbtrockenrasen), 3. Bergwiesen (zwischen 600 und 1200 m), 4. (Hoch)gebirgswiesen (Matten ab 1200 m), 5. Nadelwälder, 6. Laubmischwälder (vorwiegend Buchen), 7. Bergnadelwälder (vgl. Kapitel 6).

2) Anzahl der Vorkommensbereiche
Es wurde die Einteilung zugrundegelegt, die bei der Gliederung der nachgewiesenen Vorkommen verwendet wurde (vgl. Kapitel 4). Der Talraum ist in zwei, die unteren Hanglagen sind in drei, und der Alpenraum ist in sechs Bereiche gegliedert.

3) Anzahl der Areale
Als Areal wurde definiert ein mehr oder weniger gut abgrenzbarer Bereich, wie z.B. Ruggeller Riet, Rheindamm, Waldbereich Vaduz (Waldhotel-Barahalde-Iraggell-Mockawald), Gafadura etc. Areale dienen der Zusammenfassung von grösseren Vorkommenseinheiten. Sie geben in kritischen Fällen besseren Aufschluss über die Seltenheit bzw. Gefährdung einer Art als die mehr punktförmigen Fundstellen.

4) Anzahl der Fundstellen
Als Fundstelle wurde ein Gebiet bezeichnet, das in der Regel durch einen Flurnamen von anderen abgegrenzt ist (z.B. für das Ruggeller Riet: Bangser Feld, Schneggenäule, Evimeder usw.), und das in kritischen Fällen nicht grösser als 100 x 100 m ist. Bezüglich des Rheindamms wurde eine Unterteilung vorgenommen in Balzers-Ellhorn, Triesen-Balzers, Vaduz-Schaan und Ruggell-Bendern.

5) Anzahl der nicht nachgewiesenen und derjenigen Areale, auf denen eine Art verschwunden ist

6) Anzahl der nicht nachgewiesenen und derjenigen Fundstellen, auf denen eine Art verschwunden ist
Bezüglich dieser beiden Kriterien ist ein grosser Unsicherheitsfaktor gegeben, da sie sich auf frühere Angaben stützen, die lückenhaft, manchmal ungenau und manchmal unsicher sind. Wir haben alle verfügbaren Hinweise aufgenommen, wobei man davon ausgehen muss, dass sie nur einen Bruchteil der ehemaligen Vorkommen darstellen, besonders bezüglich der Riedflächen und Magerwiesenbestände im Tal vor 50 bis 100 Jahren.

7) Verlustrate der Areale
Die Verlustrate ergibt sich aus dem Verhältnis der Anzahl der nicht nachgewiesenen zur Gesamtzahl der nachgewiesenen und nicht nachgewiesenen Areal-Vorkommen.

8) Verlustrate der Fundstellen
Sie ergibt sich aus dem Verhältnis der Anzahl der nicht nachgewiesenen zur Gesamtzahl der nachgewiesenen und nicht nachgewiesenen Fundstellen. Nach dem unter 6) gesagten muss davon ausgegangen werden, dass die Prozentzahlen eine untere Grenze definieren, die in den meisten Fällen höher liegen dürfte.

9) Häufigkeit
Zur Beurteilung der Häufigkeit wurde eine Zahl definiert, der jedoch keine weitere statistische oder sonstige Relevanz zukommt. Gezählte Exemplare wurden wie folgt bewertet:

1 - 20 = 0.05-1
20 - 50 = 1.00-2
50 - 100 = 2.00-3
grösser 100 = 4

Geschätzte Exemplare wurden wie folgt bewertet:

x   = 1
xx   = 2
xxx = 3
xxxx = 4

Die Einzelhäufigkeiten der Fundstellen wurden addiert und durch die Gesamtzahl der Fundstellen dividiert. Dadurch ergibt sich eine mittlere Vorkommensdichte über alle Fundstellen. Soweit mehrere Angaben für eine Fundstelle existierten, wurde eine untere und obere Vorkommensdichte errechnet. Um wirklich repräsentativ zu sein, müsste die Grösse der Fundstellen (z.B. 100 x 100 m) normiert sein. Dies konnte jedoch für viele grössere Fundstellen nicht realisiert werden. Dennoch ergibt die errechnete Häufigkeitszahl besonders für den Bereich der seltenen Arten, wo die Angaben genauer sind, einen Anhaltspunkt für die Vorkommenshäufigkeit. Auf weitere Umrechnungen, wie sie z.B. REINEKE 1983 vornimmt, und die zur tatsächlich existierenden Exemplarzahl pro Quadratkilometer führen sollen, haben wir verzichtet.

Aufnahme in die Rote Liste

1. Um eine Art als **SELTEN (RARE)** einzustufen, wurden folgende Bedingungen definiert:
   a) Untere errechnete Vorkommensdichte kleiner 1, d.h. durchschnittlich weniger als 20 Exemplare pro Fundstelle. Als Richt-Art zur Definition dieser Grenze diente *Cypripedium calceolus*.
   b) Bei einer Vorkommensdichte grösser 1 wenigstens zwei der folgenden 4 Bedingungen:
   – nicht mehr als 1 Standort
   – nicht mehr als 2 Bereiche
   – nicht mehr als 5 Areale
   – nicht mehr als 10 Fundstellen

2. Um eine Art als **GEFÄHRDET (VULNERABLE)** einzustufen, wurden folgende Bedingungen definiert:
   a) Vorkommensdichte kleiner 1 sowie eines der oben genannten Kriterien zur Verbreitung.
   b) Areal- und/oder Fundstellenverlustrate grösser/gleich 50% sowie mindestens eines der genannten Verbreitungskriterien.

3. Um eine Art als **VOM AUSSTERBEN BEDROHT (ENDANGERED)** einzustufen, wurden folgende Bedingungen definiert:
   a) Vorkommensdichte kleiner 1 sowie mehr als eines der sonstigen Kriterien.
   b) Areal- und/oder Fundstellenverlustrate grösser/gleich 50% sowie verschärfte Verbreitungskriterien (z.B. nur noch ein Areal im Land).

Unter Anwendung dieser Kriterien ergibt sich folgende Tabelle der in die Rote Liste aufzunehmenden Arten (die gegenüber der bisherigen Liste neu aufzunehmenden Arten sind mit * bezeichnet).

Rote Liste alt	neu	Art	1	2	3	4	5	6	7	8	9
RA	RA	*Cypripedium calceolus*	3	7	13	36	4	8	23%	18%	**0.5-1.0**
VU	EN	*Nigritella rubra*	1	2	4	7	?	?	–	–	**0.5**
VU	RA	*Ophrys insectifera*	5	7	15	27	7	11	32%	29%	**0.3-0.6**
VU	VU	*Ophrys holoserica*	2	2	4	10	5	12	55%	54%	**1.5-1.8**
EX	EX	*Ophrys sphegodes*	1	–	–	–	2	3	100%	100%	**0**
EN	EN	*Ophrys apifera*	3	2	4	8	4	11	50%	58%	**0.6**
	VU	**Anacamptis pyramidalis*	3	3	5	15	9	15	64%	50%	**1.4-1.9**
EN	EN	*Orchis palustris*	1	1	1	1	–	–	–	–	**0.6**
RA	EN	*Orchis pallens*	6	4	5	11	6	13	54%	54%	**0.2-0.3**
EN	EN	*Dactylorhiza ochrol.*	1	2	2	3	3	3	60%	50%	**1.4**
VU	VU	*Dactylorhiza traunst.*	1	2	3	5	5	5	62%	50%	**2.4**
	EN	**Epipactis muelleri*	1	1	–	1	1	1	100%	100%	**1**
	EN	**Epipactis purpurata*	1	1	1	2	2	2	66%	50%	**0.1**
RA	RA	*Epipactis microphylla*	1	3	6	11	–	2	–	15%	**0.4-0.5**
RA	RA	*Cephalanthera damas.*	3	5	15	46	1	1	6%	2%	**0.8-1.0**
	RA	**Cephalanthera rubra*	4	5	13	30	4	7	23%	19%	**0.8-0.9**

Rote Liste											
alt	neu	Art	1	2	3	4	5	6	7	8	9
EN	EN	*Limodorum abortivum*	1	1	1	1	–	–	–	–	0.1-0.2
RA	VU	*Epipogium aphyllum*	2	4	5	12	5	6	50%	33%	1.1-1.3
EN	EN	*Spiranthes spiralis*	2	3	6	9	4	9	40%	50%	0.9-1.3
EX	EX	*Spiranthes aestivalis*	1	–	–	–	1	1	100%	100%	0
VU	EN	*Liparis loeselii*	1	2	4	4	3	3	43%	43%	0.3-1.3
	EN	**Malaxis monophyllos*	1	2	2	3	–	–	–	–	0.2
		Chamorchis alpina	1								
		Nigritella nigra	1								
		Herminium monorchis							60%		
		Listera cordata	1								

Es sind demnach 5 Arten neu in die Rote Liste aufzunehmen:

RA *Cephalanthera rubra*
VU *Anacamptis pyramidalis*
EN *Epipactis muelleri*
EN *Epipactis purpurata*
EN *Malaxis monophyllos*

Vier weitere Arten erfüllen je eines der aufgestellten Kriterien, fallen aber nicht unter die definierten Gefährdungskriterien:

Chamorchis alpina   – nur ein Standort
Nigritella nigra   – nur ein Standort
Herminium monorchis – Arealverlustrate 60%
Listera cordata   – nur ein Standort

In der Roten Liste gemäss der von uns angelegten Kriterien zu ändern sind folgende Gefährdungsgrade:

VU nach EN *Nigritella rubra*
VU nach RA *Ophrys insectifera*
RA nach EN *Orchis pallens*
RA nach VU *Epipogium aphyllum*
VU nach EN *Liparis loeselii*
streichen *Listera cordata*

9. Verzeichnis der Gewährsleute

Die nachstehende Liste enthält Gewährsleute und Finder, die mit Orchideenfunden zur botanischen Erforschung Liechtensteins beigetragen haben. In Klammern sind die Abkürzungen und die Quellen vermerkt.

BANZER, Richard (RB): * 27. 4. 1924, Gewährsmann Seitters aus Triesen. Balzers, Triesen, Lawena. (SEITTER 1977)

BECK, David (DB): * 10. 5. 1893 in Triesenberg, † 21. 5. 1966 in Vaduz, Dr. h. c., Fürstl. Studienrat, Lehrer in Triesenberg ab 1919, Oberlehrer in Vaduz ab 1938; Prähistoriker, seit 1930 im Vorstand des Historischen Vereins für das Fürstentum Liechtenstein, Vorsitzender von 1955-1966, Promotor des Liechtensteinischen Landesmuseums. Triesenberg und sonst. (FRICK 1967)

BECK v. Mannagetta, Günther (GB): * 25. 8. 1856 in Pressburg, † 25. 6. 1931 in Prag, Dr. phil. 1878, studierte in Wien, 1894 Priv.-Doz., 1895 a.o. Prof. in Wien, 1899-1921 o. Prof. für Botanik an der deutschen Universität in Prag und Leiter des Botanischen Gartens, korrespondierendes Mitglied der Akademie der Wissenschaften in Wien. Erforschte 1896 und 1900 mit fürstlicher Subvention Liechtenstein (mit Ausnahme des Falknisgebietes). Manuskript und Herbarium. Schlug Murr 1914 vor, gemeinsam eine Flora von Liechtenstein herauszugeben, die dann aber nicht zustande kam (MURR 1922). Legte ein Herbar an, das heute am Liechtensteinischen Gymnasium aufbewahrt wird. *Liparis loeselii* 1896 zwischen Schaan und Bendern. (MURR 1922 & 1923, Österr. Biogr. Lexikon 1815-1950)

BIEDERMANN, Josef (JB): * 26. 11. 1944 in Feldkirch-Levis, wohnt in Planken, Gymnasiallehrer in Vaduz, Rektor des Liecht. Landesgymnasiums. Botanisiert seit 1965, ab 1970 Zuwendung zu einzelnen Insektenordnungen der Lebensräume Ried und Trockenrasen, besonders Inventarisierung von Tagfaltern, Schwärmern und Libellen; Einsatz für Natur- und Landschaftsschutz. (pers.)

BOETZKES, Christian (CB): * 17. 4. 1840 in Breyell (Rheinland), † 28. 10. 1930 in Valkenburg (Holland), Pater S.J., 1864-1868 Professor am öffentlichen Gymnasium der Jesuiten in Feldkirch, 1868-1873 theologische Studien, 1873 von Garcia Moreno an das Polytechnikum in Quito berufen, dort bis 1875, dann wieder am Gymnasium in Feldkirch, wo er einen botanischen Garten anlegte, später in Valkenburg in Holland. Seine Funde wurden von seinem Nachfolger am Gymnasium der Stella matutina, Heinrich Kemp, veröffentlicht. Belege in den Sammlungen des Feldkircher Staatsgymnasiums. Illgebiet, Liechtenstein, besonders Ried und Saminatal bis Naafkopf. Von MURR 1922 als «Vater der eingehenderen botanischen Erforschung Liechtensteins» bezeichnet. Fotoporträt in MURR 1923. *Orchis pallens* wahrscheinlich zwischen 1864-1868 im (unteren) Saminatal und *Herminium monorchis* am Schellenberg. (RICHEN 1897, MURR 1922 & 1923, Provinzarchiv der Jesuiten in Zürich)

BRAUN-BLANQUET, Josias (JBB): * 3. 8. 1884 in Chur, † 20. 9. 1980 in Montpellier, Dr. phil., Dr. h. c., studierte in Zürich und Montpellier, Assistent am botanischen Institut in Montpellier, Konservator am geobotan. Institut Rübel in Zürich, Priv.-Doz. an der ETHZ, bot. Exkursionen durch Europa und Nordafrika, 1930 Gründer und Leiter der Station internationale de géobotanique méditerranéenne et alpine in Montpellier, Maître de recherche am CNRS Paris. Hauptwerk: Lehrbuch der Pflanzensoziologie, Berlin 1928 (2. & 3. Aufl. Wien 1951 & 1964), Ehren- und korresp. Mitglied zahlreicher botanischer und naturwissenschaftlicher Vereinigungen. Falknisgebiet 1904-1910 sowie Triesenberg und Balzers mit Ellhorn. *Dactylorhiza incarnata ssp. orchroleuca* im Juni 1909 bei Balzers-Mäls, *Chamorchis alpina* zwischen 1904 und 1910 Rotspitze am Falknis. Vgl. Literaturliste. (MURR 1922 & 1923, Neue Schweizer Biographie 1938, Who's Who in Switzerland 1982/83; Nachrufe u.a.: Botanica Helvetica *91* (1981), 17-33; Phytocoenologia *9* (1981), 417-442)

BROGGI, Mario F. (MB): * 15. 3. 1945 in Sierre (VS), Dr. nat. techn. 1987, 1964-

1969 Studium der Forstwirtschaft an der ETH Zürich, seit 1970 Büro für Umweltschutz in Vaduz. Naturschutz-Praxis, angewandte Feldforschung und Landschaftserhaltung in Liechtenstein, 1973-84 Geschäftsführer der Liechtensteinischen Gesellschaft für Umweltschutz, 1970-89 Präsident der BZG und seit 1971 Redaktor der BZG-Berichte, Betreuung der nationalen Agentur des Naturschutz-Informationszentrums des Europarates, 1983 Präsidium der Internationalen Alpenschutzkommission CIPRA, seit 1998 Direktor am Forschungsinstitut für Wald, Schnee und Landschaft in Birmensdorf, erstellte mit Edith Waldburger die «Rote Liste der gefährdeten und seltenen Gefässpflanzen des Fürstentums Liechtenstein» (1984), veröffentlichte 1986 eine umfangreiche Arbeit über den «Landschaftswandel im Talraum des Fürstentums Liechtenstein». Vgl. Literaturliste. Liechtenstein. (pers.)

B U O B , E. (EB): Gewährsmann Seitters.

D A L L A T O R R E , Karl Wilhelm v.: * 14. 7. 1850 in Kitzbühel, † 6. 4. 1928 in Innsbruck, Dr. phil. 1874, studierte in Innsbruck, Gymnasialprofessor in Eger, Linz und Innsbruck, 1881 Priv.-Doz. für Entomologie, 1890 a.o. Prof., 1921 Tit. o. Prof. für Zoologie an der Universität Innsbruck. Verfasste mit Ludwig Graf Sarnthein die «Flora der Gefürsteten Grafschaft Tirol, des Landes Vorarlberg und des Fürstenthumes Liechtenstein» (1900 ff.). (MURR 1923, Österr. Biogr. Lexikon 1815-1950)

E B E R L E Julius (JE): * 5. 3. 1923 in Ruggell, † 16. 2. 1991 in Ruggell, Kunstschlosser. Gebietsbetreuer Ruggeller Riet, besonders Orchideen. (pers.)

G A N S S , Ingbert Wilhelm (IG): * 20. 1. 1914 in Hettenleidelheim, † 16. 4. 1984 in Grabs, Dr. phil., Fürstl. Studienrat, Gymnasiallehrer am Collegium Marianum in Vaduz seit 1938, Direktor des Liechtensteinischen Gymnasiums in Vaduz von seiner Gründung 1959 bis 1981. Botanisierte in Liechtenstein seit 1938, insbesondere Orchideen, Farne, Gräser. Mitbegründer und wissenschaftlicher Leiter der BZG. *Gymnadenia odoratissima var. albiflora* vor 1953 auf Gapfahl, *Orchis palustris* 1957 in Schwabbrünnen. (KAUFMANN 1985)

G S E L L , Rudolf (RG): * 30. 8. 1892 in Zürich, † 20. 10. 1953 in Genf, Dr., Studium an der Universität Zürich mit Hauptfach Geologie, Diss. «Beiträge zur Kenntnis der Schuttmassen im Vorderrheintal» (Jahresbericht der Naturforschenden Gesellschaft Graubündens 58, Chur 1918, 127-202); 1919 bis 1933 im Dienst der holländischen Ölgesellschaft Royal Dutch in Venezuela, Argentinien und Java, ab 1933 in Chur. Orchideenspezialist, zahlreiche Veröffentlichungen (vgl. Literaturliste), arbeitete an einer pflanzengeographischen Orchideenkarte Graubündens. Graubünden, Rheintal, südliches Liechtenstein 1931-1935, auch Südschweiz, Italien, Frankreich. Sein Orchideen-Herbar schenkte er der Herbarabteilung des Bündnerischen Naturhistorischen Museums, 60 Bände Notizen sind an das Rätische Museum in Chur übergegangen. *Spiranthes aestivalis* 1933 in ehemaligem Ried bei Balzers-Mäls. (SUTTER 1956, SEITTER 1977)

H A N D E L - M A Z Z E T T I , Eduard Freih. v. (EHM): * 19. 1. 1885 in Innsbruck, † 19. 1. 1950 ebenda, Major und akademischer Maler, Gewährsmann Richens. *Corallorrhiza trifida* um 1900 am Schellenberg (Felsengalerie). (RICHEN 1902, Österr. Biogr. Lexikon 1815-1950)

H A N D E L - M A Z Z E T T I , Hermann v. (HHM): * 7. 6. 1883 in Neuwaldegg/Wien, † 25. 9. 1963 in Innsbruck, 1909-1912 und 1915-1916 Bezirkskommissär in Bludenz, Bezirkshauptmann in Hall in Tirol, Landesregierungsrat in Innsbruck. Feldkirch, Bludenz, Montafon, Lawena 1910-1911. *Epipogium aphyllum* um 1910 in Triesen-Lawena. (MURR 1922 & 1923, SCHWIMMER 1936/37, Ferdinandeum Innsbruck)

H A S L E R , Gebhard (GH): * 30. 1. 1857 in Feldkirch, † 19. 10. 1877 in Feldkirch als Abiturient des Staatsgymnasiums, von MURR 1922 als «ganz hervorragend begabter Liechtensteiner Abkömmling» bezeichnet, Sohn des Bartholomäus Hasler aus Eschen. Verfasser eines 70seitigen Manuskripts «Flora Vorarlbergs» (auch in einer stenographischen Abschrift Prof. v. Aichingers vorhanden, vgl. die Bemerkungen pp. 21-23 RICHEN 1897). RICHEN 1897 bemerkt: «Ausser der später zu erwähnenden Flora von Vorarlberg des Grafen Sarnthein übertrifft die Arbeit Haslers alle übrigen, gedruckte und ungedruckte Zusammenstellungen.» Stand mit Häusle in Verbindung (vgl. Häusle). Sein Herbar ist verschollen. Tisis, Schellenberg, Ruggell, Mauren, Bendern, Vaduz, Naafkopf x*Gymnigritella suaveolens* auf den Dreischwestern, *Spiranthes spiralis* in Ruggell. (RICHEN 1897, MURR 1922 & 1923, SCHWIMMER 1936/37)

H Ä U S L E , Josef (JH): † 1889 in Feldkirch, Realschuldiener in Feldkirch. Feldkirch, Liechtenstein usw., besonders zwischen 1862 und 1868. Seine Sammlungen galten ebenso wie die Haslerschen schon zu Zeiten Richens als verschollen. (RICHEN 1897, MURR 1922 & 1923)

K A I S E R , Stanislaus (SK): * 13. 11. 1870 in Frastanz, Mechaniker, dann Buchhalter. Herbarium mit Funden u. a. aus Gerach, Liechtenstein (Mittagsspitz, Naafkopf). (MURR 1922 & 1923, SCHWIMMER 1936/37)

K A S T N E R (K): stud., Gewährsmann Murrs. x*Gymnigritella heufleri* am Ellhorn. (MURR 1923, SCHWIMMER 1936/37)

K A U F M A N N , Wilfried (WK): * 29. 9. 1935 in Balzers, Bankdirektor, botanische Exkursionen seit 1968, Mitglied des Vereinsvorstands der BZG seit ihrer Gründung, ab 1989 Präsident. Liechtenstein (Balzers, Malbun), Ägäis (Pflanzenlisten wenig erschlossener Inseln), Herausgeber eines Pflanzenführers «Blumen am Fürstin-Gina-Weg». Vgl. Literaturliste. (pers.)

K E L L E R , Marzellin (MK): * 22. 1. 1865 in Jungbunzlau in Böhmen (zuständig in Bitschwil, St. Gallen), † 17. 12. 1936 in Vaduz, fürstl. Kassenverwalter in Vaduz, früher Lehrer in Batschuns, «überaus eifriger Gehilfe» Murrs (MURR 1922). Liechtenstein (Gapfahl, Triesen, Rheindamm, Mittagsspitze). *Ophrys holoserica* 1895 bei Vaduz. (MURR 1922 & 1923, SCHWIMMER 1936/37)

K E M P, Heinrich (HK): * 26. 11. 1865 in Münstereifel, † 24. 11. 1909 in Köln, Pater S.J., Dr., anfangs der siebziger Jahre des 19. Jahrhunderts Professor der Naturgeschichte an der Stella matutina, dann Professor am Xaviers-College in Bombay, setzte die Arbeit von Boetzkes fort. «Nachträge zur Flora des Illgebietes von Vorarlberg» 1873 und 1874 (vgl. Literaturliste), worin auch die Funde von Boetzkes mitgeteilt werden. Seine Sammlungen sind Teil des Herbariums der Stella matutina. Illgebiet. *Dactylorhiza traunsteineri* vor 1873 in den Rieden an der Grenze zu Feldkirch. (RICHEN 1897, MURR 1922 & 1923, Provinzarchiv der Jesuiten in Zürich)

K E R N E R v. Marilaun, Anton Ritter (AKM): * 12. 11. 1831 in Mautern, † 21. 6. 1898 in Wien, Dr. med. 1854, 1860 Professor für Naturgeschichte an der Universität Innsbruck, seit 1878 Professor für Botanik an der Universität Wien und Direktor des Botanischen Gartens, Mitglied der Akademie der Wissenschaften in Wien, Ökologie und Pflanzengeographie. Bodenseegegend, Feldkirch. (RICHEN 1897, MURR 1923, Österr. Biogr. Lexikon 1815-1950)

K R A N Z , Alfons (AK): * 27. 4. 1893 in Nendeln, † 25. 11. 1966, Lehrer in Übersaxen, dann in Ruggell, Chefredaktor des Liechtensteiner Volksblatt 1928-1938, Parteipräsident, Ehrenpräsident der FBP, Freund Murrs. Ruggell, Eschen. *Orchis mascula var. albiflora* in Ruggell. (MURR 1922 & 1923; 70 Jahre FBP, Schaan 1988)

L I E C H T E N S T E I N , Elisabeth Amalie Prinzessin v. (EL): * 7. 7. 1878 in Reichenau, † 13. 3. 1960, geb. Erzherzogin von Österreich, Gemahlin von Prinz Alois v. Liechtenstein, Grossullersdorf (Mähren). Sammelte mit Murr in der Umgebung von Schloss Vaduz. (MURR 1923, SCHWIMMER 19 6/37)

L I E N E R T, Leo (LL): * 26. 4. 1921 in Einsiedeln, Forstwissenschaft an der ETH Zürich, Dr. h. c. ETHZ, 1950-54 am Liechtensteinischen Landesforstamt, 1954-1986 Kantonsförster in Sarnen, Kt. Obwalden. Legte ab 1950 ein Herbar für Liechtenstein an, in dem eine Reihe wichtiger Orchideenfundorte ausgewiesen sind. Es befindet sich heute zusammen mit dem Beck'schen Herbarium am Liechtensteinischen Gymnasium. Verfasser einer «Pflanzengeographie von Obwalden» (Heimatschutzkommission, Obwalden 1963) und der «Pflanzenwelt in Obwalden» (3 Bde., Sarnen 1982). (Mitt. Alt-Forstmeister Eugen Bühler)

LÖHLE, Matthäus (ML): * 24. 7. 1863 in Sigmaringen, † 10. 1. 1900 in Bombay, Pater S.J., Feldkirch, Beiträge zum Herbarium der Stella matutina. (RICHEN 1897, MURR 1923, Provinzarchiv der Jesuiten in Zürich)

LÖWENBERG, Heinrich (HL): * 2. 8. 1870 in Triest, † 10. 11. 1894 in Hohenems, Student des Staatsgymnasiums in Feldkirch, dann Medizinstudent in Wien. Sein Herbar wurde in das Herbar der Stella matutina aufgenommen. Feldkirch, Gamperdona, Liechtenstein. (RICHEN 1897, MURR 1922 & 1923, SCHWIMMER 1936/37)

LOITLESBERGER, Karl (KL): * 1857 in Gmunden, 1891-1894 Supplent an der Stella matutina in Feldkirch, dann am Linzer Staatsgymnasium als Kollege Murrs, ab 1898 Professor in Görz, ab 1918 privat in Gmunden. Schellenberg, Schaanwald, Mauren, Bendern-Schaan, Saminatal, vor allem Lebermoose. *Platanthera chlorantha* am Schellenberg. (RICHEN 1897, MURR 1922 & 1923, SCHWIMMER 1936/37)

MEIER, Hanno (HM): * 23. 6. 1936, Reallehrer, Mauren. (pers.)

MILZ, Gebhard (GM): * 7. 9. 1862 in Bregenz, † 7. 4. 1926 in Bregenz, Schreinermeister und Bienenvater in Bregenz, Sammler von Pflanzen, Käfern, Schmetterlingen, Schnecken und Steinen, besass ein «reiches und sorgfältig gehaltenes Herbar», das Richen benutzte. Sein erstes Herbar ist verschwunden. Ein zweites ging an das Lehrerseminar in Tisis, ein Teil des dritten an das St.Franziskus-Seminar der PP. Kapuziner in Bregenz. Eine der Milz'schen Herbarsammlungen befindet sich heute im Vorarlberger Landesmuseum. Bregenz, Bregenzerwald, Hohe Kugel, Dornbirner Alpen, Nenzing-Gamperdona, Bludenz, Montafon, Arlberggebiet, Liechtenstein zwischen 1890 und 1905: Schellenberg (1890), Triesenberg (1894), Schaan und Mauren (1897), Kuhgrat (1898), Vaduz (1890, 1894, 1901), Triesen (1903), Lawena (1904); Valüna-Gritsch-Naafkopf, Balzers. (RICHEN 1897, MURR 1922 & 1923, SCHWIMMER 1934, KRATKY 1965)

MURR, Josef (JM): * 6. 6. 1864 in Brixen, † 4. 1. 1932 in Innsbruck, Dr. phil., ab 1869 Innsbruck, Mittelschule hier und in Hall, Studium Griechisch und Latein in Innsbruck 1882-1886, 1888-1906 Lehrer und Professor der klassischen Philologie an den Gymnasien Hall i.T., Marburg a.D., Linz und Trient, besuchte Richen bereits 1896 in Feldkirch, seit 1906 am Staatsgymnasium in Feldkirch, 1919 pensioniert, ab 1923 wieder in Innsbruck. U.a. Tirol, Vorarlberg, St.Gallen, seit 1906 regelmässig Liechtenstein von Schaanwald bis Balzers und Alpen. *Chamorchis alpina* 1903 am Sareiserjoch, *Ophrys sphegodes* 1914 bei Vaduz, *Ophrys apifera* bei Triesen, *Nigritella rubra* ob Wang, *Orchis militaris var. albiflora* am Schellenberg, *Listera cordata* 1921 zwischen Sücka und Älple, *Epipactis purpurata* ob Vaduz, *Epipactis microphylla* im Schlosswald ob Vaduz. Zahlreiche botanische Veröffentlichungen (insgesamt ca. 600), u.a. «Neue Übersicht über die Farn- und Blütenpflanzen von Vorarlberg und Liechtenstein» (1923-1926). Wissenschaftliche Autobiographie Murr 1931. Vgl. Literaturliste. (RICHEN 1897, MURR 1922, 1923 & 1931, SCHWIMMER 1932, VALLASTER 1982, Österr. Biogr. Lexikon 1815-1950)

NIPP (N): Schüler am Collegium Marianum in Vaduz um 1950, Gewährsmann Ganss'. *Limodorum abortivum* 1952 bei Balzers. Die Stelle ist bei Braun-Blanquet und Rübel 1932 bereits beschrieben, dort sind als Finder Flütsch und Chr. Koch genannt. (GANSS 1954)

OHNESORGE, Theodor (TO): * 24. 5. 1876 in Innsbruck, † 16. 1. 1952 in Taxenbach (Salzburg), 1897 Abiturient des Staatsgymnasiums in Feldkirch, später Beamter der geologischen Reichsanstalt in Wien. Besass nach Richen ein «sehr reichhaltiges und musterhaft angelegtes» Herbarium. Vorarlberg, Liechtenstein um 1897. *Cephalanthera damasonium* um 1897 ob Vaduz. (RICHEN 1897, MURR 1922 & 1923, SCHWIMMER 19: 6/37, Ferdinandeum Innsbruck)

REHSTEINER, Johann Konrad (JRe): * 9. 11. 1797 in Speicher (Appenzell), † 14. 11. 1858 in Altstätten, seit 1845 evangelischer Pfarrer in Eichberg bei Altstätten.

Vorarlberg, Liechtenstein um 1852, vor allem Riet bei Tisis und Bangs, auch Dreischwestern und Saminatal. Korrespondierte mit Freiherr Franz v. Hausmann (Flora von Tirol, Wagnersche Buchhandlung, Innsbruck 1851-1854) und Dr. Anton Eleutherius Sauter (zu Leben und Schriften vgl. Österreichische Botanische Zeitschrift 1877,1-6). *Anacamptis pyramidalis* um 1852 bei Tisis an der Grenze zu Schaanwald (zitiert in v. Hausmann 1851-54). (RICHEN 1897, MURR 1922 & 1923, SCHWIMMER 1936/37)

R H E I N B E R G E R , Barbara (BR): * 20. 7. 1949 in Grabs, Dipl.-Psych. Orchideen in Liechtenstein um 1965 und seit 1975, 1993 bis 1999 Präsidentin der Liechtensteinischen Gesellschaft für Umweltschutz. *xOphrys devenensis* 1984 bei Balzers. (pers.)

R H E I N B E R G E R , Hans-Jörg (HR): * 12. 1. 1946 in Grabs, Dipl. Biol., Dr. rer. nat., Direktor am Max-Planck-Institut für Wissenschaftsgeschichte in Berlin, in Vaduz bis 1966, seit 1968 in Berlin. Orchideen in Liechtenstein um 1960 und seit 1980. *Orchis pallens x Orchis mascula* 1960 bei Balzers Hälos, *Leucorchis albida x Nigritella nigra* 1987 ob Pradamee und am Hahnenspiel. (pers.)

R H E I N B E R G E R , Hans-Peter (HpR): * 24. 4. 1957 in Vaduz. Orchideen in Liechtenstein 1970-1980. (pers.)

R H E I N B E R G E R , Peter (PR): *24. 5. 1947 in Grabs, Dr. med. in Vaduz. Orchideen in Liechtenstein seit 1985. (pers.)

R H E I N B E R G E R , Silvia (SR): * 16. 8. 1950 in Berlin, geb. Schönau, Ärztin in Vaduz. Orchideen in Liechtenstein seit 1985. *Leucorchis albida x Nigritella nigra* 1987 bei Gapfahl. (pers.)

R H E I N B E R G E R , Urs (UR): * 8. 3. 1946 in Vaduz, † 28. 2. 1990 in Vaduz. Liechtenstein seit 1960, letzter Fund von *Ophrys sphegodes* im Land am 16. 4. 1961. (pers.)

R I C H E N , Gottfried (GR): * 5. 12. 1863 in Neuss im Rheinland, † 1. 5. 1943 in Karlsruhe, Pater S.J., seit 1889 Professor der Naturgeschichte am Gymnasium der Stella matutina. Richen veröffentliche 1897 «Die botanische Durchforschung von Vorarlberg und Liechtenstein». Weitere Veröffentlichungen vgl. Literaturliste. Richen bezog als erster Liechtenstein in die regionale österreichische Florenliteratur ein, wies aber liechtensteinische Fundorte nur in Einzelfällen getrennt aus. Vorarlberg und Liechtenstein, besonders das Liechtensteiner Ried. «Auf unzähligen Exkursionen durchstreifte P. Richen auch das liechtensteinische Gebirge mit alleiniger Ausnahme des südöstlichen Zipfels um Lawena und den Falknis» (MURR 1922). *Ophrys insectifera* in Schaan, *xGymnigritella heufleri* auf den Dreischwestern, *Goodyera repens* zwischen Schaan und Gaflei. (MURR 1922 & 1923, Provinzarchiv der Jesuiten in Zürich)

R I C K , Johann Evangelista (JR): * 19. 1. 1869 in Dornbirn, † 6. 5. 1946 in Sao Salvador do Sul (Brasilien), Pater S.J., 1895-1898 Professor an der Stella matutina, dann in Sao Leopoldo in Brasilien, Pilzspezialist, Beiträge zum Herbar der Stella matutina. Freschen, Gamperdona, Scesaplana, Arlberg, Liechtenstein, besonders Schellenberg, vorderes Saminatal, Malbun. (RICHEN 1897, MURR 1922 & 1923, Provinzarchiv der Jesuiten in Zürich)

R O M P E L , Josef (JRo): * 13. 4. 1867 in Lindenholzhausen (Hessen), † 19. 7. 1941 in Pullach bei München, Pater S.J., Professor der Naturgeschichte an der Stella matutina, Beiträge zum Herbarium der Stella matutina, Freund Murrs. Feldkirch, Freschen, Gerach, Arlberg, Liechtenstein. (RICHEN 1897, MURR 1922 & 1923, Provinzarchiv der Jesuiten in Zürich)

R Ü M M E L E , Albert(AR): * 18. 9. 1897 in Dornbirn, Prof. am Bundesgymnasium in Feldkirch. (MURR 1922, SCHWIMMER 1936/37)

S C H Ö N A C H , Hugo (HSch): * 1. 4. 1847 in Innsbruck, † 18. 3. 1932 in Innsbruck, Schüler Kerner v. Marilauns, 1881-1908 Professor am Staatsgymnasium in Feldkirch, seit 1908 in Pension in Innsbruck. Saminatal bis Naafkopf *Cephalanthera damasonium* vor 1892 im Saminatal. Vgl. Literaturliste. (RICHEN 1897, MURR 1922 & 1923, SCHWIMMER 1936/37)

S C H R E I B E R , Hans (HSc): * 24. 12. 1859 in Wallern i. Böhmerwald, studierte an der deutschen technischen Hochschule und der deutschen Universität in Prag, 1895 Direktor der landwirtschaftlichen Winterschule in Staab bei Pilsen, 1899 auch Leiter der Moorkulturstation Sebastiansberg. Untersuchte 1902, 1904 und 1905 die Vorarlberger und die Liechtensteinischen Moore. Vgl. Literaturliste. (Deutschlands, Österreich-Ungarns u. der Schweiz Gelehrte, Künstler u. Schriftsteller in Wort u. Bild 1908, MURR 1922 & 1923, SCHWIMMER 1936/37)

S C H U L Z E , Max (MS): * 24. 11. 1841, † 29. 5. 1915, Professor in Jena, ein Konsultant Murrs. Verfasser von «Die Orchideen Deutschlands, Deutsch-Österreichs und der Schweiz». Vgl. Literaturliste. (MURR 1923, SCHWIMMER 1936/37)

S C H W I M M E R , Johann (JS): * 4. 1. 1879, † 14. 4. 1959 in Hochstatt i.E., Privatbeamter in Bregenz, vorher in Hohenems und Dornbirn. Vorarlberg und Liechtenstein. Herbarium. *Chamorchis alpina* 1907 in Lawena, vgl. Literaturliste. (MURR 1922 & 1923, SCHWIMMER 1936/ 37)

S E I T T E R , Heinrich (HS): * 28. 3. 1902 in St. Margrethen, † 3. 9. 1991, S.B.B. Angestellter in Sargans, Dr. h. c., botanisierte seit etwa 1925, Herausgeber der «Flora des Fürstentums Liechtenstein» 1977. Weitere Veröffentlichungen siehe Literaturliste. Ostschweiz, vor allem St.Gallen, Liechtenstein. (pers.)

S E L E , Hugo (HSe): * 22. 7. 1949, Vaduz. Liechtensteiner Alpen mit Urs Rheinberger. (pers.)

S E N N , Hanspeter (HpS): * 29. 5. 1947 in St.Gallen, Gartengestalter, Ersteller der Moosflora des FL.

S T R A S S E R , Theodor (TS): * 25. 12. 1879 in Klaus (Oberösterreich), Dr., Prof. in Feldkirch, dann in Wien, Gewährsmann Murrs, vor allem für *Spiranthes spiralis* am Schellenberg. (MURR 1923, SCHWIMMER 1936/37)

T H E O B A L D , Gottfried Ludwig (GT): * 21. 12. 1810 in Allendorf bei Kassel, † 15. 9. 1869 in Chur, Studium der Theologie in Marburg und Halle, seit 1854 Lehrer der Naturfächer an der Kantonsschule in Chur. Botanische Mitteilungen von G. Theobald in Sulzfluh, Excursionen der Section Rhätia, Chur 1865, pp. 123-130. Graubünden, Scesaplana 1865, südliches Liechtenstein. Angeblich *Dactylorhiza sambucina* bei Guscha am Falknis und gegen die Gyrenspitze auf Kalk. (RICHEN 1897, BRAUN-BLANQUET und HEITZ 1917, MURR 1922 & 1923)

T H Ö N Y , Edith (ET): * 19. 9. 1942, geb. Falk, Hotelfach- und Hausfrau in Schaan, wurde zum Botanisieren angeregt durch die Lehrer Beck, Kranz und Vogt an der Vaduzer Volksschule, wo eine Schulausstellung ihr besonderes Interesse an Orchideen weckte, sowie durch Ingbert Ganss. Liechtenstein. *Malaxis monophyllos* 1986 auf dem Weg von der Sücka zum Älple. (pers.)

WACHTER, Ferdinand (FW): * 8. 8. 1874 in Feldkirch, † 16. 10. 1931 in Feldkirch, Dr., Student am Staatsgymnasium Feldkirch, Kustos des Naturhist. Hofmuseums in Wien, pensioniert wieder in Feldkirch. Feldkirch, Gurtis, Saminatal, Sücka, Schellenberg, Tisner Riet, besonders Varietäten. Legte ein Herbar an, das Richen benutzte: «Besonders zahlreiche Funde aus der Umgebung von Feldkirch» (RICHEN 1897). *Gymnadenia conopsea var. ornithis* auf Gafadura, *Epipogium aphyllum* in den 1890er Jahren im Saminatal, *Corallorrhiza trifida* ebenfalls im Saminatal. (RICHEN 1897, MURR 1922 & 1923, SCHWIMMER 1936/37)

W A L D B U R G E R , Edith (EW): * 3. 4. 1929 in Grabs, Hausfrau und Teilzeitbotanikerin in Buchs, botanisiert seit etwa 1960, Mitarbeit an der Kartei zu Seitters «Flora» von 1977, seither regelmässig Mitteilung von Neufunden in den Berichten der Botanisch-Zoologischen Gesellschaft Werdenberg-Sargans-Liechtenstein, erstellte die «Rote Liste der gefährdeten und seltenen Gefässpflanzen des Fürstentums Liechtenstein» (mit Mario F. Broggi), betreut das Liechtensteinische Herbar. (pers.)

W A L D E R D O R F F , Hugo Graf v., Schloss Hauzenstein bei Regensburg (HW): * 14. 2. 1828 in Frankfurt a.M., † 5. 1918. Flora des Flussgebietes Ill und der Bregenzer Ach (einschliesslich Liechtenstein), in den neunziger Jahren des vorigen Jahrhunderts. Manuskript 89 S., von Richen benutzt. *Cypripedium calceolus* vor

1897 auf Gaflei. (RICHEN 1897, MURR 1922 & 1923, SCHWIMMER 1936, 37)

WALSER, Kurt (KW): * 8. 5. 1933 in Schaan, † 28. 3. 1995, Orchideen in Liechtenstein. (pers.)

10. Literaturverzeichnis

BAUMANN, Helmut, und KÜNKELE, Siegfried, Die wildwachsenden Orchideen Europas. Kosmos Gesellschaft der Naturfreunde, Franckh'sche Verlagshandlung, Stuttgart 1982

BIEDERMANN, Josef, Die Riedlandschaft Schwabbrünnen-Äscher – unser erstes liechtensteinisches Naturschutzgebiet. Bergheimat 1988, 7-32

BRAUN, Josias, Zu Seilers Bearbeitung der Brügger'schen Materialien zur Bündnerflora. Jahresbericht der Naturforschenden Gesellschaft Graubündens, Neue Folge 52, Vereinsjahr 1909/1910, Chur 1910, 1-51

BRAUN-BLANQUET, Josias und HEITZ, Christian. Materialien zur Bündner Flora. Jahresbericht der Naturforschenden Gesellschaft Graubündens, Neue Folge 57, Vereinsjahr 1916/1917, Chur 1917, 39-53

BRAUN-BLANQUET, Josias, und RÜBEL, Eduard, Flora von Graubünden. Veröffentlichungen des Geobotanischen Institutes Rübel in Zürich, 7. Heft, 1. - 4. Lieferung, Verlag Hans Huber, Bern und Berlin 1932-1935

BROGGI, Mario F., Der Landschaftswandel im Talraum des Fürstentums Liechtenstein. Jahrbuch des Historischen Vereins für das Fürstentum Liechtenstein 86, im Selbstverlag des Vereins, Vaduz 1986

BROGGI, Mario F., und WALDBURGER, Edith, Rote Liste der gefährdeten und seltenen Gefässpflanzen des Fürstentums Liechtenstein. BZG-Bericht 13, Buch- und Verlagsdruckerei AG, Vaduz 1984, 7-40

BUHMANN, Dietmar, und NACHBAUR, Peter, Orchideen Vorarlbergs, mit einer Zwischenbilanz ihrer Verbreitung. Jahresbericht des Bundesgymnasiums Bregenz-Gallusstrasse 1983/84, Bregenz 1984, 3-39

BUTTLER, Karl Peter, Orchideen. Die wildwachsenden Arten und Unterarten Europas, Vorderasiens und Nordafrikas. Steinbachs Naturführer, Mosaik-Verlag, München 1986

BZG, Flora des Ruggeller Rietes. BZG-Bericht 1971, Buch- und Verlagsdruckerei AG, Vaduz 1972, 42-49

BZG, Flora des Naturschutzgebietes Schwabbrünnen-Äscher. BZG-Bericht 1972, Buch- und Verlagsdruckerei AG, Vaduz 1973, 39-46

BZG, Flora des Schwabbrünner Rietes. Nachträge und Neufunde 1973. BZG-Bericht 1973, Buch- und Verlagsdruckerei AG, Vaduz 1974, 33

BZG, Flora des Ruggeller Rietes- Neufunde und Nachträge. BZG-Bericht 1974, Buch- und Verlagsdruckerei AG, Vaduz 1975, 43

BZG, Botanische Neufunde. BZG-Bericht 1976, Buch- und Verlagsdruckerei AG, Vaduz 1977, 33-35

BZG, Nachträge zur Flora des Naturschutzgebietes Schwabbrünnen-Äscher 1977. BZG-Bericht 1977, Buch- und Verlagsdruckerei AG, Vaduz 1978, 43

BZG, Botanische Funde 1978. BZG-Bericht 1978, Buch- und Verlagsdruckerei AG, Vaduz 1979, 48-52

DALLA TORRE, Karl W. v., und SARNTHEIN, Ludwig Graf v., Flora der Gefürsteten Grafschaft Tirol, des Landes Vorarlberg und des Fürstenthumes Liechtenstein. Nach eigenen und fremden Beobachtungen, Sammlungen und den Literaturquellen. Verlag der Wagner'schen Universitäts-Buchhandlung, Innsbruck 1900 ff.

DRESSLER, Robert L., Die Orchideen. Biologie und Systematik der Orchidaceae. Verlag Eugen Ulmer, Stuttgart 1987

DRESSLER, Robert L., and DODSON, Calaway H., Classification and Phylogeny in the Orchidaceae. Annals of the Missouri Botanical Garden 47 (1960), 25-68

FARR, E. R., LEUSSINK, J. A., & STAFLEU, RA. (eds.), Index nominum genericorum (plantarum). Regnum Veg. 100-102, 1979

FRICK, Alexander, Fürstlicher Studienrat Dr. h. c. David Beck. Jahrbuch des Historischen Vereins für das Fürstentum Liechtenstein 66, im Selbstverlag des Vereins, Vaduz 1967, 9-12

GANSS, Wilhelm, Etwas über Orchideen in Liechtenstein. Bergheimat 1953, 58-69

GANSS, Wilhelm, Die Orchideen Liechtensteins. Jahrbuch des Historischen Vereins für das Fürstentum Liechtenstein *54*, im Selbstverlag des Vereins, Vaduz 1954, 5-47

GANSS, Wilhelm, Der Naturschutzgedanke in Liechtenstein. Jahrbuch des Vereins zum Schutze der Alpenpflanzen und -Tiere *22*, im Selbstverlag des Vereins, München 1957, 25-29

GANSS, Wilhelm, Botanische Streifzüge im Fürstentum Liechtenstein. Jahrbuch des Vereins zum Schutze der Alpenpflanzen und -Tiere *25*, im Selbstverlag des Vereins, München 1960, 199-203

GARAY, L. A., On the origin of the Orchidaceae. Bot. Museum Leaflets *19* (1960), 57-95

GSELL, Rudolf, Über die Orchideen Graubündens, insbesondere des Rheintales. Jahresbericht der Naturforschenden Gesellschaft Graubündens, Neue Folge *59*, Vereinsjahr 1918/1919, Chur 1919, 183-199 (+ 9 Tafeln)

GSELL, Rudolf, Über Messungen an Orchideenblüten. Separatum, Buchdruckerei Carl Gerold's Sohn, Wien 1935, 32 S.

GSELL, Rudolf, Über bündnerische Orchideen. Jahresbericht der Naturforschenden Gesellschaft Graubündens, Neue Folge *74*, Vereinsjahr 1935/36, Chur 1936, 3-32 (+ 4 Tafeln)

GSELL, Rudolf, Über Messungen an Anacamptis pyramidalis (L.) Rich. und anderen europäischen Orchideen. Berichte der Schweizerischen Botanischen Gesellschaft *51*, Bern 1941, 257-307

GSELL, Rudolf, Spiranthes spiralis (L.) C. Koch (= Sp. autumnalis Rich.) in Graubünden. Berichte der Schweizerischen Botanischen Gesellschaft *53*, Bern 1943,114-120

GSELL, Rudolf, Uber die Verbreitung einiger Orchideen in Graubünden. Jahresbericht der Naturforschenden Gesellschaft Graubündens, Neue Folge *78*, Vereinsjahr 1940/1941 und 1941/1942, Chur 1943, 3-46

GSELL, Rudolf, Beiträge zur Orchideen-Geographie Graubündens. Jahresbericht der Naturforschenden Gesellschaft Graubündens, Neue Folge *79*, Vereinsjahr 1942/1943 und 1943/1944, Chur 1945, 31-57

GSELL, Rudolf, Über die Wachstumsgeschwindigkeit von Limodorum abortivum (L.) Sw. und Cypripedium calceolus L.. Jahresbericht der Naturforschenden Gesellschaft Graubündens, Neue Folge *80*, Vereinsjahr 1944/1945 und 1945/1946, Chur 1946, 85-114

HAUSMANN, Freiherr Franz von, Flora von Tirol. Ein Verzeichnis der in Tirol und Vorarlberg wild wachsenden und häufiger gebauten Gefässpflanzen. 3 Bde., Innsbruck 1851-54

INDEX KEWENSIS. Oxford, fortlaufend ergänzt; dazu Draft Index of Author Abbreviations Compiled at the Herbarium Royal Botanic Gardens, Kew 1980

KAUFMANN, Wilfried, Magerwiesen in der Gemeinde Balzers. BZG-Berichte *12*, Buch- und Verlagsdruckerei AG, Vaduz 1983, 35-41

KAUFMANN, Wilfried, In memoriam Fürstlicher Studienrat Frater Dr. Ingbert Ganss. BZG-Berichte *14*, Buch-und Verlagsdruckerei AG, Vaduz 1985, 263-265

KAUFMANN, Wilfried, Floraliesl-Funde alphabetisch Orchideen Liechtensteins, Stand 31. 12. 1989 (unveröffentlicht)

KEMP, Heinrich, Nachträge zur Flora des Illgebietes von Vorarlberg. Österreichische botanische Zeitschrfft *XXIII* (1873), 290-295, 319-322, 341-348, 384-392

KEMP, Heinrich, Nachträge zur Flora des Illgebietes von Vorarlberg. Österreichische botanische Zeitschrift *XXIV* (1874), 31-32, 57-61, 91-95, 118-126, 154-158

KRATKY, Hans, Die Herbarien des Vorarlberger Landesmuseums. Jahrbuch des Vorarlberger Landesmuseumsvereins 1965, 109-123

KÜMPEL, H. und MRKVICKA, A. Ch, Untersuchungen zur Abtrennung Orchis ustulata L. subsp. aestivalis (KÜMPEL) KÜMPEL & MRKVICKA. Mitteilungsblätter des Arbeitskreises Heimische Orchideen Baden-Württemberg 22 (1990), 306-324.

LANDESFORSTAMT, Vegetationskundliche Kartierung der Wälder des Fürstentums Liechtenstein. Herausgeber: Landesforstamt, Leitung & Ausführung: Beratungsgemeinschaft für Umweltfragen Zürich; Vaduz 1985

LIECHTENSTEINISCHES LANDESGESETZBLATT.
- 1903 Nr. 5 (ausgegeben am 2. 12. 1903), Gesetz vom 15. 11. 1903 betreffend den Schutz der Edelweisspflanze und anderer Alpenpflanzen [aufgehoben durch 1933/11]
- 1908 Nr. 3 (ausgegeben am 24. 6. 1908), Verordnung vom 20. 6. 1908 betreffend den Schutz der Alpenflora [aufgehoben durch 1933/11]
- 1933 Nr. 11 (ausgegeben am 12. 7. 1933), Gesetz vom 3. 7. 1933 über den Schutz der Natur (Naturschutzgesetz)
- 1952 Nr. 12 (ausgegeben am 14. 8. 1952), Verordnung der fürstlichen Regierung vom 8. 8. 1952 [aufgehoben durch 1989/49]
- 1961 Nr. 2 (ausgegeben am 31. 1. 1962), Verordnung vom 28. 9. 1961 betreffend das Naturschutzgebiet Schwabbrünnen/Äscher, und Verordnung vom 28. 9. 1961 betreffend das Naturschutzgebiet «Gampriner Seelein»
- 1967 Nr. 5 (ausgegeben am 27. 1. 1967), Gesetz vom 21. 12. 1966 betreffend die Abänderung des Naturschutzgesetzes
- 1975 Nr. 27 (ausgegeben am 11. 4. 1975), Verordnung vom 2. 4. 1975 über die Abänderung der Verordnung betreffend das Naturschutzgebiet Schwabbrünnen/Äscher
- 1978 Nr.32 (ausgegeben am 14. 11. 1978), Verordnung vom 17. 10. 1978 zum Schutze des «Ruggeller Rietes»
- 1978 Nr. 33 (ausgegeben am 15. 11. 1978), Verordnung vom 17. 10. 1978 betreffend die Naturschutzgebiete «Schneckenäule» und eine Teilfläche in der «Au» in Ruggell
- 1987 Nr. 31 (ausgegeben am 11. 8.1987), Verordnung vom 7. 10. 1986 betreffend die Abänderung der Verordnung zum Schutze des «Ruggeller Rietes»
- 1989 Nr. 49 (ausgegeben am 9. 9. 1989), Verordnung vom 17. 5. 1989 zum Schutz der Gebirgsflora
- 1996 Nr. 117, Gesetz vom 23. 5. 1996 zum Schutz von Natur und Landschaft

LANDWEHR, Jacobus, Wilde orchideen van Europa, Bd. I & II. Vereniging tot Behoud van Natuurmonumenten in Nederland, o. J.

LIECHTENSTEINER NAMENBUCH (Leitung Prof. Dr. Hans Stricker).
Flurnamen der Gemeinden
(Karte und Begleitheft):
- Balzers (bearbeitet von Anton Banzer, August 1987)
- Eschen (bearbeitet von Roman Banzer, März 1988)
- Gamprin (bearbeitet von Anton Banzer und Mathias Ospelt, September 1991)
- Mauren (bearbeitet von Mathias Ospelt und Lorenz Jehle, April 1990)
- Planken (bearbeitet von Anton Banzer, September 1989)
- Ruggell (bearbeitet von Lorenz Jehle, November 1988)
- Schaan (bearbeitet von Lorenz Jehle, Dezember 1987)
- Schellenberg (bearbeitet von Roman Banzer und Alfred Goop, Mai 1988)
- Triesen (bearbeitet von Roman Banzer, Dezember 1986)
- Triesenberg (bearbeitet von Anton Banzer, Roman Banzer und Mathias Ospelt, August 1988)
- Vaduz (bearbeitet von Lorenz Jehle und Herbert Hilbe, Juni 1990)

MURR, Josef, Beiträge zur Flora von Tirol und Vorarlberg XX. Allgemeine Botanische Zeitschrift *XIII* (1907), 23-24, 42-45

MURR, Josef, Beiträge zur Flora von Vorarlberg, Liechtenstein und des schweizerischen Grenzgebietes. In: Landesmuseums Verein für Vorarlberg in Bregenz, 45. Jahresbericht für das Jahr 1907, im Selbstverlag des Vereins, Bregenz 1908 a, 282-304

MURR, Josef, Beiträge zur Flora von Tirol, Vorarlberg und dem Fürstentum Liechtenstein (XXI). Allgemeine Botanische Zeitschrift *XIV* (1908 b), 7-10, 19-21

MURR, Josef, Neues aus der Flora des Fürstentums Liechtenstein. Allgemeine Botanische Zeitschrift *XIV* (1908 c), 135-137, 183-184

MURR, Josef, Vorarbeiten zu einer Pflanzengeographie von Vorarlberg und Liechtenstein. In: 54. Jahresbericht des K.K. Staatsgymnasiums in Feldkirch, Verlag des K.K. Staatsgymnasiums, Feldkirch 1909 a, 3-36

MURR, Josef, Xerothermisch-alpine Gegensätze in der Flora von Vorarlberg und Liechtenstein. Allgemeine Botanische Zeitschrift *XV* (1909 b), 100-102

MURR, Josef, Weitere Beiträge zur Flora von Vorarlberg und Liechtenstein. In: 55. Jahresbericht des K.K. Staatsgymnasiums in Feldkirch, Verlag des K.K. Staatsgymnasiums, Feldkirch 1910 a, 3-32

MURR, Josef, Neues aus der Flora des Fürstentums Liechtenstein III. Allgemeine Botanische Zeitschrfft *XVI* (1910 b), 2-4

MURR, Josef, Zur Flora von Vorarlberg, Liechtenstein, Tirol und dem Kanton St.Gallen (XXIV). Allgemeine Botanische Zeitschrift *XVI* (1910 c), 185-189

MURR, Josef, Pflanzengeographische Studien aus Tirol. 9. Tiefenrekorde (mit Heranziehung anderer österr. Alpenländer). Allgemeine Botanische Zeitschrift *XVII* (1911a), 106-114

MURR, Josef, Pflanzengeographische Studien aus Tirol. 10. Höhenrekorde thermophiler Arten. Deutsche Botanische Monatsschrift *29* (1911 b), 129-137

MURR, Josef, Beiträge zur Flora von Tirol, Vorarlberg, Liechtenstein und des Kantons St.Gallen XXV. Allgemeine botanische Zeitschrift *XVIII* (1912), 103-108, 132-134, 141-143, 159-162; und *XIX* (1913), 15-16, 37-39, 55-57

MURR, Josef, Der Fortschritt der Erforschung der Phanerogamen- und Gefässkryptogamenflora von Vorarlberg und Liechtenstein in den Jahren 1897-1912. In: 50. Jahresbericht des Landesmuseumsvereins für Vorarlberg, Bregenz 1914,12-30

MURR, Josef, Beiträge zur Flora von Vorarlberg und Liechtenstein X. Allgemeine Botanische Zeitschrfft *XXI* (1915), 64-68

MURR, Josef, Zur Flora von Vorarlberg und Liechtenstein. XI. Allgemeine Botanische Zeitschrift *XXII* (1916), 63-66

MURR, Josef, Die «letzten Mohikaner» der Feldkircher Flora. B. Einheimische Blütenpflanzen. Feldkircher Anzeiger, 111. Jg. 1919, Nrn. 73-75, 77-80

MURR, Josef, Aus Vorarlbergs Frühlingsflora. Heimat, Volkstümliche Beiträge zur Kultur und Naturkunde Vorarlbergs *I* (1920), 34-38

MURR, Josef, In Herbstnebel und Nacht durchs liechtensinische Gebirge. Feldkircher Anzeiger 112. Jg. 1920, Nrn. 84-87

MURR, Josef, Liechtensteins Frühlingsflora. Liechtensteiner Volksblatt 1921 a, Nr. 36 & 38

MURR, Josef, An der Dux-Kapelle. Ein Sommerbild zu «Maria Heimsuchung». Liechtensteiner Volksblatt 1921 b, Nr. 54

MURR, Josef, Im «Urgebirge» Liechtensteins. Liechtensteiner Volksblatt 1921 c, Nr. 64 f.

MURR, Josef, Im Liechtensteiner Ried. Liechtensteiner Volksblatt 1921 d, Nrn. 80, 83, 87 & 88

MURR, Josef, Geschichte der botanischen Erforschung Liechtensteins. Jahrbuch des Historischen Vereins für das Fürstentum Liechtenstein *22*, im Selbstverlag des Vereins Vaduz 1922, 43-80

MURR, Josef, Neue Übersicht über die Farn- und Blütenpflanzen von Vorarlberg und Liechtenstein. Heft I, Heft II, Heft III, 1 und III, 2. Kommissionsverlag Buchhandlung F. Unterberger, Feldkirch 1923-1926

MURR, Josef, Die Erforschung der Farn- und Blütenpflanzen von Vorarlberg und Liechtenstein im letzten Menschenalter. Heimat, Vorarlberger Monatshefte *11* (1930), 373-376

MURR, Josef, Ein halbes Jahrhundert wissenschaftlicher Schriftstellerei. Heimat Vorarlberger Monatshefte *12* (1931), 281-287, 316-321

NELSON, Erich, Gestaltwandel und Artbildung erörtert am Beispiel der Orchidaceen Europas und der Mittelmeerländer insbesondere der Gattung Ophrys. Verlag E. Nelson, Chernex-Montreux 1962

PROBLEME der Orchideengattung Dactylorhiza. Jahresbericht des Naturwissenschaftlichen Vereins in Wuppertal *21/22*, 1968

PROBLEME der Evolution bei europäischen und mediterranen Orchideen. Jahresbericht des Naturwissenschaftlichen Vereins in Wuppertal *33*, 1980

REINEKE, Dieter, Der Orchideenbestand des Grossraumes Freiburg i. Br. Beihefte zu den Veröffentlichungen für Naturschutz und Landschaftspflege in Baden-Württemberg. Landesanstalt fur Umweltschutz Baden-Württemberg, Institut fur Ökologie und Naturschutz, Karlsruhe 1983

REINHARD, Hans R., GÖLZ, Peter, PETER, Ruedi und WILDERMUTH, Hansruedi, Die Orchideen der Schweiz und angrenzender Gebiete. Fotorotar AG, Druck + Verlag, Egg 1991

RHEINBERGER, Barbara, Orchideenbestände im Vaduzer Talgebiet. Liechtensteiner Umweltbericht Nr. 23, März 1988, 12

RHEINBERGER, Barbara, und RHEINBERGER, Hans-Jörg, Über den Fund einer Ophrys-Hybride O. fuciflora x O. muscifera = O. devenensis. BZG-Berichte *14*, Buch- und Verlagsdruckerei AG, Vaduz 1985, 11-14

RHEINBERGER, Barbara, und RHEINBERGER, Hans-Jörg, Über einige Nigritella-Bastarde in unseren Alpen. BZG-Berichte *17*, Buch- und Verlagsdruckerei AG, Vaduz 1988, 7-10

RHEINBERGER, Barbara, Hans-Jörg und Peter, Orchideen des Fürstentums Liechtenstein: Nachtrag 1994. BZG-Berichte *22*, Buch- und Verlagsdruckerei AG, Vaduz 1995, 7-15

RHEINBERGER, Hans-Jörg, und RHEINBERGER, Barbara, Malaxis monophyllos. Eine weitere Orchideenart im Fürstentum Liechtenstein. BZG-Berichte *16*, Buch- und Verlagsdruckerei AG, Vaduz 1987, 9-11

RHEINBERGER, Hans-Jörg, und RHEINBERGER, Barbara (Fotos Kurt WALSER), Orchideen des Fürstentums Liechtenstein. BZG-Berichte *19*, Buch- und Verlagsdruckerei AG, Vaduz 1992, 7-235

RHEINBERGER, Hans-Peter, Orchideen in Vaduz. In: Der Vaduzer Wald (Red. Mario F. Broggi und Alois Ospelt), Buch- und Verlagsdruckerei AG, Vaduz 1981, pp. 150-159

RHEINBERGER, Hans-Peter, und FROMMELT, Veit. Orchideen in Vaduz, Maturaarbeit 1976 (Manuskript)

RHEINBERGER, Urs, Epipogium – Eine seltene Orchidee. Bergheimat 1978, Organ des Liecht. Alpenvereins, 97-99

RICHEN, Gottfried S.J., Die botanische Durchforschung von Vorarlberg und Liechtenstein. In: Sechster Jahresbericht des öffentlichen Privatgymnasiums an der Stella matutina zu Feldkirch, Druck von L. Sausgruber, Feldkirch 1897, 3-90

RICHEN, Gottfried S.J., Zur Flora von Vorarlberg und Liechtenstein. Österreichische Botanische Zeitschrfft *XLVII* (1897 b), 78-86, 137-142, 179-183, 213-218, 245-257

RICHEN, Gottfried S.J., Nachträge zur Flora von Vorarlberg und Liechtenstein. Österreichische Botanische Zeitschrift XLVIII (1898), 131-134, 171-178

RICHEN, Gottfried S.J., Nachträge zur Flora von Vorarlberg und Liechtenstein II. Österreichische Botanische Zeitschrift XLIX (1899), 432-436

RICHEN, Gottfried S.J., Nachträge zur Flora von Vorarlberg und Liechtenstein III. Österreichische Botanische Zeitschrift LII (1902), 338-346

RICHEN, Gottfried S.J., Nachträge zur Flora von Vorarlberg und Liechtenstein, Viertes Stück. In: Festschrift zum 50jährigen Bestande des Museums-Vereins, zugleich 44. Jahresbericht über das Jahr 1906, Bregenz 1907, 50-60

SCHLECHTER, Rudolf, Die Orchideen. 3. Völlig neu bearbeitete Auflage in zwei Bänden, Band I (Hrsg. F. G. Brieger, R. Maatsch, K. Senghas), Verlag Paul Parey, Berlin und Hamburg 1970 ff.

SCHMID, Walter, Orchideenkartierung in der Schweiz. Journal Europäischer Orchideen 30 (1998), 689-858

SCHMIDER, P und BURNAND, J., Waldgesellschaften im Fürstentum Liechtenstein. Kommentar zur vegetationskundlichen Kartierung der Wälder. Naturkundliche Forschung im Fürstentum Liechtenstein 10, Schriftenreihe der Regierung, Vaduz 1988

SCHÖNACH, Hugo, Beiträge zur Flora von Tirol und Vorarlberg. 37. Jahresbericht des K.K. Real- und Obergymnasiums Feldkirch 1892, 3-22

SCHREIBER, Hans, Die Moore Vorarlbergs und des Fürstentums Liechtenstein in naturwissenschaftlicher und technischer Beziehung. Verlag des Deutschösterreichischen Moorvereines in Staab, Böhmen, Staab 1910

SCHULZE, Max, Die Orchidaceen Deutschlands, Deutsch-Österreichs und der Schweiz. Fr. Eugen Köhler's Verlag, Gera-Untermhaus 1894

SCHWIMMER, Johann, Ein botanischer Ausflug nach Lawena. Liechtensteiner Volksblatt 1908, Nr. 29 vom 17. Juli

SCHWIMMER, Johann, Das Vorkommen des Alpen-Zwergstendels in Vorarlberg. Vierteljahresschrift für Geschichte und Landeskunde Vorarlbergs 9 (1925), 48-50

SCHWIMMER, Johann, Studienrat Dr. Josef Murr † Alemannia 5, Heft 3/4, Bregenz 1931, 240-243

SCHWIMMER, Johann, Gerhard Milz, ein naturkundiger Sammler. Heimat 15 (1934), 8-13

SCHWIMMER, Johann, Mitteilungen über Pflanzenkundige, die in Vorarlberg und Liechtenstein Pflanzen sammelten. Alemannia N.F. 2 (1936/37), 182-221

SCHWIMMER, Johann, Die Sommer-Flockenblume, die Herbst-Drehähre, der Alpen-Zwergstendel in Vorarlberg. Jahrbuch des Vorarlberger Landesmuseumsvereins, Festschrfft 100 Jahre (1957), 339-345

SEITTER, Heinrich, Exkursion 11. 7. 1971: Ausgangspunkt 1483 m – Fürstensteig 1856 m – Johanneshütte 1437 m – Hehlawanghütte 1937 m – Bargellaalp bis Masescha 1250 m. BZG-Bericht 1971, Buch- und Verlagsdruckerei AG, Vaduz 1972, 8-11

SEITTER, Heinrich, Das «Entenmoos» unterhalb Balzers – ein botanisches Juwel. BZG-Bericht 1972, Buch- und Verlagsdruckerei AG, Vaduz 1973, 46-48

SEITTER, Heinrich, Malaxis monophyllos (L.) Sw. – Einblättriges Weichkraut. BZG-Bericht 1972, Buch- und Verlagsdruckerei AG, Vaduz 1973, 48-49

SEITTER, Heinrich, Der Gladiolenstandort Matilaberg, Triesen. BZG-Bericht 1974, Buch- und Verlagsdruckerei AG, Vaduz 1975, 32-36

SEITTER, Heinrich, Flora des Bannrietes. BZG-Bericht 1975, Buch- und Verlagsdruckerei AG, Vaduz 1976, 30-33

SEITTER, Heinrich, Die Flora des Fürstentums Liechtenstein. Botanisch-Zoologische Gesellschaft Liechtenstein – Sargans – Werdenberg, Vaduz 1977

SEITTER, Heinrich, Flora der Kantone St. Gallen und beider Appenzell. Bd. I & 2, St. Gallische Naturwissenschaftliche Gesellschaft, St. Gallen 1989

SUNDERMANN, Hans, Europäische und mediterrane Orchideen. 3. Auflage, Brücke-Verlag Kurt Schmersow, Hildesheim 1980

SUTTER, Ruben, Zur Erinnerung an Dr. Rudolf Gsell 1892-1953. Jahresbericht der Naturforschenden Gesellschaft Graubündens, Neue Folge 85, Vereinsjahre 1953/1954 und 1954/1955, Chur 1956, XII-XVIII (mit Bibliographie)

TEPPNER, H. und KLEIN, E., Nigritella rhellicani spec. nov. und N. nigra (L.) Rchb. f. s. str., Phyton (Austria) *31* (1991), 5-26

VALLASTER, Christoph, Josef Murr zum 50. Todestag. BZG-Bericht *11*, Buch- und Verlagsdruckerei AG, Vaduz 1982, 53-59

VENTLING Stephanie, Einheimischer Orchideenzauber – wie lange noch? Tagesanzeiger 24. 6. 1986

WALDBURGER, Edith, 2. 5. 1971, Ellhorn-Wanderung. BZG-Bericht 1971, Buch- und Verlagsdruckerei AG, Vaduz 1972, 5-7

WALDBURGER, Edith, Gantenstein. BZG-Bericht 1972, Buch- und Verlagsdruckerei AG, Vaduz 1973, 5-6

WALDBURGER, Edith, Fortschritte in der botanischen Erforschung des Fürstentums Liechtenstein im Jahre 1981. BZG-Bericht *11*, Buch- und Verlagsdruckerei AG, Vaduz 1982, 21-32

WALDBURGER, Edith, Die botanische Bedeutung des Rheindammes Schweiz-Liechtenstein. BZG-Berichte *12*, Buch- und Verlagsdruckerei AG, Vaduz 1983, 25-33

WALDBURGER, Edith, Die Allmeind von Balzers. BZG-Berichte *13*, Buch- und Verlagsdruckerei AG, Vaduz 1984, 53-56

WALDBURGER, Edith, Fortschritte in der botanischen Erforschung des Fürstentums Liechtenstein im Jahre 1984. BZG-Berichte *14*, Buch- und Verlagsdruckerei AG, Vaduz 1985, 15-19

WALDBURGER, Edith, Fortschritte in der botanischen Erforschung des Fürstentums Liechtenstein im Jahre 1986. BZG-Berichte *16*, Buch- und Verlagsdruckerei AG, Vaduz 1987, 35-38

WALDBURGER, Edith, Fortschritte in der botanischen Erforschung des Fürstentums Liechtenstein im Jahre 1987. BZG-Berichte *17*, Buch- und Verlagsdruckerei AG, Vaduz 1988, 13-16

WALDBURGER, Edith, Nachträge für die Flora des Fürstentums Liechtenstein im Jahre 1988, BZG-Berichte *18*, Buch- und Verlagsdruckerei AG, Vaduz 1990, 445-446

WALDBURGER, Edith, SEITTER, Heinrich und KAUFMANN, Wilfried, Die Gefässpflanzen des Ruggeller Rietes. BZG-Berichte *18*, Buch- und Verlagsdruckerei AG, Vaduz 1990, 87-105

11. Register
Deutsche Orchideennamen

Dingel, Abtreibender	189
Drehähre	
Herbst-	199
Sommer-	202
Einblatt	210
Einknolle	141
Frauenschuh	28
Händelwurz	
Mücken-	36
Wohlriechende	42
Höswurz, Weisse	57
Hohlzunge, Grüne	61
Knabenkraut	
Bleiches	100
Brand-	108
Breitblättriges	129
Fleischfarbenes	122
Geflecktes	136
Hellgelbes	126
Helm-	112
Holunder-	121
Kleines	104
Männliches	94
Sumpf-	91
Traunsteiners	133
Korallenwurz	203
Kugelorchis	117
Männertreu	
Rotes	54
Schwarzes	47
Netzblatt, Kriechendes	196
Pyramidenorchis	88
Ragwurz	
Bienen-	85
Fliegen-	74
Hummel-	80
Spinnen-	78
Stendelwurz	
Braunrote	157
Breitblättrige	161
Kleinblättrige	173
Müllers	165
Sumpf-	170
Violette	168
Vogelnestwurz	152
Torf-Glanzkraut	207
Waldhyazinthe	
Grünliche	70
Zweiblättrige	65
Waldvöglein	
Bleiches	176
Rotes	185
Schwertblättriges	181
Widerbart, Blattloser	192
Zweiblatt	
Grosses	144
Herzblättriges	149
Zwergorchis	33

Lateinische Orchideennamen

Anacamptis	
A. pyramidalis	88
Cephalanthera	
C. damasonium	176
C. longifolia	181
C. rubra	185
Chamorchis	
C. alpina	33
Coeloglossum	
C. viride	61
Corallorrhiza	
C. trifida	203
Cypripedium	
C. calceolus L.	28
var. flavum	
Dactylorhiza	
D. fuchsii	136
var. alba	
D. incarnata	122
var. leucantha	
ssp. ochroleuca	126
D. majalis	129
D. sambucina	121
D. traunsteineri	133
Epipactis	
E. atrorubens	157
E. helleborine	161
E. microphylla	173
E. muelleri	165
E. palustris	170
E. purpurata	168
Epipogium	
E. aphyllum	192
Goodyera	
G. repens	196

Gymnadenia
   G. conopsea   36
      var. ornithis
   G. odoratissima   42
      var. albiflora
Herminium
   H. monorchis   141
Leucorchis
   L. albida   57
Limodorum
   L. abortivum   189
Liparis
   L. loeselii   207
Listera
   L. cordata   149
   L. ovata   144
Malaxis
   M. monophyllos   210
Neottia
   N. nidus-avis   152
Nigritella
   N. nigra   47
      xGymnigritella heufleri
      xGymnigritella suaveolens
      xLeucotella micrantha
   N. rhellicani (vgl. N. nigra)
   N. rubra   54
Ophrys
   O. apifera   85
   O. holoserica   80
      xdevenensis
   O. insectifera   74
   O. sphegodes   78
Orchis
   O. mascula   94
      var. albiflora
   O. militaris   112
      var. albiflora
   O. morio   104
      var. albiflora
   O. pallens   100
      O.pallens x O. mascula
   O. palustris   91
   O. ustulata   108
Platanthera
   P. bifolia   65
   P. chlorantha   70
Pseudorchis
   P. albida (vgl. Leucorchis albida)

Spiranthes
   S. aestivalis   202
   S. spiralis   199
Traunsteinera
   T. globosa   117

ADRESSEN:

Barbara Rheinberger
St. Markusgasse 2
FL-9490 Vaduz

Prof. Dr. Hans-Jörg Rheinberger
Knesebeckstrasse 17
D-10623 Berlin

Dr. Peter Rheinberger
Rotes Haus
FL-9490 Vaduz